kritik & *utopie* ist die politische Edition im mandelbaum *verlag.*
Darin finden sich theoretische Entwürfe ebenso wie Reflexionen aktueller sozialer Bewegungen, Originalausgaben und auch Übersetzungen fremdsprachiger Texte, populäre Sachbücher sowie akademische und außeruniversitäre wissenschaftliche Arbeiten.

Ralf Ruckus

DIE LINKE IN CHINA

Eine Einführung

mandelbaum *kritik & utopie*

Lektorat: Elvira M. Gross
Satz: Kevin Mitrega, Schriftloesung
Umschlag: Michael Baiculescu, Martin Birkner
Druck: Primerate, Budapest

Inhalt

Liste der Diagramme und Tabellen

Abkürzungen

ACFV	All-Chinesische Frauenvereinigung
ACGB	All-Chinesischer Gewerkschaftsbund
KMT	Kuomintang, Nationale Volkspartei
KPCh	Kommunistische Partei Chinas
LGBTIQ*	lesbisch, schwul, bisexuell, transgender/transsexuell, intersexuell und queer (*lesbian, gay, bisexual, transgender/transsexual, intersexual, queer/questioning*)
NGOs	Nichtregierungsorganisationen (*non-governmental organizations*)
TVEs	Kleinstadt- und Dorfunternehmen (*town and village enterprises*)
ZGKR	Zentrale Gruppe der Kulturrevolution

Dieses Buch ist Alina gewidmet.

Vorwort

Die Volksrepublik China ist in den vergangenen zwei Jahrzehnten zur zweitgrößten Volkswirtschaft der Welt geworden. Heute gehört sie zu den Kernstaaten des globalen Kapitalismus und ist als Zentrum industrieller Produktion durch Handels- und Lieferketten eng mit anderen Weltregionen verbunden. Wirtschaftliche Veränderungen in der Volksrepublik, wie steigende Löhne oder Probleme im Export, wirken sich auf die Lebensbedingungen von Menschen in aller Welt aus.

Linke Gruppen diskutieren infolgedessen überall ihre Position zur globalen Rolle Chinas, auch aus Sorge um die sozialen Bedingungen und Kämpfe von Arbeiter:innen, Bäuerinnen und Bauern, Migrant:innen und Frauen* in ihren eigenen Regionen.[1] Diese linken Gruppen sind sich uneins, wie sie die Kommunistische Partei Chinas (KPCh) bewerten sollen, die seit 1949 in der Volksrepublik China an der Macht ist. Sie fragen sich, ob sie die Herrschaft der KPCh im Inland und die Position der Volksrepublik China als Wirtschaftsmacht im globalen System kapitalistischer Nationalstaaten unterstützen sollen oder nicht.

In vielen Ländern der Welt halten bestimmte Sozialist:innen die KPCh für links oder kommunistisch und für ein Bollwerk gegen den US-Imperialismus. Für andere Linke steht die KPCh hingegen als politische Organisation hinter einem autoritären Kapitalismus, in dessen Rahmen Arbeiter:innen ausgebeutet und Arbeiterproteste, feministischer Aktivismus, Umweltinitiativen und religiöse Gruppen unterdrückt werden. Viele Linke haben derweil noch keine eindeutige Haltung zur KPCh oder zur Volksrepublik China, oft aus Mangel an Informationen über das Land im Allgemeinen und über soziale Kämpfe und linke Organisierung dort im Besonderen. Hier spielt auch eine Rolle, dass direkte Verbindungen und der Austausch mit linken Aktivist:innen in der Volksrepublik in den letzten Jahren nur schwer aufrechtzuerhalten waren, insbesondere aufgrund der brutalen Unterdrückung linker Aktivitäten durch das KPCh-Regime. Umso wichtiger ist die genaue Analyse der sozialen Kämpfe und linken Organisierungsformen in der Volksrepublik China in den letzten Jahrzehnten. Eine solche Analyse zu liefern, ist das Ziel des vorliegenden Buches.

Der Anstoß zu diesem Projekt kam von Martin Birkner vom Mandelbaum Verlag, der mich 2018 einlud, ein Buch über die Linke in China für seine Buchreihe zur Geschichte der Linken in verschiedenen Ländern zu schreiben.[2] Als David Shulman von Pluto Press später von dem Buchprojekt erfuhr, bot er mir an, gleichzeitig mit der deutschen auch eine englische Version zu veröffentlichen. Damals, 2018, arbeitete ich noch an meinem vorherigen Buch *The Communist Road to Capitalism: How Social Unrest and Containment Have Pushed China's (R)evolution since 1949*, das letztlich im Juli 2021 bei PM Press veröffentlicht wurde.[3] In jenem Buch befasse ich mich mit siebzig Jahren KPCh-Herrschaft und analysiere die politischen, wirtschaftlichen und sozialen Widersprüche in der sozialistischen Periode, der Übergangsperiode und der anschließenden kapitalistischen Periode der Volksrepublik China.

Als historischer Überblick konzipiert, gab es in jenem Buch wegen Platz für eine detailliertere Analyse linker Bewegungen. Martins Vorschlag gab mir die Möglichkeit, ein zweites Buch zu planen, in dem ich einige der im ersten Buch entwickelten Konzepte aufgreife, mich jedoch auf die Verbindung von Kämpfen und linker Organisierung in der Volksrepublik China konzentriere.

Anfangs plante ich, eine Reihe von Interviews mit linken Aktivist:innen in der Volksrepublik China zu führen und mich im Buch auf die linken Aktivitäten und Debatten des letzten Jahrzehnts zu konzentrieren. Zwei Dinge kamen mir dann in die Quere: eine Repressionswelle und die Pandemie.

Bis Mitte der 2010er Jahre konnten sich linke Organisierungsversuche und öffentliche Debatten zumindest in einem eingeschränkten Raum entfalten. Ab 2015 gerieten Unterstützer:innen von Arbeiterkämpfen und Feministinnen jedoch zunehmend unter Druck. Ein vorläufiger Höhepunkt war im Sommer 2018 die Unterdrückung maoistischer Aktivist:innen, welche Fabrikarbeiter:innen der Firma Jasic Technology in Shenzhen, Provinz Guangdong, unterstützten. Staatliche Sicherheitskräfte verhafteten und verfolgten die Mitglieder linker Gruppen nicht nur in Shenzhen, sondern in der Folge auch in anderen Teilen Chinas und verschärften die Zensur linker Online-Inhalte.[4] Nach diesem Schlag mussten die meisten linken Gruppen in Deckung gehen und ihr (öffentliches) Engagement einschränken. Detaillierte Darstellungen dessen, was sie diskutieren und tun – oder auch nur Kontakte und Interviews mit Ausländer:innen –, hätten sie in Gefahr bringen können. Versuche, eine Brücke zwischen dem linken Aktivismus in der Volksrepublik China und anderswo zu schlagen, hätten das Risiko noch erhöht. Darüber verfügte die chinesische Regierung nach dem Ausbruch der Covid-19-Pandemie in Wuhan Anfang 2020 strenge Reisebeschränkungen. Seitdem verfolgte sie eine »Null-Covid«-Strategie und riegelte das Land praktisch ab, was Einreise und Durchführung von Forschungsarbeiten noch schwieriger machte.

Die Frage war also, ob es angesichts dieser Hindernisse noch möglich und sinnvoll sein würde, an diesem Buch zu arbeiten. Ich beschloss weiterzumachen. Die brutale Unterdrückung linker Gruppen und die fehlenden Kontakte zwischen Aktivist:innen in der Volksrepublik und außerhalb aufgrund der Pandemie und der staatlichen Gegenmaßnahmen machen es noch dringlicher, der Frage nach linker Solidarität und Unterstützung nachzugehen und in die Debatten über das Verhältnis zur KPCh, zum linken oder feministischen Aktivismus und zu den sozialen Kämpfen in der Volksrepublik China einzugreifen.

Allerdings musste ich überdenken, wie ich das Buch vorbereiten und meine Argumente formulieren und konzeptualisieren sollte. Ein Dutzend Interviews mit linken Aktivist:innen und China-Beobachter:innen brachte mir eine Sammlung von Einsichten in das Wesen des derzeitigen wirtschaftlichen und politischen Systems in China. Ich schaute in meine Notizen zum Austausch mit linken Einzelpersonen und Gruppen in der Volksrepublik seit den 2000er Jahren. Ich nutzte die Forschungsnotizen, die ich im Rahmen der Vorbereitung des Buches *The Communist Road to Capitalism* gemacht hatte. Diese betreffen auch englische, chinesische und deutsche Quellen über soziale Kämpfe sowie linke Debatten und Aktivitäten, die aus diesen Kämpfen in jedem Jahrzehnt seit 1949 hervorgingen. Und schließlich hatte ich zahlreiche Diskussionen über mein Buchkonzept und verschiedene Versionen des Manuskripts mit helfenden Freunden und Genoss:innen.

In diesen Diskussionen kam ein Thema immer wieder zur Sprache: die besondere Perspektive, die ich in diesem Buch einnehme, wenn ich linke Aktivitäten in der Volksrepublik China beschreibe und analysiere. Ich erkläre dies ausführlicher im einleitenden Kapitel 1, daher fasse ich mich hier kurz: Ich konzentriere mich weder auf die KPCh selbst, ihre verschiedenen Fraktionen und ihr linkes Vermächtnis, noch entwerfe ich eine Taxonomie linker Strömungen wie Marxismus-Leninismus, Maoismus, Trotzkismus und Anarchismus in der Volksrepublik China. Stattdessen interessiere ich mich für soziale Kämpfe, ihre linken Forderungen und Vorgehensweisen gegen die Politik des KPCh-Regimes sowie für die Art und Weise, in der sie linke oppositionelle Aktivitäten in China inspirierten.

Dieser Fokus auf die Verbindung von sozialen Kämpfen und linker Opposition, die sie inspirieren, ergibt sich aus meiner eigenen politischen Geschichte und Praxis in linken Zusammenhängen in Westeuropa, Osteuropa, Nordamerika und Ostasien. Ich habe gelernt, dass die Kraft zur Veränderung nicht in der Größe oder Ausrichtung linker Organisationen liegt, sondern in der Mobilisierung von sozialen Kämpfen und Bewegungen von unten. Linke Aktivist:innen oder Organisationen können Einfluss auf diese Bewegungen und Kämpfe nehmen, das kann jedoch in die eine oder andere Richtung wirken, also Bewegungen zum Blühen bringen oder sie verkümmern lassen.

Strategie und Theorie der Linken müssen daher mit der Analyse der aktuellen sozialen Bedingungen, der Zusammensetzung und der Richtung sozialer Proteste beginnen. Wir müssen verstehen, wie und was linke Gruppen von den sozialen Kämpfen lernen konnten, welche Rolle sie spielten und ob ihre politischen Versuche die Entwicklung kollektiver sozialer und politischer Macht förderten oder behinderten. Die Untersuchung der Geschichte sozialer Kämpfe und ihres Zusammenhangs mit linken Initiativen steht demzufolge hier im Mittelpunkt der Analyse – nicht die ideologischen Kämpfe oder die historische Abfolge prominenter linker Einzelpersonen oder Organisationen.

Im Ergebnis zeigt diese Untersuchungsmethode, wie in der Volksrepublik China von den 1950er Jahren bis heute mehrere Wellen sozialer Bewegungen und Kämpfe abweichende und oppositionelle linke Strömungen hervorgebracht haben, von denen die meisten entweder keine ideologische Selbstbeschreibung verwendeten oder einer Art von Maoismus anhingen. Diese sozialen Bewegungen und die aus ihnen hervorgegangenen linken Strömungen richteten sich gegen Ungleichheit, Ausbeutung, Diskriminierung, autoritäre Herrschaft oder Kaderkorruption. Sie traten während der sozialistischen Periode von Mitte der 1950er bis Ende der 1970er Jahre, während der Übergangsperiode bis Ende der 1990er Jahre und während der kapitalistischen Periode danach auf. Dennoch wurden sie oft ignoriert, mystifiziert, vergessen, verleugnet oder diffamiert – vor allem von der KPCh selbst, die einen linken Ursprung hat und auch heute noch behauptet, links zu sein. Diese Bewegungen und Strömungen, sozusagen die »andere« Linke, sind Gegenstand dieses Buches. Sie gehören ins Rampenlicht, damit über ihre Bedeutung und politische Tragweite für die historische Entwicklung der Volksrepublik China debattiert werden kann.

Ich beschränke meine Analyse hauptsächlich auf die Entwicklungen nach 1949 und auf die in den »Kerngebieten« der Volksrepublik China. Die Geschichte der Linken in China vor 1949 habe ich hier weitgehend ausgelassen, um den historischen Rahmen zu begrenzen. Die Entwicklung der Linken in Hongkong und Taiwan unterscheidet sich erheblich von der Entwicklung der Linken in der Volksrepublik China und erfordert (und verdient) eine eigene Untersuchung, die hier nicht geliefert werden kann. »Periphere« Regionen innerhalb der Volksrepublik China, wie Xinjiang oder Tibet, werden hier ebenfalls nicht untersucht. Sie erforderten ebenso einen speziellen Fokus, insbesondere auf die Erfahrungen des sozialistischen (Siedler-)Kolonialismus und der sozialistischen sowie kapitalistischen Einhegungen, die unter der Herrschaft der KPCh organisiert wurden, sowie auf die Organisierung und den breiten Widerstand dagegen.[5] Was die sozialen Proteste betrifft, so befasse ich mich hauptsächlich mit Arbeiter:innen, Bäuerinnen und Bauern, Migrant:innen und Frauen* und ihren Kämpfen und lasse andere Bewegungen, die eine linke Agenda haben könnten, außen vor, wie zum Beispiel die von Umweltgruppen.

Die oppositionelle oder »andere« Linke in der Volksrepublik China war weder eine homogene Gruppe noch politisch widerspruchsfrei – genau wie in anderen Teilen der Welt. Sie ist aus sozialen Kämpfen und Mobilisierungen hervorgegangen und hat sich immer wieder entlang politischer (oder ideologischer) Linien gespalten. Ihre Absicht und ihre Praxis zur

Verbesserung sozialer Bedingungen oder zur Überwindung von Ausbeutung und Diskriminierung mischten sich zuweilen mit Formen und Positionen der Ausgrenzung. Schließlich gehören Unzulänglichkeiten, Fehler und Irrwege ebenso zur Geschichte der Linken wie Stärken, Erfolge und Fortschritte – und beide Erfahrungen können uns lehren, wie wir bei künftigen revolutionären Versuchen in der Volksrepublik China und anderswo Fehler und Niederlagen vermeiden können.

Danksagung

Ich möchte den zahlreichen Menschen danken, die mir geholfen haben, dieses Buch zu schreiben und zu veröffentlichen. Martin Birkner vom Mandelbaum Verlag gab den Anstoß, als er mich fragte, ob ich ein Buch über die Linke in China schreiben wolle. David Shulman von Pluto Press ermutigte mich, das Buch gleich auch auf Englisch herauszubringen. Anonyme Rezensenten meines ersten Vorschlags zum Buchvorhaben gaben mir wichtige Hinweise, wie ich dieses Projekt weiterentwickeln kann. Freund:innen und Genoss:innen aus China und anderen Ländern haben verschiedene Versionen oder Teile des Buchmanuskripts gelesen und kommentiert. Sie sollen anonym bleiben, da der Inhalt des Buches von den chinesischen Behörden als politisch heikel angesehen wird. Umso mehr möchte ich betonen, dass ihre fundierte Kritik mir geholfen hat, meine Ideen zu entwickeln. Und ohne ihre Inspiration und Unterstützung wäre ich nicht in der Lage gewesen, dieses Buch zu schreiben.

Ralf Ruckus

1
Einleitung: Die Linke in der Volksrepublik verstehen

Durch linke Mobilisierungen und Politik können kapitalistische Ausbeutung, patriarchale Unterdrückung und andere Formen von Diskriminierung und Gewalt überwunden werden. Die Volksrepublik China selbst ist das Ergebnis eines linken, revolutionären Versuchs, dies zu erreichen. Treibende Kraft dieses Versuchs war die Kommunistische Partei Chinas (KPCh). Seit der Gründung der Volksrepublik 1949 hat sich jedoch viel verändert. Das KPCh-Regime hat sich seither wiederholt gewandelt, seine linke Agenda aufgegeben und im Laufe der Zeit mehrfach die linke Opposition unterdrückt.

In dieser Einleitung stelle ich die im Buch verwendeten Begriffe und Perspektiven vor. Im *ersten* Abschnitt erkläre ich zum einen, warum die Geschichte der oppositionellen Linken in der Volksrepublik China, ihre Darstellung und Analyse, heute noch für linke Politik relevant ist. Zum anderen skizziere ich die Ausgangsfragen meiner Analyse. Im *zweiten* Abschnitt gehe ich in der Geschichte zurück und beschreibe, wie die globale Linke aus sozialen Kämpfen des 19. und 20. Jahrhunderts hervorging. Im *dritten* Abschnitt stelle ich eine Methode zur Visualisierung der Linken in einem Diagramm vor.

Dieses zeigt die Zusammensetzung der Linken in einer bestimmten Region und in einer bestimmten Periode. Im *vierten* Abschnitt beschreibe ich die Ursprünge der Linken in China vor und kurz nach der Machtübernahme durch die KPCh im Jahr 1949. Und im *fünften* Abschnitt stelle ich die wichtigsten Fakten und Argumente der folgenden Kapitel vor.

Erste Fragen und Perspektiven

Auf den ersten Blick lässt sich die Frage, was oder wer

die Linke in der Volksrepublik China ist, scheinbar einfach beantworten. Die heutige Führung der KPCh beruft sich immer noch auf den Marxismus als ideologische Grundlage und behauptet, die Volksrepublik China und ihr politisches und wirtschaftliches System seien sozialistisch. Sie verweist auf die starke Stellung von Partei und Staat in der Wirtschaft sowie auf die Einführung sozialstaatlicher Maßnahmen, zwei Aspekte, die häufig mit Sozialismus und linker Politik gleichgesetzt werden. Liberale oppositionelle Kräfte in der Volksrepublik China selbst, Aktivist:innen der Hongkong-Protestbewegung 2019 und etliche Beobachter:innen außerhalb der chinesischen Welt halten die Volksrepublik China heute ebenfalls für sozialistisch und bezeichnen die KPCh als links. Bezugspunkt für sie ist die autoritäre leninistische Herrschaftsweise der Partei.

Ist die KPCh eine linksgerichtete Kraft? Um es gleich am Anfang zu betonen: Ich verwende eine historische, breit angelegte Definition von »links«. Diese Definition schließt die meisten Positionen und Handlungsweisen ein, welche eine Kritik an kapitalistischer Ausbeutung, sozialer Ungleichheit und Formen der Diskriminierung und Unterdrückung beinhalten und von den Protagonist:innen dahinter als links bezeichnet oder verstanden werden. Ich schließe zunächst alle Akteure ein, die solche linken Positionen oder Handlungsweisen fördern, unabhängig davon, ob sie tatsächlich sämtliche Formen von Ausbeutung und Diskriminierung angreifen oder nicht.[1]

Die KPCh war in den 1920er Jahren in soziale Kämpfen involviert und verfolgte eine marxistisch-leninistische Agenda mit dem Ziel, einen »Arbeiter- und Bauernstaat« zu errichten. Nach ihrer Machtübernahme 1949 führte das KPCh-Regime unter Mao Zedong zum einen die Planwirtschaft ein und etablierte zum anderen eine »Diktatur des Proletariats«. Beide charakterisierten die Volksrepublik in der sozialistischen Periode bis Ende der 1970er Jahre. In diesem Sinne kann die KPCh in dieser Zeit als links im marxistisch-leninistischen Sinne betrachtet werden.

In den späten 1970er Jahren begann das KPCh-Regime unter Deng Xiaoping mit »Marktreformen«. In der Folge gab es sowohl die maoistische Strategie als auch die Rhetorik des Klassenkampfs auf und orchestrierte bis in die 1990er Jahre den vollständigen Übergang des Landes zum Kapitalismus. Seitdem hat die Parteiführung dafür gesorgt, dass die Volksrepublik in die globale Wirtschaft integriert wurde. In dem Zuge war sie darauf bedacht, dass das in- und ausländische Kapital das große Reservoir ländlicher (Wander-)Arbeitskräfte anzapfen und ausbeuten konnte. Die Führungskreise der KPCh sind in den letzten Jahrzehnten tatsächlich zum Kern der herrschenden Klasse innerhalb eines kapitalistischen und autoritären Systems geworden. Sie haben rassistische, sexistische und koloniale Formen der Diskriminierung und Unterdrückung gegen Binnenmigrant:innen, Frauen* und ethnische Gruppen eingesetzt.[2] Die heutige Partei als links zu bezeichnen, ist deshalb nicht angemessen.

Was ist mit anderen linken Kräften in der siebzigjährigen Geschichte der Volksrepublik China? In diesem Buch konzentriere ich mich auf die komplexe Dialektik von sozialen Kämpfen und linker Organisierung. Einerseits prägten linke Themen, Forderungen und Handlungsweisen zahlreiche soziale Kämpfe. So setzten sich Arbeiter:innen regelmäßig für bessere Bedingungen ein. Sie griffen Kader für ihren willkürlichen oder missbräuchlichen Führungsstil an oder forderten mehr Kontrolle über die Produktionsmittel. Dies sind fortschrittliche Ziele, was aber nicht bedeutet, dass diese Arbeiter:innen und ihre Kämpfe nicht auch ambivalent und widersprüchlich waren in Bezug auf linke Zielsetzungen.

Andererseits beziehe ich mich, wenn ich über *die* Linke in der Volksrepublik schreibe, auf die Vielzahl von Personen, Gruppen oder Strömungen, die unterschiedliche linke Positionen vertraten, Konflikte austrugen und Spaltungen provozierten. Diese Akteure, Organisationen oder Strömungen sind nicht weniger ambivalent. Sie standen für linke Positionen ein, gleichzeitig jedoch auch solche, die linken Zielen widersprechen, zum Beispiel Nationalismus oder autoritäre Herrschaft.

In einem Land wie Deutschland umfasst die Linke zum Beispiel eine Reihe von Strömungen, die sozialdemokratische, sozialistische, anarchistische oder kommunistische Ziele verschiedenster Art verfolgten. In der Volksrepublik China ließ das Regime weder in der sozialistischen Periode noch danach die offene Entwicklung solcher organisierten politischen Strömungen neben der KPCh zu. Dennoch wurden während und nach sozialen Mobilisierungen »von unten« linke Kritik und Forderungen geäußert – außerhalb der Partei und ihrer Massenorganisationen, aber auch innerhalb. Arbeiter:innen, Bäuerinnen und Bauern, Frauen*, Student:innen und andere beteiligten sich an Debatten und Protesten, vertraten linke Ansichten und Ziele. Sie bildeten linke Gruppen, Bewegungen oder Strömungen und forderten materielle Verbesserungen. Manche kritisierten sogar den ausbeuterischen oder unterdrückerischen Charakter des KPCh-Regimes.

Wie analysiere ich in diesem Buch diese »andere« oder oppositionelle Linke in der Volksrepublik China? Es gibt verschiedene Möglichkeiten, die Entwicklung linker Aktivitäten in der Volksrepublik zu betrachten. Einige Leser:innen erwarten vielleicht eine Geschichtsschreibung linker Ideen und Konzepte oder ideologischer Kämpfe zwischen Linken innerhalb und außerhalb der KPCh, wie während und nach der Kulturrevolution um die »Ultralinken« der »Viererbande« oder während und nach dem Übergang zum Kapitalismus in den 1990er Jahren um die sogenannte Neue Linke. Andere möchten vielleicht nachverfolgen, wie die ideologischen Wurzeln prominenter linker Strömungen wie Anarchismus oder Trotzkismus in sozialen Kämpfen oder linken Debatten (wieder) aufkeimten oder wie sie den Maoismus oder seine wechselnden Interpretationen durch die KPCh-Führung herausforderten. Eine solche Geschichtsschreibung des politischen Denkens und seines Ausdrucks in politischen Debatten oder Organisationen ist sinnvoll, wenn wir verstehen wollen, was bestimmte Politiker:innen, Intellektuelle oder Gruppen dachten – sie sagt jedoch wenig darüber aus, wie sie handelten. Ideologische Wendungen sind daher nicht Thema dieses Buches. Ich möchte die Analyse ideologischer Debatten und ihrer Beziehung zu historischen Ereignissen als solche nicht diskreditieren, im schlimmsten Fall ist die Auseinandersetzung mit derartigen Debatten nicht mehr als eine geistige Übung, die den Autor:innen dieser Übung akademische Anerkennung einbringt.

Für dieses Buch wähle ich einen anderen Ansatz. Der Schwerpunkt meiner Erzählung und Analyse liegt auf bedeutenden sozialen Kämpfen und den linken Debatten, Strömungen, Forderungen und Handlungsweisen, die diese Kämpfe inspirierten.[3] In jedem Kapitel beschreibe ich zunächst den Ursprung und die Zusammensetzung eines bestimmten sozialen Kampfes (oder eines Zyklus sozialer Kämpfe), die Formen der Organisierung und die Forderungen der Protestierenden. Danach schaue ich mir die Reaktionen des Regimes an, seine Methoden, die Kämpfe zu schwächen oder zu beenden. Dies gibt Aufschluss über den Verlauf des Interessenkonflikts zwischen Protestierenden mit linken Forderungen und dem KPCh-Regime, das versucht, seine Herrschaft zu festigen. Zudem betrachte ich die Beteiligung linker Akteure und Gruppen, die der soziale Kampf inspirierte, oder Strömungen, die er auslöste, sowie deren Positionen, Forderungen und Instrumente.

Warum gehe ich in den Kapiteln in dieser Art und Weise vor? Mein Ziel ist es, eine Geschichte der sozialen Kämpfe und linken Strömungen in der Volksrepublik China zu schreiben, einschließlich ihrer Möglichkeiten und Grenzen. Ich konzentriere mich hier auf jene Kämpfe und Strömungen, die in Opposition zum KPCh-Regime oder zumindest zur Führung von Partei und Staat standen. Ich verwende die Begriffe »oppositionell« und »links«, um Kämpfe und Strömungen zu beschreiben und zu interpretieren, auch wenn deren Protagonist:innen selbst diese Begriffe nicht unbedingt benutz(t)en. Die Rolle von (mehr oder weniger) linken Fraktionen oder Strömungen innerhalb der KPCh – einige mit Verbindungen zu Bewegungen oder linken Kräften außerhalb der Partei – wird, wo nötig, erwähnt, ihre Positionen und Debatten sind jedoch kein zentrales Thema dieses Buches.[4]

Ein weiteres Ziel ist es, Kämpfe und Linke im richtigen Verhältnis darzustellen: Soziale Kämpfe proletarischer Subjekte gegen jene, die das Kommando über die wirtschaftlichen oder politischen Strukturen haben, bilden die Grundlage, auf der sich linke Ideen, Debatten und Handlungsweisen entwickeln. Letztere können Einfluss auf weitere soziale Kämpfe haben, sind jedoch selten der Ursprung oder der entscheidende Impuls. Das Verhältnis zwischen sozialen Kämpfen oder Bewegungen und der Linken war schon immer ein zentrales Thema linker Debatten.[5] Viele Linke denken, dass die richtigen Ideen und Anführer:innen notwendig sind, damit sich ein Kampf entwickeln und erfolgreich sein kann. Manche denken, sie selbst könnten Kämpfe auslösen und anführen. Viele haben das versucht, meistens ohne Erfolg.

Die sozialen Kämpfe, die ich analysiere, umfassen sowohl verschiedene Formen des offenen Protests, wie Streiks oder Demonstrationen, als auch versteckte Formen, Unzufriedenheit und Protest auszudrücken. Zuweilen kumulierten sie und bildeten Protestwellen oder sogar mehr oder weniger organisierte Bewegungen. Diese sozialen Kämpfe waren oft nicht per se links, sondern voller Diskrepanzen oder Widersprüche und organisatorisch oder politisch begrenzt. Die Beteiligten (oder Aktivist:innen und Anführer:innen) verfolgten explizit linke Ziele oder auch nicht, und einige waren Teil der politischen Linken oder auch nicht. Soziale Mobilisierungen oder Streiks enthielten zuweilen sogar rassistische, sexistische und andere diskriminierende Elemente. Die meisten größeren sozialen Mobilisierungen und Proteste in der Volksrepublik China in den letzten siebzig Jahren – und sicherlich diejenigen, die ich in diesem Buch untersucht habe – enthielten jedoch Forderungen, Tendenzen, Ziele oder Strategien, die ich als links verstehe.[6] Und einige von ihnen brachten sogar ausdrücklich linke Ziele zum Ausdruck oder lösten eindeutig linke Strömungen aus.

Bevor ich mich der Geschichte der »anderen« oder oppositionellen Linken in der Volksrepublik China zuwende, werfe ich zunächst einen Blick auf die Geschichte des Begriffs »links« und schlage eine Möglichkeit vor, linke Kräfte anhand eines Links/Rechts-Diagramms zu visualisieren und so besser zu verstehen.

Entstehung der (globalen) Linken

Der Einsatz der Begriffe »links« oder »Linke« als Metapher für eine fortschrittliche oder emanzipatorische Politik geht auf Ereignisse im späten 18. Jahrhundert zurück. Sie tauchten erstmals während der Französischen Revolution auf und dienten der Beschreibung von Abgeordneten, die gegen den König waren und in der Nationalversammlung links saßen. Die Abgeordneten, die den König unterstützten, saßen rechts. Die Unterscheidung zwischen der politischen Linken und der Rechten wurde in anderen Ländern übernommen und prägte die politischen Konflikte und Debatten während des gesamten 19. Jahrhunderts. Mit der Ausbreitung kapitalistischer Verhältnisse und der Herausbildung von Arbeiterklassen änderten sich allerdings die gegensätzlichen Positionen. Wo sich erst Revolutionär:innen und Royalisten gegenüberstanden, waren es nun Sozialist:innen und Reaktionäre.

Regionale Faktoren prägten die spezifischen Dichotomien von linken Angreifer:innen der bestehenden Ordnung und rechten Verteidiger:innen dieser Ordnung, und beide Lager entwickelten unterschiedliche Positionen und Strömungen. Es sei darauf hingewiesen, dass neben der horizontalen Links/Rechts-Metapher auch andere Metaphern und Beschreibungen verwendet wurden, um den Widerspruch zwischen gesellschaftlichen Interessen und Klassen oder bestimmte Aspekte davon zu erfassen: räumliche Metaphern wie oben/unten, vorne/hinten, zeitliche Beschreibungen wie alt/neu oder traditionell/fortschrittlich, funktionale Beschreibungen wie Ordnung/Unordnung, Paternalismus/Emanzipation oder Hierarchie/Gleichheit und epistemologische Beschreibungen wie irrational/rational oder natürlich/konstruiert. Aus Platzgründen kann ich hier nicht genauer auf Gemeinsamkeiten und Unterschiede eingehen. Die Links/Rechts-Metapher wurde letztendlich häufiger verwendet als andere, um ein bestimmtes politisches Lager zu beschreiben, anzugreifen oder zu verteidigen.

Mitte bis Ende des 19. Jahrhunderts konsolidierte sich die politische Linke und griff die kapitalistischen Verhältnisse ebenso an wie den Staat, der sie verteidigte. In derselben Periode spaltete sie sich in verschiedene Strömungen, nicht nur in den damaligen Kernländern des Kapitalismus (darunter Großbritannien, Deutschland, Frankreich und die USA), sondern auch in peripheren oder kolonisierten Teilen der Welt. Kapitalistenklassen und Arbeiterklassen entstanden, und die Etablierung kapitalistischer Verhältnisse und ihre Verflechtung mit patriarchalen und feudalen Formen der Unterdrückung und Ausbeutung schufen immenses soziales Elend. In der Folge kam es zu sozialen Kämpfen wie Streiks, Krawallen, Aufständen und verschiedenen Formen des täglichen Widerstands. Diese Kämpfe wurden begleitet von heftigen Debatten über die Organisierung in Gewerkschaften oder Parteien, über Strategien für Reformen oder Revolution, über die Zusammenarbeit mit oder die Rebellion gegen den Staat und vieles mehr. Von den Aufständen von Sklav:innen in Haiti im späten 18. Jahrhundert bis zu den antikolonialen Bewegungen in afrikanischen Ländern Mitte des 20. Jahrhunderts brachten die Kämpfe gegen Sklaverei, feudale, koloniale oder kapitalistische Unterdrückung Gruppen oder Strömungen hervor, die linke Ideen und Konzepte kritisch diskutierten und weiterentwickelten.

Rund um den Globus hat sich die Linke immer wieder in mehrere Teile gespalten, von denen sich viele auf Debatten und Konflikte von Mitte bis Ende des 19. Jahrhunderts zurückführen lassen. Ich gehe nicht auf die Vielzahl unterschiedlicher Positionen und ihre Nuancen ein, weswegen das Folgende recht grob bleibt: Die erste wichtige Spaltung entstand zwischen einer kommunistischen (und damals sozialdemokratischen oder sozialistischen) Linken auf der einen Seite und verschiedenen anarchistischen oder libertären linken Strömungen auf der anderen Seite. Die meisten Anarchist:innen lehnten beispielsweise die hierarchische politische Organisierung der Kommunist:innen ab, ebenso deren Eintreten für die Beteiligung der Linken am oder die Nutzung des Staates, ihre Vorstellung von allmählichen Veränderungen (in Etappen) auf dem Weg zur Revolution (statt ihrer sofortigen Verwirklichung) und später ihre Affinität zu Nationalismus und nationaler Befreiung.[7]

Eine wichtige Auseinandersetzung im gleichen Zeitraum betraf die Rolle und die Rechte der Frauen*. Der Kampf wurde in allen Teilen der Gesellschaft und innerhalb aller linken Strömungen ausgefochten. Die frühen Feministinnen plädierten für die Durchsetzung der sofortigen Gleichstellung der Geschlechter als Teil des revolutionären Wandels. Die Positionen der von Männern* dominierten Führungen der Linken schwankten derweil zwischen der Ablehnung feministischer Forderungen, deren Ausblendung oder der Behandlung von Geschlechterdiskriminierung als zweitrangiges Problem, das in der (sozialistischen) Zukunft gelöst werden würde.[8]

Im späten 19. Jahrhundert konsolidierten sich die Arbeiterbewegungen in einigen Ländern, und soziale Spannungen führten zu revolutionären Ausbrüchen. Gleichzeitig vertiefte sich eine andere wichtige Spaltung. Eine revolutionäre Linke stand einer reformistischen Linken gegenüber, und sie stritten um Richtung und Mittel der sozialen und politischen Transformation. Die revolutionäre Linke plädierte für einen Umbruch, die Eskalation der sozialen und politischen Kämpfe und die Ablösung der Klassenherrschaft. Sowohl Anarchist:innen als auch Marxisten-Leninisten sahen sich als Teil der revolutionären Linken. Anarchistische Strömungen blieben in den letzten 150 Jahren innerhalb oppositioneller Bewegungen allerdings weitgehend marginal oder gewannen nur zeitweise an Bedeutung.[9]

Das marxistisch-leninistische Lager setzte sich nicht nur in wichtigen revolutionären Bewegungen wie in Russland und China durch, sondern nach dem Zweiten Weltkrieg auch in den antikolonialen Kämpfen von unten und den erfolgreichen nationalen Befreiungsbewegungen und postkolonialen Regierungen des Globalen Südens. Marxisten-Leninisten argumentieren in der Regel für eine Übergangsphase zwischen Kapitalismus und Kommunismus in der Form des Sozialismus und einer »Diktatur des Proletariats«. In dieser Übergangsphase würden in einem bestimmten Nationalstaat die Grundlagen für die Errichtung des Kommunismus in der (fernen) Zukunft geschaffen. Als im 20. Jahrhundert marxistisch-leninistische Parteien unter dem Druck in- und ausländischer feindlicher Kräfte »real existierende Sozialismen« errichteten – wie die KPCh in der neu gegründeten Volksrepublik Anfang der 1950er Jahre –, wurde aus der Umsetzung der »Diktatur des Proletariats« jedoch eine Diktatur der Parteiführung. Unterdrückerische Maßnahmen oder Herrschaftsakte, die während der sozialistischen »Diktatur« im Namen der Arbeiterklasse oder der »nationalen Befreiung« erfolgten, wurden mit dem Ziel der Errichtung des Kommunismus in der Zukunft gerechtfertigt. Die marxistisch-leninistischen Avantgardeparteien lernten, die Interessen der neuen sozialistischen herrschenden Klasse zu verteidigen und gleichzeitig ihr »linkes« Image aufrechtzuerhalten – obwohl sie gegen soziale oder politische Bewegungen mit linken Forderungen vorgingen.

Die reformistische Linke vertrat derweil einen allmählichen Wandel hin zum Sozialismus. Dieser sollte durch einen Kompromiss mit der kapitalistischen Klassenherrschaft und in einem parlamentarischen politischen System erreicht werden. Sozialdemokrat:innen (oder Sozialist:innen) dominierten die reformistische Linke und die Regierungspolitik vor allem in Ländern des Globalen Nordens mit einem »westlichen« demokratischen und kapitalistischen System (das auf dem Kolonialismus aufbaute). Sie wollten die Lebensbedingungen der Ausgebeuteten oder Unterdrückten verbessern, indem sie die kapitalistischen Bedingungen anpassten (beispielsweise durch Sozialleistungen), und sie strebten durch Wahlen und Lobbyarbeit Veränderungen innerhalb des bestehenden Systems an. In der Praxis hat die Beteiligung sozialdemokratischer Parteien an Regierungen zur Entwicklung einer politischen Kaste geführt, die sich als links bezeichnet, obwohl sie weitgehend von ihrem Status und ihren Machtpositionen im kapitalistischen Staat profitiert.

Trotz ihrer unterschiedlichen Transformationsstrategien haben Sozialdemokrat:innen und Marxisten-Leninisten auch einiges gemeinsam. So zielten beide darauf ab, Veränderungen durch »Modernisierung«, Industrialisierung und »Entwicklung« zu erreichen, in der Regel mit nationalistischen Programmen und durch staatliche Interventionen. Als sie die Macht übernahmen und mit sozialem Druck von unten und oppositionellen linken Gruppen oder Strömungen konfrontiert wurden, offenbarten reformistische sozialdemokratische Parteien ebenso wie revolutionäre marxistisch-leninistische Parteien ihren repressiven Charakter – und die KPCh ist, wie wir in diesem Buch sehen werden, ein treffendes Beispiel dafür.

Visualisierung der Linken und ihrer Zusammensetzung

Ich untersuche nun, wie sich die verschiedenen linken (und rechten) politischen Positionen unterscheiden und systematisieren lassen. So will ich ein besseres Bild von den sozialen Protesten und der Vielfalt der linken Opposition bekommen, die diese Proteste in der Volksrepublik China hervorgebracht haben. Die Verwendung des Begriffs »links« für eine bestimmte politische Position oder des Konzepts einer »Linken« für eine bestimmte politische Strömung oder ein bestimmtes Spektrum hilft dabei, politische Freund:innen und Feinde zu bestimmen. Deren Bestimmung macht die Debatte und Durchführung linker politischer Interventionen erst möglich.

Die Linke ist eine Menge, die (möglicherweise) gemeinsam auf die Überwindung des patriarchalen Kapitalismus hinwirkt, der weltweit Ungleichheit, Ungerechtigkeit, Un-

terdrückung und Elend hervorbringt. In der Volksrepublik China behauptet die KPCh-Führung, den Kapitalismus durch den Aufbau des Sozialismus bereits überwunden zu haben. Gleichzeitig ging und geht sie jedoch gegen oppositionelle (oder regimekritische) linke Gruppen vor, die in sozialen Protesten und Bewegungen aktiv waren oder von diesen inspiriert wurden.

Wie können wir nun klar die Unterschiede markieren zwischen einem linken, sozialistischen Regime an der Macht und sozialen Kämpfen und linken Gruppen, die sich diesem entgegenstellen? Als Analysewerkzeug verwende ich ein Links/Rechts-Diagramm, das die politisch linke (oder rechte) Orientierung der verschiedenen Akteure veranschaulicht. Herkömmliche Darstellungen der Zusammensetzung und Geschichte der Linken wurden meist auf die Linke in kapitalistischen Ländern angewandt. Die Frage, der ich in diesem Buch nachgehen werde, ist daher, ob ich solche Darstellungen der Linken für die sozialistische oder die postsozialistische Volksrepublik China anpassen muss.

Nach dem Zweiten Weltkrieg wurde in Politik, Medien und Gesellschaften auf der ganzen Welt über die Zusammensetzung und das Verhältnis linker (sowie rechter, zentristischer oder gemäßigter) politischer Kräfte gesprochen, insbesondere in Bezug auf Länder mit einem kapitalistischen System und einer parlamentarischen Form der Demokratie. Politischen Parteien, Bewegungen oder Einzelpersonen wurden Positionen wie kommunistisch, sozialistisch, liberal, konservativ oder faschistisch zugeordnet.

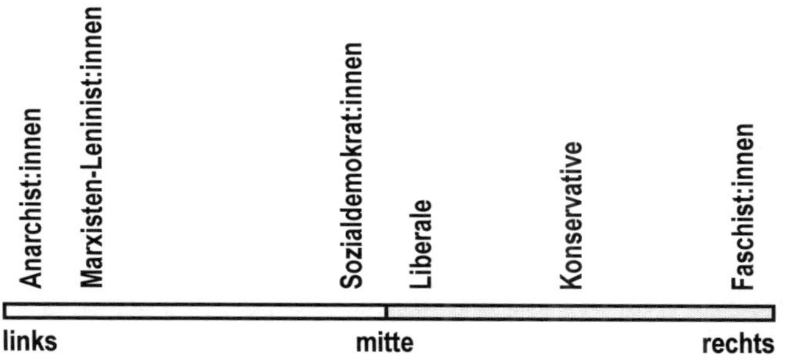

Diagramm 1: Einfache Links/Rechts-Skala.

Diese Positionen können auf einer einfachen Links/Rechts-Skala markiert werden (siehe *Diagramm 1*).[10] Auf den ersten Blick scheint die Zuordnung leicht zu sein. Jede Gruppe oder jedes Individuum auf dieser Skala kann jedoch unterschiedliche politische Positionen vertreten, beispielsweise zu sozialer Gleichheit (oder Ungleichheit), demokratischen Strukturen in der eigenen Organisation, globaler Politik oder individuellen und kollektiven Rechten. Um die Position eines Individuums oder einer Gruppe auf dieser einfachen Skala zu definieren, müssen diese verschiedenen Positionen oder Attribute zusammengefasst werden. Infolgedessen finden sich Marxisten-Leninisten und Anarchist:innen auf der Skala an ähnlicher Stelle wieder, obwohl sie beispielsweise unterschiedliche Positionen zu demokratischen Strukturen in der eigenen Organisation vertreten.[11] Rechtsextreme Gruppen wiederum befürworten eine autoritäre, repressive und diskriminierende Politik, was sie auf der Skala ganz rechts ansiedelt, aber sie könnten auch mehr Sozialleistungen oder eine Form der Reichtumsverteilung fordern, ähnlich wie Gruppen auf der linken Seite der Skala.

Aus diesem Grund schlage ich ein Diagramm mit zwei Achsen vor, um die unterschiedlichen politischen Positionen zu visualisieren (siehe *Diagramm 2*). Die horizontale Achse zeigt die Position einer Gruppe oder eines Individuums zu Reichtumsverteilung und Ausbeutung. Die Attribute »links-kollektivistisch« und »rechts-ausbeuterisch« bilden die Gegenpole. Die vertikale Achse zeigt die Position zu Machtverteilung und Unterdrückung. Hier bilden die Attribute »egalitär« und »autoritär« die Gegenpole.

Der Betriff »kollektivistisch« steht für die Ablehnung von Ausbeutung und die Förderung sozialer Gleichheit, kollektiven Eigentums an Produktionsmitteln und einer Gesellschaft, in der jede und jeder den eigenen Bedürfnissen entsprechend versorgt wird; »ausbeuterisch« steht für die Verteidigung wirtschaftlicher Privilegien, die auf der Ausnutzung anderer beruhen, sowie die Unterstützung der zentralisierten Kontrolle über die Produktions- und Reproduktionsmittel durch die herrschenden Klassen; »egalitär« steht für eine nicht-hierarchische Gesellschaft, in der die Menschen Macht kontrollieren und teilen; und »autoritär« steht für die mangelnde Kontrolle

Machtverteilung + Unterdrückung	links-kollektivistisch	rechts-ausbeuterisch
autoritär	*Stalinist:innen* *Maoist:innen* *Trotzkist:innen* *Antiimperialist:innen* *Sozialdemokrat:innen* *Sozialist:innen*	*Faschist:innen* *rechte Populist:innen* *Konservative* *Liberale*
egalitär	*linke Umweltschützer:innen* *linke Feministinnen* *Antifaschist:innen* *Autonome* *Libertäre und Linkskommunist:innen* *linke LGBTIQ*-Aktivist:innen* *Klassenkampf-Anarchist:innen*	*neoliberale Grüne* *bürgerliche Feministinnen*

Reichtumsverteilung + Ausbeutung

Diagramm 2: Linke Gruppen und andere politische Kräfte in (West-)Deutschland nach dem Zweiten Weltkrieg.

der Menschen über die Gesellschaft und für eine hierarchische Herrschaftsform.[12]

Dieses zweiachsige Diagramm dient als grafisches Hilfsmittel, mit dem sich Positionen von Strömungen und Bewegungen veranschaulichen und vergleichen lassen. Letztere werden ihren Zielen, Forderungen und Handlungsweisen entsprechend zugeordnet. *Diagramm 2* zeigt das Beispiel eines kapitalistischen Landes im Globalen Norden: die politischen

Strömungen in (West-)Deutschland nach dem Zweiten Weltkrieg.[13]

Die in den Kästchen *links-kollektivistisch/egalitär* und *links-kollektivistisch/autoritär* dargestellten Gruppen und Strömungen wurden durch soziale Bewegungen und Umwälzungen inspiriert. Sozialdemokrat:innen und Sozialist:innen entstanden in den sozialen Kämpfen und Klassenauseinandersetzungen des späten 19. und frühen 20. Jahrhunderts, ebenso wie Marxisten-Leninisten, die nach dem Zweiten Weltkrieg

das Regime in Ostdeutschland kontrollieren sollten. Kleinere Gruppen oder Organisationen von Maoist:innen, Trotzkist:innen, Stalinist:innen, klassenkämpferischen Anarchist:innen sowie libertären Kommunist:innen oder Linkskommunist:innen wurden weitgehend von der Studentenbewegung und der Arbeiterbewegung der späten 1960er und frühen 1970er Jahre inspiriert (obgleich einige von ihnen frühere Wurzeln hatten). Linke Feministinnen erhielten während der Frauenbewegung in den 1970er und 1980er Jahren Auftrieb, einer Zeit, in der auch die linke LGBTIQ*-Bewegung an Bedeutung gewann. Autonome, Antiimperialist:innen und später die Antifa entstanden aus den sozialen Bewegungen der 1980er Jahre (unter anderem aus der Hausbesetzerbewegung, der Antikriegsbewegung und den antifaschistischen Mobilisierungen).[14]

Ein solches Diagramm veranschaulicht Position und Verhältnis politischer Kräfte in *kapitalistischen* Gesellschaften. Verhältnisse dieser Art existierten in unterschiedlichen Regierungssystemen in Ländern des Globalen Nordens und des Globalen Südens, von solchen mit sogenannten »westlichen« Demokratiesystemen bis hin zu solchen mit Militärregimen. Das politische Spektrum in *sozialistischen* Gesellschaften Osteuropas oder des Globalen Südens stellt dagegen eine Herausforderung dar. Was bedeutet es, wenn das Regime an der Macht zur Linken gehört, diese repräsentiert oder zumindest eine linke Geschichte hat? Wie begreifen und visualisieren wir die Beziehung zwischen einem linken Regime und oppositionellen linken Initiativen oder Bewegungen? Im Fall der Volksrepublik China kommt noch hinzu, dass das KPCh-Regime seine Zusammensetzung und Strategie ab den späten 1970er Jahren änderte und das politische und wirtschaftliche System bis Ende der 1990er Jahre vom Sozialismus zum Kapitalismus wechselte.

Ich vertrete in diesem Buch die These, dass die beiden Dimensionen, Reichtum und Ausbeutung einerseits und Macht und Unterdrückung andererseits, als Marker zur Charakterisierung politischer Gruppen sowohl in sozialistischen als auch in kapitalistischen Gesellschaften verwendet werden können. *Bevor* in der Volksrepublik China in den späten 1990er Jahren der Übergang zum Kapitalismus vollzogen wurde, stellten sich linke politische Kräfte gegen das sozialistische KPCh-Regime und wandten sich gegen Ausbeutung, Unterdrückung und Diskriminierung. Dies betraf den wirtschaftlichen Bereich und insbesondere die ausbeuterischen Verhältnisse, Produktion, Reproduktion und Verteilung des Reichtums in der sozialistischen Gesellschaft wie auch die Macht-, Herrschafts- und Unterdrückungsverhältnisse unter dem KPCh-Regime. *Nachdem* der Übergang zum Kapitalismus in den späten 1990er Jahren abgeschlossen war, stellten sich linke politische Kräfte gegen das kapitalistische KPCh-Regime und griffen Ausbeutung, Unterdrückung und Diskriminierung an, wiederum im sozioökonomischen Bereich der Reichtumsverteilung als auch im politischen Bereich der Machtverteilung.

In den Schlussfolgerungen werde ich auf diesen Punkt zurückkommen und zwei zweiachsige Diagramme der linken Gruppen und anderer politischer Kräfte in der Volksrepublik China vorstellen (siehe *Diagramme 3* und *4* in Kapitel 6).

Frühe Geschichte der chinesischen Linken

Bevor ich auf soziale Kämpfe und linke Strömungen in der Volksrepublik China eingehe, beschreibe ich kurz die linken Gruppen vor und unmittelbar nach der Staatsgründung im Jahr 1949. Im späten 19. und frühen 20. Jahrhundert, also der späten Qing-Zeit, wollte das kaiserliche Regime das Land entwickeln und reformieren. Die sozialen Spannungen zwischen der Bauernschaft und dem kleinen Industrieproletariat auf der einen und den Machthabern auf der anderen Seite nahmen zu. Anarchistische, sozialistische und feministische Strömungen entstanden. Diese waren oft von den Erfahrungen städtischer chinesischer Student:innen und Intellektueller geprägt, die im Ausland gewesen waren – viele von ihnen in Japan oder Frankreich – und die Literatur linker Autor:innen und Strömungen aus diesen Ländern mitgebracht und übersetzt hatten. Diese frühen linken Student:innen und Intellektuellen wandten sich gegen die koloniale Besatzung, die feudale kaiserliche Herrschaft und, nach der Revolution von 1911, gegen die regionalen Warlord-Regime.

Die erste Organisation, die sich für den Sozialismus einsetzte, war die 1905 gegründete Revolutionäre Allianz (*tongmenghui*), die Vorläuferin der 1912 von Sun Yat-sen gegründeten Nationalen Volkspartei (*kuomintang* oder KMT).[15] Einen großen Auftrieb erhielten linke Ideen durch die Vierter-Mai-Bewegung (*wusi yundong*) im Jahr 1919. Student:innen mobilisierten gegen die Regierung, nachdem diese dem Vertrag von Versailles zugestimmt hatte. Dieser erlaubte den japanischen Streitkräften nach dem Ersten Weltkrieg, Gebiete in China zu besetzen. Die Vierter-Mai-Bewegung gehörte zur größeren Mobilisierung gegen »traditionelle« konfuzianische Konzepte und für eine »Modernisierung« des Landes. Viele Aktivist:innen, die sich an sozialen Kämpfen von Arbeiter:innen oder Frauen* und an aufkommenden (linken) politischen Projekten beteiligten, waren davon beeinflusst.

Einige dieser Aktivist:innen, die zuvor auch mit Anarchismus oder Sozialismus in Berührung gekommen waren und sich in sozialen Kämpfen engagierten, gründeten 1921 die Kommunistische Partei Chinas (KPCh). Die von der Kommunistischen Partei der Sowjetunion kontrollierte Komintern (oder Kommunistische Internationale) spielte eine entscheidende Rolle bei dieser Gründung und prägte die Entwicklung der KPCh in den folgenden Jahren entscheidend.[16] Die KPCh wurde schnell zur wichtigsten organisierten linken Kraft in China, die sich aktiv an sozialen Konflikten und Arbeiterkämpfen in den Städten beteiligte und sozialistische und (zeitweise) feministische Positionen vertrat. Die Komintern drängte die KPCh, von 1924 bis 1927 ein Bündnis mit der KMT einzugehen, um die Herrschaft regionaler Warlords zu bekämpfen und das Land zu vereinen.[17]

Dieses Bündnis endete, nachdem die KMT einen antikommunistischen Kurs eingeschlagen und die KPCh 1927 aus den Städten vertrieben hatte. Die KPCh formierte sich neu, schuf sich eine Basis in der Landbevölkerung und baute eine Bauernarmee für den Kampf gegen die KMT und andere reaktionäre Kräfte auf. 1936 schlossen KPCh und KMT dann ein weiteres Bündnis, diesmal gegen die japanische Armee gerichtet, die Teile Chinas besetzt hatte. Nach der Niederlage der japanischen Armee im Jahr 1945 kämpften die Streitkräfte der KPCh und der KMT in einem weiteren Bürgerkrieg gegeneinander, der 1949 mit dem Sieg der KPCh endete.

Nach ihrer Machtübernahme 1949 folgte die KPCh der marxistisch-leninistischen Strategie und baute eine sozialistische Wirtschaft sowie einen sozialistischen Nationalstaat auf als Zwischenetappe auf dem Weg zum Kommunismus. Die KPCh wollte das wirtschaftliche Niveau der »entwickelten« kapitalistischen Länder erreichen und setzte auf eine nachholende Entwicklung durch ein enormes Industrialisierungsprogramm, den Einsatz kapitalistischer Technologie, ein hierarchisches Arbeitsregime und eine geschlechtsspezifische Arbeitsteilung. Die Führungen der Bauernarmee und der Partei mit ihrer starken linken Tradition bildeten eine neue Bürokratie als Kern des autoritären Staates. Opposition gegen die KPCh und ihre Politik wurde zunehmend unterdrückt.[18]

In der ersten Hälfte der 1950er Jahre führten die Landreform, die Verstaatlichung der Industrie und die neue Planwirtschaft zu einer Umwälzung der sozialen Beziehungen. Die Grundbesitzerklasse wurde zerschlagen, die städtische Kapitalistenklasse entmachtet. Allerdings schuf die KPCh in der Folgezeit eine neue starre Klassenstruktur. Die neue soziale Hierarchie brachte Formen wirtschaftlicher und politischer Diskriminierung mit sich, das heißt höhere Einkommen, mehr Wohlstand und besseren Zugang zu Gütern und Dienstleistungen sowie mehr Lebenschancen und Freiheiten für einige, während andere deutlich schlechter gestellt waren. Die wichtigsten Spaltungslinien verliefen zwischen Kadern auf der einen und städtischer und ländlicher Bevölkerung auf der anderen Seite, zwischen städtischen Arbeiter:innen und Bäuerinnen oder Bauern, zwischen Männern* und Frauen* und zwischen Han-Chines:innen und sogenannten »ethnischen Minderheiten«.[19]

Die neuen Spaltungen und Ungleichheiten führten zu sozialen Konflikten und Kämpfen, und sie provozierten politische Kritik und die Forderung diskriminierter Gruppen nach besseren Bedingungen und mehr Kontrolle über ihr Leben. Während ein Teil der Opposition als rechts, prokapitalistisch oder prodemokratisch im »westlichen« Sinne bezeichnet werden kann, wurden in vielen Auseinandersetzungen auch Kritiken und Forderungen vorgebracht, die erkennbar (oppositionell) links waren.

In diesem Buch konzentriere ich mich auf Letztere, auf die Geschichte der sozialen Kämpfe und des linken politischen Dissenses in der Volksrepublik China. Ich schaue auf die Beweggründe, die Kämpfen und Dissens zugrunde lagen, auf deren Bedeutung in der Auseinandersetzung mit dem sich wandelnden KPCh-Regime und auf ihre Widersprüche und Spaltungen. Ich habe die hier erörterten sozialen Kämpfe und linken Strömungen nach ihrem Umfang, ihrer Bedeutung und ihrem Einfluss auf die historische Entwicklung in der Volksrepublik China bestimmt. Somit ist dies keine vollständige Darstellung von Kämpfen und linkem Dissens, sondern eine von mir getroffene Auswahl.

Aufbau des Buches

Linke Gruppen und Strömungen entwickeln sich im Allgemeinen aus sozialen Protesten und Mobilisierungen (und beeinflussen diese). Aufgrund der autoritären Herrschaft und der Unterdrückung oppositioneller Gruppen in der Volksrepublik China konnten sich linke Gruppen und Strömungen, die sich in Zeiten von Protesten auf diese bezogen, nicht formal konstituieren oder zu öffentlich wahrnehmbaren und dauerhaften Organisationen oder Bewegungen entwickeln. Sie beschränkten sich oft auf informelle und versteckte Methoden der Organisierung und existierten nur so lange, wie die sozialen Proteste um sie herum andauerten.

Proteste, Mobilisierungen und linke Debatten hinterließen jedoch Vermächtnisse, auf die spätere Strömungen zurückgreifen konnten. An Bewegungen beteiligte Aktivist:innen tauchten wieder auf, schlossen sich späteren Bewegungen an und halfen mit ihren Erfahrungen sowie mit Formen der Organisierung und der Durchführung von Protesten, die sie zu nutzen gelernt hatten. Sowohl die sozialen Bewegungen selbst als auch einige der linken Strömungen, die sie hervorbrachten, übten einen erheblichen politischen Druck von unten aus. Sie provozierten Reaktionen des Regimes in Form von Gegenmaßnahmen und Reformen und prägten so die Entwicklung der Volksrepublik von 1949 bis heute – in der sozialistischen Periode, in der Übergangsperiode und in der kapitalistischen Periode.[20]

Der Aufbau des Buches folgt den Zyklen sozialer Kämpfe und linker Mobilisierungen in der Geschichte der Volksrepublik China. In jedem der folgenden Kapitel befasse ich mich mit den wichtigsten sozialen Bewegungen in einer bestimmten Periode, ihrer Zusammensetzung, den Anlässen für die Unzufriedenheit, ihren Forderungen, ihren Kampfformen, dem Ausgang der Proteste und den Reaktionen des Regimes. Danach gehe ich jeweils auf die linken Stimmen oder Gruppen ein, die diese Bewegungen zu jener Zeit hervorgebracht haben. Ich will die wichtigsten Merkmale der Kämpfe und linken Strömungen in den jeweiligen Zeiträumen ermitteln und sehen, wie sie sich im Zuge der Entwicklung von der sozialistischen Periode zur Übergangsperiode und dann zur kapitalistischen Periode veränderten.

Tabelle 1 (S. 46f.) zeigt jedes Kapitel samt entsprechendem Zeitraum sowie meine Charakterisierung der Konflikte zu dieser Zeit (linke Spalte), die Unzufriedenheit, Kämpfe oder Konflikte, die ich in diesem Zeitraum analysiert habe (mittlere Spalte), und die sozialen oder linken Gruppen und Strömungen, die an den Konflikten oder Debatten darüber beteiligt waren (rechte Spalte).[21]

In Kapitel 2, »Gegen gebrochene Versprechen: Arbeiter:innen fordern Gleichheit und Teilhabe in den sozialistischen 1950er und 1960er Jahren«, beschreibe ich Proteste, die hauptsächlich von Arbeiter:innen mit einem prekären Status organisiert wurden. Diese profitierten kaum vom sozialistischen Wohlfahrtsstaat, da sie meist nicht (dauerhaft) einer staatlichen Arbeitseinheit oder Betriebes zugeordnet waren. Im ersten Abschnitt betrachte ich die Streiks der Arbeiter:innen für bessere Bedingungen und gegen Kaderprivilegien und -korruption. Diese brachen 1956 und 1957 aus, kurz nach der Einführung der Planwirtschaft und der Verstaatlichung der Industrie. Im zweiten Abschnitt gehe ich auf die prekären Arbeiter:innen und Jugendlichen ein, die sich während der Kulturrevolution in den Jahren 1966 und 1968 an den Rebellengruppen beteiligten und »ökonomistische« Proteste für eine Verbesserung ihrer Lebensbedingungen organisierten. Einige

Tabelle 1: Periodisierung der sozialen Kämpfe, Akteure und Forderungen in der Volksrepublik China seit 1949

Konfrontation und Zeitraum	**Unzufriedenheit und Kampf**	**Akteure und soziale oder politische Forderungen**
Kapitel 2 – Gegen gebrochene Versprechen:	Abschnitt 1: Die Unzufriedenheit der Arbeiter:innen und die Streiks 1956–1957	Prekäre Arbeiter:innen fordern bessere Bedingungen und attackieren Kaderprivilegien und -korruption
Arbeiter:innen fordern Gleichheit und Teilhabe in den sozialistischen 1950er und 1960er Jahren	Abschnitt 2: Die »ökonomistische« Welle in der Kulturrevolution 1966–1968	Rebell:innen und prekäre Arbeiter:innen, die Verbesserungen fordern; maoistische Dissident:innen, welche die sozialistische Klassengesellschaft kritisieren
Kapitel 3 – Für eine bessere Zukunft:	Abschnitt 1: Arbeiterunruhe und allgemeine Unzufriedenheit 1976	Arbeiter:innen in der Fünfter-April-Bewegung, die demokratische Rechte fordern
Arbeiterbewegungen fordern demokratische Reformen in den 1970er und 1980er Jahren	Abschnitt 2: Demokratiemauer-Bewegung von 1978–1980	Arbeiteraktivist:innen mobilisieren für demokratische Reformen
	Abschnitt 3: Die Mobilisierung der Arbeiter:innen während der Tian'anmen-Platz-Bewegung 1989	Arbeiteraktivist:innen, die sich unabhängig organisieren und eine sozialistische Demokratie fordern

Kapitel 4 – Verteidigung und Nostalgie: Soziale Kämpfe als Triebkraft linken Widerstands in den 1990er und 2000er Jahren	Abschnitt 1: Unzufriedenheit und Aufstände auf dem Land	Bäuerinnen und Bauern kämpfen gegen Kaderkorruption und Landraub
	Abschnitt 2: Proteste in den städtischen Staatsbetrieben	Arbeiter:innen der städtischen Staatsbetriebe wehren sich gegen die Auswirkungen der Umstrukturierung und die Zerstörung ihrer Lebensgrundlagen
	Abschnitt 3: Linke Kritik an den Marktreformen und ihren Auswirkungen	Maoist:innen und die Neue Linke fordern Verbesserungen oder die Rückkehr zum Sozialismus
Kapitel 5 – Soziale Proteste und Organisierung: Herausforderungen für die KPCh in den kapitalistischen 2000er und 2010er Jahren	Abschnitt 1: Unzufriedenheit und Kämpfe von Wanderarbeiter:innen	Wanderarbeiter:innen kämpfen für bessere Bedingungen und Rechte
	Abschnitt 2: Linke Unterstützung für die Wanderarbeiter:innen	Nichtregierungsorganisationen und Aktivist:innen an der Basis, die sich für Wanderarbeiter:innen einsetzen
	Abschnitt 3: Die alltäglichen Kämpfe der Frauen*	Frauen* kämpfen gegen sexistische Handlungsweisen und für mehr Kontrolle über ihr Leben
	Abschnitt 4: Feministische Mobilisierungen und Kampagnen	Feministinnen kämpfen gegen patriarchale Diskriminierung und Gewalt

dieser Rebell:innen und maoistischen Dissident:innen formulierten sogar eine scharfe linke Kritik an den Klassenverhältnissen in der Volksrepublik China.

Auslöser der Proteste in diesem wichtigen Abschnitt der sozialistischen Periode waren meiner Ansicht nach neu geschaffene soziale Spaltungen und Ungleichheiten. Soziale Bewegungen und oppositionelle Linke nahmen das linke Erbe und die revolutionären Versprechen der KPCh weiterhin ernst und forderten die Verbesserung der Arbeits- und Lebensbedingungen sowie die gleiche und gerechte Behandlung aller Arbeiter:innen, Bäuerinnen und Bauern.[22]

In Kapitel 3, »Für eine bessere Zukunft: Arbeiterbewegungen fordern demokratische Reformen in den 1970er und 1980er Jahren«, befasse ich mich im ersten Abschnitt mit der Fünfter-April-Bewegung 1976. In einer kurzen Phase von Demonstrationen brachten Arbeiter:innen und andere ihre Wut über die häufigen Kampagnen und Säuberungen durch die KPCh sowie über wirtschaftliche Probleme zum Ausdruck. Im zweiten Abschnitt analysiere ich die Demokratiemauer-Bewegung 1978–1980. Während dieser Mobilisierung von Arbeiter:innen und anderen forderten einige eine demokratische Form des Sozialismus. Im dritten Abschnitt befasse ich mich mit der Tian'anmen-Platz-Bewegung 1989 und insbesondere mit den beteiligten Arbeiter:innen und ihrer Forderung nach grundlegenden politischen Reformen und Verbesserungen.

Ich denke, dass Arbeiter:innen und andere am Ende der sozialistischen Periode sowie in der Übergangsperiode die Mängel des autoritären Staatssystems unter der KPCh erkannt hatten. Sie forderten ein Ende der Korruption und der autoritären Herrschaft, mehr Kontrolle, Selbstbestimmung,

Meinungs- und Vereinigungsfreiheit sowie bessere Lebensbedingungen.

In Kapitel 4, »Verteidigung und Nostalgie: Soziale Kämpfe als Triebkraft linken Widerstands in den 1990er und 2000er Jahren«, analysiere ich im ersten Abschnitt die Kämpfe und den »berechtigten« Widerstand der Bäuerinnen und Bauern gegen Kaderkorruption und Landraub zwischen Mitte der 1990er und Mitte der 2000er Jahre. Im zweiten Abschnitt befasse ich mich mit den Protesten der städtischen Beschäftigten in den Staatsbetrieben, dem Kern der sozialistischen Arbeiterklasse, gegen die Umstrukturierung des Staatssektors und deren Auswirkungen in den späten 1990er und frühen 2000er Jahren. Im dritten Abschnitt gehe ich auf die Wiederentdeckung Maos, die neuen maoistischen Gruppierungen und die sogenannte Neue Linke seit den 1990er Jahren ein.

Am Ende der Übergangsperiode wurde angesichts der Destabilisierung durch die Marktreformen sowie die Kürzungen von Sozialmaßnahmen und Beschäftigungsgarantien immer deutlicher, dass das KPCh-Regime auf dem Weg war, ein kapitalistisches System zu etablieren. Dies und die Kämpfe von Bäuerinnen, Bauern und Arbeiter:innen führten dazu, dass linke Ideen und Organisierungsformen wieder auflebten.

In Kapitel 5, »Soziale Proteste und Organisierung: Herausforderungen für die KPCh in den kapitalistischen 2000er und 2010er Jahren«, beschreibe ich im ersten Abschnitt die Kämpfe von Wanderarbeiter:innen in dieser Zeit für bessere Bedingungen und das Ende ihrer Diskriminierung. Im zweiten Abschnitt erörtere ich, wie Linke in Nichtregierungsorganisationen (NGOs) und anderen Gruppen die Kämpfe von Wanderarbeiter:innen ab den 2000er Jahren unterstützten.

Im dritten Abschnitt analysiere ich die Situation von Frauen* in der Volksrepublik China, die Herausforderungen, mit denen sie während der Reformen konfrontiert waren, und ihre Kämpfe um mehr Kontrolle über ihr Leben. Im vierten Abschnitt befasse ich mich mit verschiedenen Strömungen des Feminismus, die auf die sich verändernde patriarchale Ordnung und die Kämpfe der Frauen* seit den 1980er Jahren reagierten: feministische NGOs, kritisch-sozialistische Feministinnen und junge feministische Aktivistinnen.

Die Proteste der Wanderarbeiter:innen und die Kämpfe der Frauen* in der kapitalistischen Periode sind meiner Meinung nach Reaktionen auf den neuen Druck unter dem gewandelten (kapitalistischen) KPCh-Regime. Sie brachten neue Generationen von linken Arbeiterinitiativen und feministischen Aktivistinnen hervor. Kämpfe und Aktivismus übten erheblichen Druck auf das Regime aus, das mit einer Mischung aus Zugeständnissen, Vereinnahmung und Repression reagierte.

In Kapitel 6, »Fazit: Soziale Unzufriedenheit und linke Opposition im Sozialismus und Kapitalismus« fasse ich die Ergebnisse der Analyse in den vorherigen Kapiteln zusammen. Anschließend beschreibe ich, wie sich linke Mobilisierungen in der Volksrepublik China, ihre Zusammensetzung und ihre Forderungen, in den sieben Jahrzehnten seit 1949 verändert haben. Ich kehre sodann zur Visualisierung des Links/Rechts-Spektrums zurück und entwerfe Diagramme, welche die (oppositionellen) linken Strömungen in der Volksrepublik China in den letzten sieben Jahrzehnten zeigen. Dann konzentriere ich mich auf die Rolle der KPCh-Regime und wie sie immer wieder explizit gegen linke Kräfte vorgingen. Im letzten

Abschnitt diskutiere ich die Lehren, die sich aus dieser Analyse für linke Strategien in der Volksrepublik China und anderswo ziehen lassen.

Kurzum, die verschiedenen sozialen Bewegungen und linken Strömungen, die im Laufe der Geschichte der Volksrepublik China seit 1949 entstanden sind, spiegeln wider, wie sich der Charakter des KPCh-Regimes stetig wandelte. Soziale Proteste und oppositionelle linke Kritik, so spontan, unberechenbar oder widersprüchlich sie oft waren, hatten einen großen Einfluss auf die Entwicklung der Volksrepublik China und können das KPCh-Regime auch weiterhin gefährden. Die globale Linke ist gut beraten, die (oppositionelle) Linke in der Volksrepublik China zu beachten, sich mit ihr zu verbinden, von ihr zu lernen und sie zu unterstützen.

2
Gegen gebrochene Versprechen: Arbeiter:innen fordern Gleichheit und Teilhabe in den sozialistischen 1950er und 1960er Jahren

In diesem Kapitel befasse ich mich mit zwei Arbeiterbewegungen in den ersten Jahrzehnten der KPCh-Herrschaft. Sie zeigen, dass es in der sozialistischen Periode zu Auseinandersetzungen zwischen Gruppen von Arbeiter:innen und dem linken KPCh-Regime kam. Die Arbeiter:innen verlangten von der KPCh, dass sie ihre sozialistischen Versprechen erfüllt, und ihre konkreten Forderungen waren typisch für eine linke Agenda: für materielle Verbesserungen, gegen Diskriminierung, gegen Kaderwillkür und für mehr (Arbeiter:innen-)Kontrolle. Die Arbeiterkämpfe inspirierten verschiedene politische Debatten, darunter auch eine linke (und revolutionäre) Kritik am KPCh-Regime. Dieses reagierte mit einer Mischung aus Zugeständnissen, Vereinnahmung und Repression, was die antagonistischen Beziehungen zwischen Regime und Widerständigen verdeutlicht.

Im *ersten* Abschnitt konzentriere ich mich auf die Proteste und den Widerstand Mitte der 1950er Jahre. Die KPCh-Führung hatte gerade die Kollektivierung der Landwirtschaft, die

Verstaatlichung der städtischen Industrie und die Einführung der sozialistischen Planwirtschaft abgeschlossen. Bestimmte Arbeitergruppen fühlten sich diskriminiert und organisierten 1956 und 1957 in mehreren Städten des Landes Streiks – die ersten bedeutenden sozialen Proteste gegen das neue sozialistische Klassensystem. Die KPCh-Führung war alarmiert und fürchtete Arbeiterrevolten, wie sie 1956 im sozialistischen Polen und im sozialistischen Ungarn stattfanden. Während der Hundert-Blumen-Bewegung ließ sie offene Kritik zu, die sowohl von Intellektuellen als auch von Arbeiter:innen geäußert wurde. Als die Kritik zu weit ging und das KPCh-Regime als solches angegriffen wurde, startete die Führung die Anti-Rechts-Kampagne, in der intellektuelle und proletarische Kritiker:innen angeprangert und bestraft wurden.

Im *zweiten* Abschnitt analysiere ich einen Teil der Proteste und Opposition während der Kulturrevolution. 1966 versuchte die KPCh-Führungsfraktion unter Mao Zedong, die volle Kontrolle über die Partei wiederzuerlangen. Sie rief zur Massenmobilisierung und sogenannten Kulturrevolution auf. Schon bald nutzten benachteiligte und diskriminierte soziale Gruppen wie Lehrlinge, befristet Beschäftigte, Jugendliche, die aufs Land geschickt worden waren, Armee-Veteranen und Opfer von Parteikampagnen die Gelegenheit, offen zu mobilisieren und zu protestieren. Dies führte zu einem organisierten Aufstand in Shanghai und anderen Städten. In einer Welle von Protesten forderten Arbeiter:innen und andere materielle Verbesserungen ein. Das Regime beschimpfte sie als »ökonomistisch«. Einige Rebell:innen formulierten nun sogar eine linksradikale Kritik am sozialistischen Klassensystem und an der »roten Bourgeoisie«. Als die Rebellenaktionen vollends außer Kontrolle zu geraten drohten, mobilisierte Maos Fraktion die Armee, um die Bewegung niederzuschlagen.

Arbeiterkämpfe und politische Unzufriedenheit 1956-1957

»Die Kommunistische Partei ist jetzt da, aber wir müssen immer noch wie Lasttiere arbeiten, von morgens bis abends, vom Jahresanfang bis zum Jahresende. [...] Ist das die ›Befreiung‹? Heißt das, dass wir die Herren des Landes sind?« (Arbeiter in Suzhou, 1954)[1]

Die Arbeiterkämpfe von 1956 und 1957 waren ein Ergebnis der sozialen, wirtschaftlichen und politischen Entwicklungen in der ersten Übergangsperiode. Diese reichte von der Gründung der Volksrepublik China im Jahr 1949 bis zur vollständigen Umsetzung der Planwirtschaft im Jahr 1956.

Dem linken KPCh-Regime gelang es, die Volksrepublik China als Nationalstaat zu etablieren, aber es dauerte mehrere Jahre, bis es die vollständige Kontrolle über alle Teile des Landes erlangt hatte. Nach der Machtübernahme 1949 bildeten die Anführer der KPCh und der revolutionären Bauernarmee die neue Staatsbürokratie. Diese zog die Fäden in der Verwaltung der »Diktatur des Proletariats«, die als vorübergehende Regierungsform für den Übergang vom Kapitalismus zum Kommunismus geplant war. In Wirklichkeit war der neue Staat eine Art autoritärer »Garnisonsstaat«, der Sicherheitskräfte, Kampagnen und Säuberungen einsetzte, um jede rechte oder linke Opposition zu kontrollieren, zu bestrafen oder zu eliminieren.[2]

1949 waren nach Jahren der Besatzung, des Krieges gegen die japanische Armee und des Bürgerkrieges große Teile der wirtschaftlichen Infrastruktur des Landes zerstört. Die KPCh-Führung versuchte zunächst, die Wirtschaft wieder aufzubauen und die Versorgung mit Grundgütern zu sichern. Sie führte eine Landreform durch, welche die Grundbesitzerklasse enteignete, aber die ländliche Ökonomie privater Bauernhöfe intakt ließ. Sie arbeitete auch mit Privatkapitalisten zusammen, solange diese sich nicht gegen das neue Regime stellten. Als die Wirtschaft 1953 ausreichend stabilisiert war, beschloss die Führung den Ersten Fünfjahresplan, der die vollständige Umstellung auf eine Planwirtschaft vorsah. Bis 1956 wurde die Landwirtschaft kollektiviert, die immer noch der größte Wirtschaftssektor war und in der die große Mehrheit der Bevölkerung arbeitete. Das städtische Handwerk wurde in Kooperativen organisiert, die städtische Industrie verstaatlicht. Die KPCh-Führung folgte dem stalinistischen Plan, der auf Industrialisierung und aufholende Entwicklung setzte. Investitionen in die Schwer- und Produktionsgüterindustrie hatten Vorrang vor der Konsumgüterindustrie und dem Bau von Wohnungen. Der für die Investitionen benötigte Überschuss wurde der Landwirtschaft entzogen, genauer gesagt, der Arbeit der Landarbeiter:innen, deren Lebensstandard weit unter dem der städtischen Arbeiter:innen gehalten wurde.[3]

Die KPCh-Führung verfügte die Entmachtung der städtischen herrschenden Klassen, die der früheren KMT-Regierung nahestanden, sowie der ländlichen Grundbesitzerklasse. Die soziale Zusammensetzung der Gesellschaft änderte sich erheblich. Das neu eingeführte sozialistische Klassensystem teilte die Bevölkerung in Klassen ein, die sich nach der sozialen Stellung des männlichen »Oberhaupts« eines Haushalts vor 1949 richteten.[4] Im Laufe der nächsten zwei Jahrzehnte fügte die

KPCh-Führung diesem Klassensystem verschiedene politische Klassenpositionen hinzu, zum Beispiel »revolutionäre Kader« und »Rechte«. Die Einstufung in »gut« und »schlecht« – oder »rot« und »schwarz« – war entscheidend für den Zugang einer Person oder ihrer Familienmitglieder zu Arbeitsplätzen, Bildung, Parteimitgliedschaft oder Wohnraum.

Die rechtliche Stellung der Frauen* in Familie und Gesellschaft wurde Anfang der 1950er Jahre zunächst gestärkt. Vor 1949 hatten sie nur wenige Rechte und waren weitgehend von der Arbeit »außerhalb des Hauses« ausgeschlossen. Nach 1949 verbesserte sich ihre rechtliche Lage mit dem Ehegesetz, und sie wurden in das Lohnarbeitssystem integriert. Dies führte jedoch nicht zur Abschaffung des etablierten Geschlechterregimes, sondern vielmehr zu seiner sozialistischen Umgestaltung. Frauen* verrichteten weiterhin den Großteil der (nicht entlohnten) Reproduktionsarbeit und wurden je nach regionaler Wirtschaftslage aus der Lohnarbeit verdrängt oder für die Lohnarbeit herangezogen. Sie wurden schlechter entlohnt und erhielten sowohl in der städtischen Industrie als auch in ländlichen Kollektiven meist ungelernte Arbeitspositionen oder solche mit niedrigerem Status. Außerdem galten sie weiterhin als minderwertig, wurden diskriminiert und erlitten sexualisierte Gewalt. Daran änderte auch die wiederholte Parteipropaganda nichts, welche die Befreiung der Frauen* feierte.[5]

Unmittelbar nach der Befreiung 1949 erwarteten die Arbeiter:innen schnelle Verbesserungen ihrer materiellen Situation wie auch ihrer Stellung in den Arbeitseinheiten (*danwei*). Viele Arbeiter:innen beteiligten sich an einer Streikwelle – der ersten Konfrontation zwischen Arbeiter:innen mit linken

Forderungen und dem neuen Regime.[6] In Shanghai beispielsweise fanden von der Ankunft der Roten Armee im Juni 1949 bis Dezember 1949 mehr als 3 000 Streiks oder andere größere Arbeiterproteste statt.[7] Einige Gewerkschaften unterstützten diese Aktionen und wurden vom Regime gemaßregelt, das die Streiks »linksextremen« Tendenzen unter den Arbeiter:innen anlastete. Die zuvor noch kämpferischen Gewerkschaften – die alle dem offiziellen All-Chinesischen Gewerkschaftsbund (ACGB, *zhonghua quanguo zonggonghui*) angehören mussten – wurden gezwungen, sich der Parteilinie unterzuordnen. Deshalb verloren sie wiederum die Unterstützung vieler Arbeiter:innen.[8]

Die KPCh lancierte derweil mehrere Kampagnen, um Gegner:innen der Partei in Fabriken und Verwaltungen loszuwerden, darunter die Demokratische Reformbewegung (*minzhu gaige yundong*, 1950–1953), die Kampagne zur Unterdrückung der Konterrevolutionäre (*zhenya fangeming*, 1950–1952), die Drei-Antis-Kampagne (*san fan*, 1951–1952) und die Fünf-Antis-Kampagne (*wu fan*, 1952). Arbeiter:innen, welche die KPCh unterstützten, konnten diese Kampagnen nutzen, um materielle Verbesserungen sowie mehr Kontrolle über die Leitung der Betriebe durchzusetzen.

Durch die Unzufriedenheit unter den Arbeiter:innen alarmiert, unterstützte die Parteiführung zunächst ihre Beteiligung an der Leitung der Betriebe. Nachdem sie jedoch ihre Kontrolle über die Industriebetriebe mithilfe von Massenmobilisierungen und Kampagnen gefestigt hatte, führte sie das sowjetische »Ein-Mann-Regiment« ein, demzufolge einem sozialistischen Betriebsleiter das Kommando über eine Betriebseinheit übertragen wurde.[9] In der Folgezeit hatte die

Mitbestimmung der Arbeiter:innen, beispielsweise durch Arbeiterkongresse, keine Priorität mehr.[10]

Kurzum, von Ende der 1940er bis Mitte der 1950er Jahre wurden grundlegende Strukturen eines sozialistischen autoritären Staates, eines Ausbeutungssystems, sozialer Hierarchien und einer patriarchalen Ordnung geschaffen. Im nächsten Teil wende ich mich den Protesten zu, die in dem Moment ausbrachen, als bestimmte Gruppen von Arbeiter:innen die Folgen der Verstaatlichung und der neuen Formen von Ausbeutung und sozialer Diskriminierung zu spüren bekamen.

Wachsende soziale Spannungen

Mehrere Faktoren spielten bei der Auslösung von Arbeiterprotesten Mitte der 1950er Jahre eine Rolle.[11] Erstens machten dem KPCh-Regime die wirtschaftlichen Probleme zu schaffen, die in der Übergangsperiode Anfang der 1950er Jahre entstanden waren. Somit fiel es ihm schwer, die Bedingungen der meisten Arbeiter:innen ihren Erwartungen entsprechend zu verbessern. Um die Hyperinflation in den Griff zu bekommen, beschloss sie Sparmaßnahmen, die zu Firmenkonkursen und höherer Arbeitslosigkeit führten. Als die Arbeiter:innen KPCh-Kampagnen ausnutzten, um mehr Kontrolle über die Betriebsleitung zu erlangen – wie die Drei-Antis-Kampagne und die Fünf-Antis-Kampagne in Privatunternehmen –, kam es zu Konflikten mit den Kapitalisten, die ihr wirtschaftliches Engagement zurücknahmen und Arbeiter:innen entließen. Und die sozialistische Umgestaltung, die mit dem Ersten Fünfjahresplan 1953 begonnen hatte, führte zu Lohnkürzungen und Stagnation in einigen Teilen der Wirtschaft, zum Beispiel im Handel. Alles in allem »destabilisierte die wirtschaftliche

Umstrukturierung die Arbeitsbeziehungen und führte zu einem Rückgang des Realeinkommens der Arbeiter:innen«.[12]

Zweitens enthielt der Erste Fünfjahresplan ehrgeizige Industrialisierungsziele, und um diese zu erreichen, führte das KPCh-Regime »bestimmte neue Betriebsführungsformen ein, die in gewisser Weise mit den ideologischen Zielen der Partei unvereinbar waren«.[13] Die Unternehmen standen unter Druck und sollten ihre Effizienz steigern sowie die Produktionsziele erfüllen. Infolgedessen waren die Arbeitsbedingungen oft schlecht. Da Arbeitssicherheit und Arbeitsschutz wenig Aufmerksamkeit geschenkt wurden, waren Arbeitsunfälle und Berufskrankheiten weit verbreitet. Die Arbeitsbelastung war sehr hoch, und die Arbeiter:innen wurden gezwungen, Überstunden zu machen – oft ohne dafür entlohnt zu werden. Die Betriebsleiter versuchten, die Arbeitsdisziplin auch unter diesen Bedingungen aufrechtzuerhalten, was meist bedeutete, dass sie auf Zwang und andere autoritäre Mittel zurückgreifen mussten.

Drittens waren die Arbeitseinheiten in der Volksrepublik China aufgrund des sowjetischen Ein-Mann-Regiments hierarchisch organisiert, und die Arbeiter:innen hatten nur begrenzten Einfluss auf die Leitung der Betriebe. Einige Vorgesetzte und Betriebsleiter, die diese Rolle bereits vor 1949 ausgeübt hatten, behielten ihre Positionen bis weit in die 1950er Jahre. Andere mit solchen Funktionen waren Veteran:innen der Revolution, die vom Land kamen. Oft hielten sie die Arbeiter:innen für »rückständig«, weil diese »nicht an der Revolution beteiligt gewesen waren«. Viele Arbeiter:innen hielten diese Betriebsleiter wiederum für »despotisch« und ihre Methoden für undemokratisch.[14] Die Propaganda der KPCh stellte derweil die erreichte sozialistische Umgestaltung weiterhin sehr positiv dar und pries die Arbeiter:innen als glückliche »Herren der Fabriken«, was noch mehr Unzufriedenheit hervorrief.

Schließlich war die neue Planwirtschaft, die auf der Abschöpfung von Überschüssen vom Land und ihrer Weiterleitung an städtische Produktionsgüterindustrien basierte, asymmetrisch organisiert. Unterschiede gab es zwischen den staatlichen Arbeitseinheiten und Kooperativen je nach der Art des Unternehmens, des Sektors und der Eigentumsform. Relativ hohe Löhne und Zusatzleistungen erhielten nur die Arbeiter:innen in den Staatsbetrieben auf der obersten Ebene, und dort nur die formal und dauerhaft angestellten Arbeitskräfte. Unter den städtischen Arbeiter:innen bildeten sie eine Minderheit. Viele andere arbeiteten in Staatsbetrieben auf unteren Ebenen oder in Kooperativen und erhielten nicht das volle Leistungspaket. Wieder andere waren informell und befristet beschäftigt, vor allem ungelernte Arbeiter:innen oder Leute vom Land. Letztere wurden gezwungen, in ihre Dörfer zurückzukehren, wenn die Arbeitslosigkeit in den Städten stieg. Die Arbeiter:innen wurden zudem unterschiedlich behandelt, je nach Beruf, Beschäftigungsstatus und Stellung in der Hierarchie am Arbeitsplatz. Sie erhielten gestaffelte Löhne und Zusatzleistungen und hatten unterschiedlichen Zugang zu Wohnungen und Dienstleistungen.[15]

Die Streikwelle

Die Unzufriedenheit führte 1956 zu einer Streikwelle. Die Proteste waren weit verbreitet und fanden in den meisten größeren Städten statt, wobei Shanghai, das industrielle

Zentrum des Landes, am stärksten betroffen war.[16] Im Frühjahr 1957 setzten sich die Streiks in vielen Regionen fort, vom Nordosten bis zum Südwesten.

Die überwiegende Mehrheit der Streiks fand in neu gegründeten Miteigentümerunternehmen statt, das heißt in Privatunternehmen, die im März 1956 verstaatlicht worden waren. Deren Beschäftigte erwarteten, dass sie denselben Lohn und dieselben Zusatzleistungen erhielten wie die Beschäftigten von Arbeitseinheiten, die sich bereits vorher in staatlichem Besitz befunden hatten.[17] Sie waren schockiert, als sich Löhne, Arbeitsbedingungen und Beschäftigungszahlen sogar verschlechterten.[18] Im Juni führte das KPCh-Regime eine Reform durch und erhöhte Löhne, aber ein Teil der Erhöhung wurde durch die Inflation aufgefressen.[19] Nach der Erhöhung der Produktionsquoten im Herbst 1956 stieg der Arbeitsdruck und die Löhne sanken, was weitere Kämpfe auslöste.[20]

In der Regel waren die an den Protesten beteiligten Arbeiter:innen in ihren jeweiligen Betrieben in der Minderheit. Viele jüngere Beschäftigte waren beteiligt. Wie die Arbeiter:innen aus ländlichen Gebieten forderten sie die gleichen Lohnzusatzleistungen wie ältere oder formal beschäftigte Arbeiter:innen in staatlichen Arbeitseinheiten. Lehrlinge wollten formale Arbeitsverträge und den gleichen Lohn wie Festangestellte. In Shanghai gründeten sie sogar fabrikübergreifende Verbindungen, um für ihre Interessen zu kämpfen.[21] Befristet Beschäftigte forderten eine dauerhafte Anstellung und die gleichen Bedingungen wie Festangestellte. Arbeiterinnen forderten ein Ende ihrer Diskriminierung, da ihnen oft Tätigkeiten zugewiesen wurden, die als minderwertig galten, geringer entlohnt wurden und keine Aufstiegsmöglichkeiten boten. Sie verlangten außerdem bessere Betreuungseinrichtungen in den Betrieben, um ihre Belastung durch Reproduktionsarbeit zu verringern. Städtische Arbeiter:innen, die in Zeiten der Wirtschaftsflaute aufs Land geschickt worden waren, forderten, in die Städte zurückkehren zu dürfen und ihre ursprünglichen Arbeitsstellen zurückzubekommen. Auch Arbeitslose gingen auf die Straße und forderten Arbeitsplätze und Sozialleistungen.[22]

Diese unzufriedenen Arbeiter:innen setzten verschiedene Mittel des Kampfes ein. Sie verteilten Flugblätter mit ihren Forderungen oder benutzten *dazibao*, Plakate mit großen Schriftzeichen. Auf Aushängen an schwarzen Brettern informierten sie über Missstände. In Shanghai begannen die Auseinandersetzungen in der Regel damit, dass Arbeiter:innen der Betriebsleitung Vorschläge und Forderungen zukommen ließen. Wurden diese ignoriert, reichten sie formell Beschwerden bei höheren staatlichen Stellen ein und setzten eine Frist, innerhalb der sie ein zufriedenstellendes Angebot erwarteten. Zudem »hielten sie oft Versammlungen ab, auf denen es unruhig zuging, und brachten dort ihre Beschwerden öffentlich vor. Diese ersten Schritte wurden von den Gewerkschaften unter der Rubrik *maoyan* oder ›Dampf ablassen‹ geführt.« Wurden ihre Forderungen nicht erfüllt, konnte der Protest eskalieren, »zu einem Streik (*bagong*), einem Bummelstreik (*daigong*), einer gemeinsamen Petition (*jiti qingyuan*) oder zum gewaltsamen Festhalten von Kadern (*baowei ganbu*) – Aktivitäten, die als *naoshi* oder regelrechtes ›Unruhestiften‹ eingestuft wurden«.[23] Andere Formen des Kampfes waren zurückhaltender und umfassten beispielsweise Absentismus, die Weigerung, Anordnungen zu befolgen oder bestimmte Arbeiten oder Aufgaben zu erledigen (wie die *san bu gan*: schmutzige Arbeit, schwere Arbeit, Nachtschichten), außerdem Unterbrechungen des Arbeitsrhythmus (oder Verlangsamung des Arbeitstempos), Sabotage zur Verringerung der Qualität sowie »dem Lohn entsprechend zu arbeiten« (*an chou fu lao*).[24]

In einigen Fällen organisierten die Demonstrant:innen Aktionskomitees und Streikposten oder koordinierten Streiks in verschiedenen Fabriken und Bezirken. Und im Zuge der Streikwelle gründeten die Beschäftigten sogar autonome Gewerkschaften, »die oft als *pingnan hui* oder Verein zur Beseitigung von Missständen bezeichnet werden«.[25] Da die Arbeiter:innen den offiziellen ACGB und seine Gewerkschaftskader geringschätzten, »überrascht es nicht, dass sie die offizielle Gewerkschaftsorganisation schnell außen vor ließen, wann immer sie die Betriebsleitung mit einem Problem konfrontieren wollten«. Während die betrieblichen Gewerkschaftsgruppen des ACGB »bei Streitigkeiten keine Rolle mehr spielten«, lernten die Arbeiter:innen, ihre Probleme und Forderungen direkt kollektiv und organisiert bei ihren Betriebsleitern oder den Vertreter:innen der KPCh vorzubringen.[26]

Das Regime schlägt zurück

Die Reaktion des Regimes auf diese Arbeiterproteste veranschaulichen die Wechselwirkung zwischen Kämpfen von unten und Gegenmaßnahmen von oben. Auf Forderungen nach besseren materiellen Bedingungen und mehr Kontrolle in den Betrieben und anderen Bereichen der Gesellschaft reagierte das Regime mit Versuchen, seine Herrschaft gegen diese Herausforderungen zu verteidigen und die neue soziale und politische Hierarchie zu stärken. Die Forderungen und Kämpfe der Arbeiter:innen führten im Laufe Zeit zu neuen Reaktionen vonseiten des Regimes; und die Reaktionen des Regimes führten zu neuen Formen der Kritik und des Kampfes von unten.

Im Jahr 1956 und in der ersten Hälfte des Jahres 1957 waren staatliche Stellen wie die Arbeitsverwaltung und die Leitungen der Arbeitseinheiten häufig bereit, den protestierenden Arbeiter:innen Zugeständnisse zu machen. Einige offizielle Stimmen kritisierten die Arbeiter:innen für ihren »Ökonomismus« (*jingjizhuyi*) – ein abwertender Begriff gegen (rein) materialistische Forderungen – und für ihr geringes »revolutionäres Bewusstsein«. Kader von Massenorganisationen wie dem ACGB, dem Kommunistischen Jugendverband Chinas (*zhongguo gongchanzhuyi qingnian tuan*) und der All-Chinesischen Frauenvereinigung (ACFV, *zhonghua quanguo funü lianhehui*) spielten eine vermittelnde Rolle und warfen den Betriebskadern sogar vor, »kein Vertrauen in die Arbeiterklasse« zu haben.[27] Sie kritisierten die Irrationalität der Betriebsleiter und die Gleichgültigkeit vieler Gewerkschaftsfunktionäre gegenüber den Protesten.[28]

Die Welle von Arbeiterprotesten erzeugte so viel Druck von unten, dass sich das KPCh-Regime gedrängt sah, »das industrielle System und die Betriebsführungsmethoden so anzupassen, dass sie eher mit dem ›Image‹ des Staates (das heißt mit seinen ideologischen Grundsätzen) übereinstimmte«.[29] Das sowjetische Modell des streng hierarchischen »Ein-Mann-Regiments« wurde ergänzt mit Formen der Arbeiterbeteiligung und -kontrolle durch Angestellten- und Arbeiterkongresse (*zhigong daibiao dahui*) sowie mit Formen der kollektiven Führung unter Parteiaufsicht. Das KPCh-Regime fürchtete eine offene Konfrontation zwischen entfremdeten Arbeiter:innen auf der einen und staatlichen Leitungen in den Arbeitseinheiten und darüber hinaus auf der anderen Seite. »Damit wurde eingestanden, dass die Politik zu weit gegangen war in der einseitigen Unterstützung der Produktion, während sie Demokratie, Wohlfahrt und Arbeiterrechte vernachlässigt hatte«.[30]

Die KPCh-Führung war wegen der Arbeiteraufstände gegen die sozialistischen Regime in Ungarn und Polen 1956 alarmiert und befürchtete ähnliche Proteste in der Volksrepublik China. Um mehr über die Unzufriedenheit im Land

zu erfahren und ein Ventil für die aufgestauten Spannungen zu schaffen, lancierte das Regime Ende April 1957 die Hundert-Blumen-Bewegung (*baihua qifang*) oder *daming dafang* (»großes öffentliches Aussprechen, große Öffnung«). Im Rahmen der Bewegung war offenere Kritik erlaubt.[31] Die Kampagne folgte auf eine Rede von Mao Zedong im Februar 1957, in der er betonte, dass Widersprüche innerhalb der Massen – im Gegensatz zu denen zwischen den Massen und ihren Klassenfeinden – »nicht-antagonistisch« seien und durch Debatte, Kritik und Selbstkritik gelöst werden könnten. Hauptadressaten der Hundert-Blumen-Bewegung waren Intellektuelle und Angestellte oder Kader, die ermutigt wurden, ihre Kritik zu äußern. Auch in Betrieben oder Fabriken zeigte die Hundert-Blumen-Bewegung Wirkung, obwohl die Produktionsarbeiter:innen oft »am Rand blieben« und die Kampagne vor allem das technische Personal und die Büroangestellten erreichte.[32]

Die von Intellektuellen, Facharbeiter:innen und Angestellten geäußerte Kritik ging wesentlich weiter, als es die Parteiführung erwartet hatte. Neben Beschwerden über soziale oder wirtschaftliche Missstände wurde auch die Parteiherrschaft als solche kritisiert. Der KPCh wurde vorgeworfen, sie sei autoritär, ausbeuterisch und lebe auf Kosten der einfachen Menschen. Viele dieser Vorwürfe wurden aus einer liberalen Perspektive heraus geäußert, aber ähnliche Vorwürfe kamen selbst von Arbeiter:innen, die sich durch die Errichtung eines ausbeuterischen sozialistischen Systems verraten fühlten. Auf dem Höhepunkt der Kampagne im Mai 1957 nutzten Arbeiter:innen die Gelegenheit, die ihnen die Hundert-Blumen-Bewegung bot, um weitere Proteste und Streiks zu organisieren. Sie umstellten die Verwaltungsbüros ihrer Arbeitseinheiten und griffen Kader verbal und manchmal auch physisch an. Einige hielten die Kader sogar für »schlimmer als die Kapitalisten der vorrevolutionären Ära« und bezeichneten die KPCh als »rechts, korrupt, ausbeuterisch und privilegiert«.[33]

Ursprünglich sollte die Hundert-Blumen-Bewegung sechs Monate dauern; Anfang Juni beschloss das Regime jedoch, sie zu beenden. Es hatte unterschätzt, wie tief die Spaltung zwischen den Parteiführern auf der einen und den Arbeiter:innen und Intellektuellen auf der anderen Seite war, und musste feststellen, dass Kritik und Kampagne aus dem Ruder liefen. Im Juli 1957 schlug sie dann mit der Anti-Rechts-Kampagne (*fanyoupai yundong*) zurück. Viele, die während der Hundert-Blumen-Bewegung Kritik an der Parteiführung geübt hatten, wurden hart bestraft. Die KPCh brandmarkte Hunderttausende als »Rechte«, entzog vielen von ihnen die Stellung oder schickte sie zur Arbeit aufs Land. Darunter waren auch Intellektuelle und Facharbeiter:innen, die leicht als »antisozialistisch« kritisiert werden konnten. Viele Gewerkschaftskader wurden denunziert, degradiert und abgesetzt, nachdem sie »beschuldigt worden waren, die engstirnigen wirtschaftlichen Forderungen der Arbeiter:innen einzusetzen, um sie zum Aufstand anzustacheln« und »die Gewerkschaft zu benutzen, um die Partei herauszufordern«.[34] Das Regime reorganisierte und dezentralisierte gar die Gewerkschaft und unterstellte die Gewerkschaftskader anschließend den betrieblichen KPCh-Komitees.

Viele Arbeiter:innen, die sich an den Streiks und der Kritik beteiligt hatten, wurden ebenfalls mit Gefängnisstrafen belegt oder jahrelange zur Erziehung durch Arbeit in Lager gesteckt. Die KPCh ließ allerdings nur wenige als »Rechte« brandmarken.[35] »Anders als die Intellektuellen, wurden die meisten nicht als Rechte, sondern als ›schlechte Elemente‹ bezeichnet, ein Begriff, der eher kriminelle als politische Konnotationen hatte.«[36]

Für das KPCh-Regime war es schließlich peinlich, dass nach der Verstaatlichung, welche die Arbeiter:innen angeblich zu den »Herren« ihrer Arbeitseinheit gemacht hatte, sowie nach dem Aufbau der sozialistischen Wirtschaft die Arbeitskonflikte nicht verschwunden waren. Sie waren vielmehr eskaliert, weil die KPCh und der Staat keine organisatorische Kontrolle über die Arbeiterklassen hatten. Stattdessen musste das Regime repressive Gegenmaßnahmen ergreifen oder Zugeständnisse machen, um die Welle von Streiks und Kritik zu stoppen und zu verhindern, dass sie der Parteiherrschaft weiteren Schaden zufügten.

Enttäuschte Erwartungen

Kurzum, die Arbeiterkämpfe Mitte der 1950er Jahre umfassten Positionen, Forderungen und Handlungsweisen, die typischerweise in linken Programmen zu finden sind: Unzufriedenheit aufgrund von Klassenunterschieden, sozialer und politischer Diskriminierung oder wirtschaftlicher Ausbeutung; Forderungen nach Gleichbehandlung und besseren Bedingungen am Arbeitsplatz; Proteste gegen autoritäre und willkürliche Vorgesetzte (Kader); und Formen der (informellen) Basisorganisierung aufgrund der gemeinsamen Interessen proletarischer Gruppen.

Die Konfrontation zwischen befristet Beschäftigten, Migrant:innen oder Vertragsarbeiter:innen auf der einen und dem linken KPCh-Regime auf der anderen Seite war eine Folge der Diskrepanz zwischen den Versprechungen des Regimes und der von den Arbeiter:innen erlebten Realität. Viele von ihnen empfanden ihre Situation als miserabel. Sie verabscheuten die neue soziale Spaltung und Ungleichheit, die Diskriminierung bestimmter Gruppen von Arbeiter:innen sowie die Gleichgültigkeit der Bürokratie gegenüber ihren täglichen Problemen und schlechten Bedingungen – Bedingungen, welche »die strukturelle Kluft zwischen den Besitzenden und den Besitzlosen in der sozialistischen Wirtschaft« zeigten.[37]

Während in den Arbeiterkämpfen vor 1949 vor allem Arbeitgeber oder Betriebsleiter Zielscheibe der Proteste waren und Forderungen erfüllen sollten, waren Proteste und Forderungen nach der Umwandlung in eine staatliche Planwirtschaft Mitte der 1950er Jahre an die KPCh-Regierung gerichtet – ein »neues Muster, nach dem Arbeiter:innen auf ungünstige wirtschaftliche Bedingungen reagierten«.[38] Die Arbeiter:innen wussten, dass KPCh- und Staatskader für die Bedingungen in den Betrieben verantwortlich waren. Die meisten ihrer Forderungen waren wirtschaftlicher Art – für höhere Löhne oder bessere Bedingungen –, aber »ihr Zorn richtete sich größtenteils gegen die Kader in den Betrieben, in der Regierung, in der Partei und in den Gewerkschaften«.[39] Die Situation war für die Regierung insofern besonders bedrohlich, weil diese die Gewerkschaften als vermittelnde Struktur, mit deren Hilfe sie Spannungen abbaut, nicht einsetzen konnte. Schließlich mistrauten die Arbeiter:innen mittlerweile den Gewerkschaften.[40]

Der Staat geriet ins Visier, weil die KPCh-Führung »die Erwartungen der Arbeiter:innen, dass ihre wirtschaftlichen Interessen bedient werden, nicht erfüllte«, und weil »staatliche Akteure an der Basis Methoden anwandten, die das Wohlergehen der Arbeiter:innen beeinträchtigten oder die tägliche Unzufriedenheit nährten«.[41] Dies erinnert auch an eine Form von »moralischer Ökonomie«, weil die Arbeiter:innen vom Staat Gerechtigkeit und Gleichheit verlangten im Austausch gegen ihre Unterstützung und Legitimierung des Regimes.

Auch wenn die Proteste 1956 und 1957 keine landesweite Koordination und keinen organisatorischen Kern hatten, zeigten sie auf lokaler und betrieblicher Ebene die Fähigkeit der Arbeiter:innen, sich zu organisieren. Diese Proteste von Arbeiter:innen bedrohten die Legitimität des sozialistischen KPCh-Regimes und »zeigten, wie ernst die Krise war in ihren Beziehungen zur Partei, und das nur sieben Jahre nach der Befreiung«.[42]

Anschließend änderte das KPCh-Regime Ende der 1950er und Anfang der 1960er Jahre das sowjetische Ein-Mann-Regiment, um so den Eindruck zu erwecken, dass die Arbeiter:innen stärker als bisher beteiligt würden. Die »Diskrepanz zwischen der offiziellen sprachlichen Formulierung zur Stellung der Arbeiter:innen als »Herren« der Betriebe und den tatsächlichen Erfahrungen der Arbeiter:innen am Arbeitsplatz« blieb jedoch bestehen und führte zu Desillusionierung und Unzufriedenheit.[43] Nach dieser Erfahrung mit Arbeiterprotesten, welche die Legitimität der KPCh bedrohten, entschied das Regime Ende der 1950er Jahre, eine große Reform einzuleiten. Der »Große Sprung nach vorn« (*da yue jin*) sollte das sozialistische Projekt wiederbeleben.

Im nächsten Abschnitt befasse ich mich mit einem weiteren Arbeiteraufstand, der ähnliche Fragen aufwarf und in dessen Rahmen linke Forderungen nach wirtschaftlichen Verbesserungen und Arbeiterkontrolle vorgebracht wurden. Diesmal führten die Kämpfe zu einer massenhaften linken Organisierung und zu Widerstand gegen ein KPCh-Regime, das gespalten war und über die korrekte Linie, ihre linke Agenda und Herrschaftsweise stritt.

Ökonomismus und Rebellenbewegung 1966-1968

> »Der anhaltende Lohnstopp, die Verzögerung bei der Umwandlung von befristeten Arbeiter:innen in reguläre Arbeitskräfte, die unzureichenden Sozialversicherungen, Zusatzleistungen, Hilfsgelder oder Beschäftigungsmöglichkeiten von Absolvent:innen der höheren Mittelschule, die Zuweisung von Wohnheimunterkünften und der überfällige Ausgleich von Überstunden – all diese Probleme traten plötzlich zutage. Ein einziger Funke reichte und ließ die Flammen lodern, wie bei getrocknetem Brennholz, das jahrelang aufgestapelt worden ist.«[44]

In diesem Abschnitt befasse ich mich mit den Kämpfen der Arbeiter:innen in der Frühphase der Kulturrevolution (*wenhua dageming*) – zwischen 1966 und 1968. Ich werde nicht die ganze

Geschichte der Kulturrevolution erörtern und auch nicht auf die ideologischen und parteipolitischen Auseinandersetzungen eingehen, an denen Mao Zedong und die sogenannte »Ultralinke« in der KPCh-Führung beteiligt waren. Mein Fokus liegt vielmehr auf der neuen Unzufriedenheit unter Arbeiter:innen und den Kämpfen mit ihren linken Forderungen und Handlungsweisen. Diese zeugten von der Klassenspaltung jener Zeit und brachten neue linke regimekritische Strömungen sowie Kritiken am sozialistischen Klassensystem hervor.

Mehrere Entwicklungen in den späten 1950er und frühen 1960er Jahren führten zur Kulturrevolution, die schließlich den Kurs des sozialistischen Projekts in der Volksrepublik China verändern sollte. 1958 hatte das KPCh-Regime beim Versuch, die wirtschaftliche Entwicklung des Landes zu beschleunigen, mit den Reformen des »Großen Sprungs nach vorn« begonnen. Die Mobilisierung von Bäuerinnen, Bauern und Arbeiter:innen für den Bau neuer Infrastruktur- und Industrieprojekte sowie die Reorganisation ländlicher Kollektive und städtischer Arbeitseinheiten schlugen weitgehend fehl. Ungünstige Wetterbedingungen, Probleme bei der Wirtschaftsplanung und falsche Rückmeldungen aus den Betrieben beeinträchtigten die landwirtschaftliche Produktion erheblich. Die anschließende Nahrungsmittelknappheit führte zu einer großen Hungersnot, der Millionen Menschen, vor allem auf dem Land, zum Opfer fielen. KPCh-Führer Mao Zedong hatte den Großen Sprung vorangetrieben. Er wurde nun für das Scheitern verantwortlich gemacht und musste ins zweite Glied zurücktreten. Die Fraktion um Liu Shaoqi und Deng Xiaoping war nun am Steuer und nahm viele Reformen des Großen Sprungs zurück. Millionen mobilisierter Bäuerinnen und Bauern wurden gezwungen, in ihre Dörfer zurückzukehren, und die Land-Stadt-Wanderung wurde durch das *hukou*-System (der Haushaltsregistrierung) entschlossen gestoppt.[45] Ende 1961 erließ die neue Führung die »Siebzig Artikel«, ein Dokument, das die Rückkehr zur Wirtschaftspolitik vor dem Großen Sprung und zum Ein-Mann-Regiment in den Arbeitseinheiten beschrieb.[46]

Unterdessen verschlechterten sich im Laufe der 1950er Jahre die Beziehungen zwischen dem KPCh-Regime und der politischen Führung der Sowjetunion. Nach dem Tod des sowjetischen Führers Josef Stalin im Jahr 1953 organisierte die neue sowjetische Führung eine Kampagne zur Entstalinisierung und setzte in der Außenpolitik auf eine »friedliche Koexistenz« mit dem wichtigsten kapitalistischen Feindstaat, den USA. Das KPCh-Regime befürchtete eine ähnliche »Entmaoisierung« und stritt mit der sowjetischen Führung über den Umgang mit den Aufständen des Jahres 1956 in den sozialistischen Ländern Polen und Ungarn. Der erwähnte Große Sprung kann auch als ein Versuch des KPCh-Regimes verstanden werden, seine eigene Version des »Sozialismus in einem Land« zu realisieren. In den frühen 1960er Jahren fühlte sich die KPCh zunehmend von den beiden Weltmächten USA und Sowjetunion bedroht und verlagerte ab 1964 in großem Maße industrielle Infrastruktur ins Landesinnere, das heißt weg von den gefährdeten Küsten- und Grenzregionen. Dieser sogenannte Dritte-Front-Aufbau (*sanxian jianshe*) belastete die Wirtschaft, was wiederum die sozialen und politischen Spannungen Mitte und Ende der 1960er Jahre verstärkte.

Im Jahr 1962 lancierte die immer noch mächtige Parteifraktion um Mao Zedong eine weitere Kampagne, die Sozialistische Erziehungsbewegung (*shehuizhuyi jiaoyu yundong*), die auch als Bewegung der vier Säuberungen (*siqing yundong*) bezeichnet wurde und bis 1966 andauern sollte. Bereits seit Mitte der 1950er Jahre hatte sich diese Parteifraktion mit der zunehmenden »Bürokratisierung« von Partei und Staatselite beschäftigt. Im Rahmen der Sozialistischen Erziehungsbewegung führten nun Arbeitsteams von Parteikadern Korrekturmaßnahmen gegen ländliche und städtische Kader durch, die als Feinde aus der alten Gesellschaft oder als »Prokapitalisten« (*zouzipai*, wörtlich: diejenigen, die den kapitalistischen Weg gehen) bezeichnet und für das Scheitern des Großen Sprungs verantwortlich gemacht wurden. Die Durchführung der Sozialistischen Erziehungsbewegung lag in den Händen von Parteikadern, und sie war nicht so effizient, wie die Mao-Fraktion gehofft hatte. Insbesondere brachte sie nicht die erwartete Mobilisierung von Kräften gegen die rivalisierende Führungsfraktion um Liu Shaoqi und Deng Xiaoping. Das hatte Folgen für die nächste Kampagne, welche diese Fraktion herausfordern und Mao wieder an die Spitze bringen sollte: die Kulturrevolution. In deren Rahmen wurden Kräfte *außerhalb* der Partei mobilisiert, insbesondere Mittelschüler:innen und Student:innen.

Mitte der 1960er Jahre sah sich die erste, nach der Befreiung aufwachsende Generation von Mittelschüler:innen und Student:innen zunehmend mit Problemen konfrontiert: Jugendarbeitslosigkeit, blockierte Aufstiegsmöglichkeiten, hierarchische und autoritäre Bildungseinrichtungen und ein repressives System von Klassenkategorien. All das war Teil eines komplexen Zusammenhangs von Privilegierung und Diskriminierung. Viele Jugendliche dieser Generation waren bereit, dem Aufruf der Fraktion um Mao zu folgen. Diese Fraktion mobilisierte sie 1966 gegen »Prokapitalisten« in der Partei und reaktionäre Kräfte in der Gesellschaft mit dem Ziel, das sozialistische Projekt unter der Führung von Mao selbst wiederzubeleben.[47]

Im Mai desselben Jahres wurde die Zentrale Gruppe der Kulturrevolution (*zhongyang wenge xiaozu*, ZGKR) gegründet. Sie bestand hauptsächlich aus Anhänger:innen Maos. Anfangs war sie dem Ständigen Ausschuss des Politbüros der KPCh unterstellt, doch ab Ende 1966/Anfang 1967 übernahm die ZGKR de facto selbst die Führung. Mit dem Beginn der Mobilisierung im Sommer 1966 wurden Rote Garden (*hongweibing*) aufgestellt, die von der Gruppe um Mao Zedong sanktioniert wurden und begannen, Lehrer:innen und Kader in Schulen und Universitäten anzugreifen. Die KPCh-Führung um Liu Shaoqi entsandte Arbeitsteams aus Parteikadern, um diese Angriffe zu kontrollieren und dafür zu sorgen, dass sie sich nicht gegen Leute aus der obersten Führung richteten. Zu diesem Zeitpunkt bestanden die Roten Garden zumeist aus Nachkommen von Partei-, Staats- und Armeekadern. Diese Rotgardist:innen wollten ihre Privilegien als »Erben« revolutionärer Eltern absichern und beriefen sich auf die sogenannte »Blutlinientheorie« (*xuetong lun*), um die von ihnen ausgeführten Angriffe zu legitimieren. Diese Angriffe richteten sich vor allem gegen die sogenannten »schwarzen Kategorien«, das heißt Menschen mit »schlechtem« Klassenhintergrund in Schulen und Stadtvierteln. Für die Rotgardist:innen waren diese Teil der alten herrschenden Klassen oder Konterrevolutionäre, was ihre Angriffe legitimierte. Im August 1966 intervenierte die Fraktion um Mao mit dem »Sechzehn Punkte«-Dokument. Sie forderte die Neuausrichtung der Angriffe auf »kapitalistische Drahtzieher in der Partei« und »bürgerlich-reaktionäre« Kräfte im Staat. In den »Sechzehn Punkten« wurde auch die Bedeutung der Produktion hervorgehoben. Die Fraktion um Mao wollte, dass die Kulturrevolution außerhalb der Arbeitseinheiten stattfand, um wirtschaftlichen Schaden zu vermeiden.[48]

Nichtsdestotrotz dominierten die Angriffe der Roten Garden auf die »schwarzen Kategorien« die Phase des sogenannten »roten Terrors« (*hongse kongbu*) im Spätsommer 1966, mit Überfällen und Hausdurchsuchungen, Folterungen und Tötungen vieler einfacher Menschen, vor allem in Beijing. Im Herbst 1966 meldete sich Maos Gruppe erneut zu Wort und betonte, dass sich der Kampf gegen die »bürgerliche Linie« in der Parteiführung richten müsse. An diesem Punkt änderte sich der Verlauf der Kulturrevolution. Viele Jugendliche aus den »schwarzen Kategorien« nutzten die Neuausrichtung gegen die »bürgerliche Linie«, um ihre eigenen Rote Garden zu gründen. Die Bewegung der Roten Garden wurde viel größer, mit neuen Gruppen, Treffen und Versammlungen, zu denen die jungen Graden durch das ganze Land reisten. Die neu gegründeten Roten Garden griffen nun nicht nur Kader an, die als »Prokapitalisten« galten und die »bürgerliche Linie« unterstützten, sondern auch die alten Roten Garden, die diese Kader verteidigten. Junge Aktivist:innen aus den neuen Roten Garden kritisierten die Diskriminierung der »schwarzen Kategorien« und die Ausbeutung von Jugendlichen auf dem Land und von anderen. In der Folge spaltete sich die Bewegung in *konservative* Gruppen (*baoshoupai*), welche die sozialistische Ordnung und das Parteiensystem verteidigten, und *rebellische* Gruppen (*zaofanpai*), welche die sozialistische Ordnung und die bürokratische Parteiführung angriffen. Mit der Neuausrichtung gewann die Kulturrevolution an Schwung und begann nun auch, auf die Arbeitseinheiten überzugreifen, was beide Fraktionen in der KPCh-Führung hatten verhindern wollen.

Unzufriedene Arbeiter:innen

Wie Mitte der 1950er Jahre waren viele derjenigen, die sich an die Spitze der Proteste von 1966 und 1967 stellten, diskriminierte und prekäre Gruppen von Arbeiter:innen. Ihre Proteste waren das Ergebnis der in den vorangegangenen Jahren aufgestauten Unzufriedenheit.[49]

Noch während des Großen Sprungs in den späten 1950er und frühen 1960er Jahren hatte die Gruppe um Mao versprochen, Status und Situation der Arbeiter:innen zu verbessern. Der Große Sprung scheiterte jedoch und ihre Situation verbesserte sich nicht. Im Gegenteil, um die wirtschaftlichen Folgen des Großen Sprungs zu bewältigen, setzte die Fraktion unter Liu und Deng 1961 und 1962 auf eine verschärfte Arbeitsdisziplin, erhöhte Produktionstempo und Produktionsquoten und führte Sparmaßnahmen durch. Als die Kulturrevolution begann, waren viele Arbeiter:innen desillusioniert. Ihre Löhne waren seit den 1950er Jahren nicht mehr erhöht, viele Überstunden jahrelang nicht mehr bezahlt worden. Zudem war ihre Wohnsituation immer noch miserabel.

Dies betraf jedoch nicht alle in gleicher Weise. Die Arbeiter:innen waren nach wie vor gespalten, je nach Sektor, ihrer Beschäftigung in Staatsbetrieben oder Kooperativen und den Statusunterschieden zwischen älteren und jüngeren Arbeiter:innen oder zwischen Festangestellten und befristet

Beschäftigten.[50] Die Arbeiterproteste während der Kulturrevolution entzündeten sich in besonderem Maße am sogenannten »Arbeiter-Bauern-System« (*yi gong yi nong*). Dieses war 1964 eingeführt worden und sollte durch Kostensenkungen mehr industrielle Überschüsse für die Akkumulation freisetzen. Erreicht werden sollte das durch die Begrenzung der Zahl der Arbeiter:innen mit festen und höher entlohnten Arbeitsplätzen und ihre Ersetzung durch ländliche, befristet Beschäftigte oder Vertragsarbeiter:innen mit niedrigeren Löhnen und geringeren Zusatzleistungen. Letztere durften ihre Familien nicht in die Städte bringen und konnten ohne Weiteres aufs Land zurückgeschickt werden. Mitte der 1960er Jahre begehrten nun viele der unter diesen Bedingungen beschäftigten Arbeiter:innen auf, aber auch viele Festangestellte, die befürchteten, ihren sichereren Status zu verlieren.[51]

Mit Beginn der Kulturrevolution verschlechterte sich die Situation vieler Arbeiter:innen noch weiter, in manchen Fällen nur vorübergehend, in anderen dauerhaft. Aufs Land geschickte Jugendliche und ehemalige städtische Arbeiter:innen, die ebenfalls zum Arbeiten aufs Land geschickt worden waren, nutzten die politische Situation, um in die Stadt zurückzukehren. In Shanghai kamen so viele Leute neu in die Stadt, dass die Lebensmittel knapp wurden.[52] Viele Arbeiter:innen, die an der Mobilisierung während der Kulturrevolution beteiligt waren, wurden entlassen oder mussten Lohnkürzungen hinnehmen, nachdem sie Betriebskader kritisiert hatten.

Massenorganisierung und Kampf

Die Arbeiter:innen hatten zwar viele Gründe, für Verbesserungen zu kämpfen, in der Anfangsphase der Kulturrevolution im Sommer 1966 beteiligten sie sich jedoch zunächst meist nicht an den Auseinandersetzungen und Mobilisierungen. Was sich abspielte, ähnelte früheren Korrekturkampagnen, und die Arbeiter:innen wussten, was ihnen drohen konnte, wenn sie Kader oder staatliche Stellen kritisierten. Darüber hinaus versuchte die ZGKR, die Kulturrevolution aus den Betrieben herauszuhalten. Sie forderte die Arbeiter:innen sogar auf, sich nur in ihrer Freizeit daran zu beteiligen. Und als Arbeiter:innen im Spätsommer und Frühherbst 1966 dennoch versuchten, sich mit Unterstützung studentischer Rotgardist:innen an Aktivitäten der Kulturrevolution zu beteiligen, unterdrückten Betriebskader und Parteiorgane diese Versuche. Die Situation änderte sich erst im November und Dezember 1966, als sich mehr und mehr Arbeiter:innen an Massenkämpfen beteiligten und ihre eigenen Organisationen gründeten. Am 17. November 1966 sanktionierte die ZGKR schließlich diese Aktivitäten, woraufhin wiederum viele autonome Organisationen gebildet wurden, diesmal von Arbeiter:innen. Auch diese Organisationen waren danach nur noch schwer zu kontrollieren.

Die neue Bewegung war geprägt von den Spaltungen und Gegensätzen in der sozialistischen Gesellschaft. Die Arbeiter:innen forderten höhere Löhne, kürzere Arbeitszeiten, bessere Arbeitsbedingungen, sichere Arbeitsplätze, eine bessere Gesundheitsversorgung und bessere Sozialleistungen. In Shanghai kritisierte das KPCh-Regime dies später als bloßen »Ökonomismus«. Die Zusammensetzung der Bewegung erinnerte an die Arbeiterproteste 1956 und 1957. Zu den Arbeiterrebell:innen gehörten Lehrlinge, die gegen lange Ausbildungszeiten, niedrige Löhne, die oft weniger als die Hälfte des Durchschnittslohns ausmachten, sowie gegen ihren niedrigen sozialen und politischen Status protestierten.[53] Befristet Beschäftigte und Vertragsarbeiter:innen (darunter viele Frauen*) verrichteten oft die gleiche Arbeit wie Festangestellte, erhielten aber niedrigere Löhne und weniger Zusatzleistungen. Sie wurden zudem entlassen, wenn sie nicht mehr gebraucht wurden.[54] In der Folge »forderten sie die Abschaffung des ›korrupten‹ Systems der Vertragsarbeit, verlangten, dass sie einen höheren Prozentsatz ihres Lohns behalten durften, und drängten auf ihre Wiedereinstellung und die Nachzahlung des Lohns, sofern sie vorher entlassen worden waren«.[55] Viele Arbeiter:innen waren nach dem Großen Sprung und der wirtschaftlichen Krise Anfang der 1960er Jahre auf das Land geschickt worden. Einige von ihnen wurden später von städtischen Arbeitseinheiten wieder eingestellt, allerdings nur befristet, und sie behielten ihren ländlichen *hukou*. Während der Kulturrevolution kehrten viele von ihnen Arbeiter in die Städte zurück und verlangten feste Arbeitsplätze mit höheren Löhnen und einem städtischen *hukou*. Viele Jugendliche waren derweil in Grenzgebiete oder ländliche Gegenden geschickt worden, um dort in der Landwirtschaft zu arbeiten. Die Kulturrevolution unterbrach das dahinterstehende Landverschickungsprogramm, und viele Jugendliche kehrten in Städte wie Shanghai zurück, gründeten Organisationen und forderten Arbeitsplätze und einen städtischen *hukou*. Demobilisierte Soldaten gründeten ebenfalls ihre eigenen Rebellengruppen. Im Vergleich zu den in den 1950er Jahren Demobilisierten bekamen diejenigen, die erst nach dem Großen Sprung aus der Armee ausschieden, niedrigere Löhne und ihnen wurden keine sicheren Arbeitsplätze zugewiesen. Sie forderten nun Verbesserungen und gleiche Bedingungen. Auch die Opfer verschiedener Kampagnen, wie der Anti-Rechts-Kampagne 1957, organisierten sich und forderten ihre Rehabilitierung und Arbeitsplätze, die ihnen aufgrund ihrer »schlechten« Klassenzugehörigkeit bisher verweigert worden waren.

All diese Gruppen begannen Ende 1966 und 1967, sich zu organisieren und vehement ihre Forderungen vorzubringen. In ihren Betrieben waren rebellische Lehrlinge, befristet Beschäftigte und Vertragsarbeiter:innen oft in der Minderheit, auch weil viele sich nicht trauten, offen rebellischen Gruppen zu unterstützen. Dennoch zogen viele Rebellenorganisationen wie die in Shanghai Zehntausende und mehr an. Sie nutzten verschiedene Kampfformen, um Kader in Betrieben und Behörden unter Druck zu setzen, darunter Demonstrationen, Sitzstreiks, Blockaden und Petitionen, die sie bei örtlichen Behörden oder sogar in Beijing einreichten.

Den Rebell:innen standen »konservative« Arbeitergruppen gegenüber, die sich eher aus Festangestellten und Facharbeiter:innen oder Kadern zusammensetzten und sich auf die Erfahrung ihrer Mitglieder in der Organisierung (in Partei und Gewerkschaft) und deren Stellung in der betrieblichen Hierarchie stützten. Meist verteidigten sie den Status quo und versuchten, die Produktion aufrechtzuerhalten, weil ihre Löhne und Prämien davon abhingen. Sie verlangten auch »ökonomische« Verbesserungen, wenn befristet Beschäftigte oder Vertragsarbeiter:innen Gehaltserhöhungen erhalten hatten, weil sie ihre Privilegien behalten wollten.[56]

Zugeständnisse und Unterdrückungsmaßnahmen

Ende 1966 entstanden rasch viele Organisationen der Arbeiterrebell:innen. Sie wurden bis zu einem gewissen Grad von der ZGKR in Beijing unterstützt in ihrem Kampf gegen den »Bürokratismus« (*guanliaozhuyi*) der Fraktion um Liu und Deng. Viele Kader gaben den Forderungen nach und machten Zugeständnisse, um nicht als konterrevolutionär abgestempelt zu werden. Sie zahlten rückständige Löhne aus, machten befristet Beschäftigte zu Festangestellten, erlaubten aufs Land geschickten Jugendlichen oder Arbeiter:innen die Rückkehr in die Stadt, vergaben Arbeitsplätze an arbeitslose Jugendliche und erhöhten das Lohnniveau selbst in ländlichen Gebieten.

Weil sich in Shanghai viele Arbeiter:innen der verschiedenen Fraktionen an »ökonomistischen« Aktivitäten, am »politischen Kampf« oder an der fraktionellen Organisierung, den Debatten und Auseinandersetzungen beteiligten, blieben sie oft dem Arbeitsplatz fern oder waren faktisch im Streik. Die Unterbrechung der Produktion und des Verkehrs, die Überbeanspruchung der öffentlichen und betrieblichen Kassen durch die Auszahlung hoher Summen an die Arbeiter:innen und der dadurch stark erhöhte Konsum lösten eine Wirtschaftskrise aus. Die alten politischen Partei- und Staatsinstitutionen brachen unter dem Druck der Rotgardist:innen und Rebellengruppen weitgehend zusammen. Anfang 1967 paralysierten diese Entwicklungen die Stadt.

In dieser Situation änderte die ZGKR erneut die Ausrichtung der Kulturrevolution. Erstens verbreitete sie verstärkt die Parole »An der Revolution festhalten und die Produktion voranbringen« (*zhua geming, cu shengchan*), die sie bereits seit November 1966 verwendet hatte. Nun ging es ihr vor allem um die Aufrechterhaltung der Produktion und die Wiederherstellung der Ordnung. In der Folge griff die Führung den »konterrevolutionären Ökonomismus« an und behauptete, »Prokapitalisten« hätten die Arbeiter:innen dazu verleitet, ihre Arbeitsplätze zu verlassen und persönliche Interessen in den Vordergrund zu stellen, anstatt die kollektiven Interessen zu verfolgen.

Zweitens entschied die ZGKR im Januar 1967, Rebellengruppen die »Machtergreifung« (*duoquan*) zu erlauben. Zu diesem Zeitpunkt waren die alten Verwaltungs- und Führungsstrukturen von Partei und Staat weitgehend zusammengebrochen. In Shanghai versuchte das in der Stadt vorherrschende Rebellenbündnis, das Arbeitergeneralhauptquartier (*gongren zongbu*), die politische Macht zu übernehmen. Die ZGKR befürchtete, gänzlich die Kontrolle über den Verlauf der Kulturrevolution zu verlieren.[57] Sie bestimmte, dass die nun sanktionierten Machtergreifungen von einer »großen Allianz« (*dalianhe*) durchgeführt werden müssten. Diese sollte aus Rebellenanführer:innen, alten Kadern sowie Offizieren der Volksbefreiungsarmee bestehen, die sogenannte Revolutionsausschüsse (*geming weiyuanhui*) bildeten. Ein solcher Revolutionsausschuss wurde zuerst in Shanghai eingerichtet. Dort ersetzte er die Shanghaier Volkskommune (*Shanghai renmin gongshe*), die Rebellengruppen ausgerufen hatten. Später wurden solche Ausschüsse auch in anderen Teilen des Landes gebildet. Sie sollten gegen den Ökonomismus vorgehen und die politische und wirtschaftliche Ordnung wiederherstellen.

Viele Rebellenanführer:innen wurden in diese neuen Institutionen integriert und so vereinnahmt. Auch Mao Zedong sowie die später als »ultralinks« bezeichneten Mitglieder der ZGKR und einige lokale Rebellenanführer:innen beteiligten sich an der Verurteilung des »Ökonomismus«. Sie behaupteten, dass die materiellen Forderungen der Arbeiter:innen einen

Komplott der »Prokapitalisten« in den Betrieben und lokalen Verwaltungen darstellten. Dem Vorwurf nach wurde »die Kulturrevolution sabotiert, indem Aktionen von Arbeiter:innen durch ›Bestechung‹ in Form von Lohnnachzahlungen und anderen Geldzuweisungen in wirtschaftliche Forderungen umgelenkt wurden«.[58] Die neuen Revolutionsausschüsse, die oft von Armeeoffizieren und alten Kadern dominiert wurden, ließen dementsprechend keine weiteren Zugeständnisse an Arbeiter:innen mit materiellen Forderungen zu. Die Ausgabe von Lohnnachzahlungen und Prämien wurde gestoppt, früher aufs Land geschickte und nun in die Stadt zurückgekehrte Arbeiter:innen wurden aufgefordert, wieder in die Dörfer zu gehen, die Organisationen der befristet beschäftigten Arbeiter:innen wurden verboten und ihre Anführer:innen verhaftet. Die Revolutionsausschüsse setzten auch die Auflösung anderer Rebellenorganisationen durch.

Während viele Arbeiteraktivist:innen inhaftiert wurden, blieben in den Betrieben und Arbeitseinheiten viele Konflikte ungelöst und schwelten weiter. Das galt insbesondere für die Konflikte, die im Zusammenhang mit den Siebzig Artikeln standen und sich um die Hierarchie am Arbeitsplatz, strenge Regeln und willkürliche Betriebsleitungen drehten. »Ökonomismus« und Proteste von befristet Beschäftigten und Vertragsarbeiter:innen flammten weiterhin auf, sogar in Branchen, die unter direkter militärischer Kontrolle standen.[59] Viele rebellische Arbeiter:innen waren aus mehreren Gründen verärgert. Ihre Organisationen waren aufgelöst worden, viele Kader durften nun zurückkehren, die vorherigen Säuberungen zum Opfer gefallen waren, und die Revolutionsausschüsse wurden von Kadern und Armeeoffizieren dominiert.

Im Sommer 1967 wurden diese Konflikte von anderen Auseinandersetzungen überlagert: den Kämpfen zwischen konservativen und rebellischen Gruppen, den Kämpfen zwischen verschiedenen Rebellengruppen und den Kämpfen zwischen Rebell:innen und der Armee, die in den meisten Fällen die konservative Fraktion unterstützte. Je nach Ort waren diese Auseinandersetzungen mehr oder weniger gewalttätig, und in den meisten Fällen ging es darum, wer die politische Initiative behalten, die Revolutionsausschüsse dominieren oder sich der Repression widersetzen kann.

Die KPCh-Führung um Mao setzte die Volksbefreiungsarmee ein und lancierte politische Kampagnen, um Millionen von Rebell:innen zu verhaften, zu bestrafen und aufs Land zu schicken. Darunter waren Kampagnen wie die Kampagne zur Säuberung der Klassenränge (*qingli jieji duiwu*) gegen Rebell:innen in der Arbeiterschaft oder die Kampagne »Ein Schlag und drei Antis« (*yi da, san fan*) gegen die »Ultralinken«.[60] Wie in anderen Fällen von Dissens und Widerstand in der Volksrepublik China wurden Arbeiter:innen härter bestraft als Schüler:innen und Student:innen.

Neue Denkströmungen

Anfang 1967 bestimmten die ökonomistische Bewegung sowie die Organisierung von Rebellengruppen und Machtergreifungen in den Betrieben vorübergehend den Verlauf der Kulturrevolution in Shanghai – und in anderer Form und mit unterschiedlichem Verlauf auch in anderen Städten. Die Führungsgruppe um Mao Zedong setzte die Revolutionsausschüsse ein, um zuvor gestürzte Kader wieder einzusetzen, kooperationsbereite Rebellenanführer:innen zu vereinnahmen, Rebellenorganisationen zu verbieten und die Ordnung in den Betrieben wiederherzustellen. Doch während die neuen Machtstrukturen dazu dienten, Rebellenanführer:innen und Aktivist:innen zu verhaften, zu bestrafen und aufs Land zu schicken, leisteten viele Rebell:innen weiter Widerstand und entwickelten radikalere Ideen. Diese Ideen gehen auf die komplexen und wechselnden politischen Richtungen zurück, welche die KPCh-Führungsfraktion um Mao Zedong seit den frühen 1960er Jahren vorgegeben hatten.

Vor der Kulturrevolution hatten die KPCh-Oberen die Kommunistische Partei der Sowjetunion und ihren Führer Nikita Chruschtschow angegriffen, weil diese die Bildung einer »privilegierten Schicht« in der Gesellschaft zugelassen hatten. »Als im Verlauf der Kulturrevolution immer mehr Parteifunktionäre als ›Prokapitalisten‹ entlarvt wurden, stellte sich für viele offensichtlich die Frage, ob das Konzept der ›privilegierten Schicht‹ oder ›privilegierten Klasse‹ auch auf China angewendet werden kann.«[61] Die »Prokapitalisten« wurden zunächst als Verräter der Revolution dargestellt, welche die Rückkehr der *alten* herrschenden Klasse unterstützten. Dementsprechend wandte sich die erste Welle der Roten Garden im Sommer 1966 hauptsächlich gegen die »schwarzen Kategorien« und gegen Menschen mit »schlechtem Klassenhintergrund«.

Ende 1966 verlagerte sich der Diskurs hin zu einer Kritik an der *neuen* herrschenden Klasse, das heißt an denjenigen, die ihre Privilegien ihrem Status in der sozialistischen Gesellschaft zu verdanken hatten. Die ZGKR förderte diesen Wechsel in der Ausrichtung zunächst, weil sie es auf die »Prokapitalisten«-Fraktion um Liu Shaoqi und Deng Xiaoping abgesehen hatte. Für die ZGKR war dies kein Problem des sozialistischen Systems in der Volksrepublik China, sondern lediglich das Problem einiger »fauler Äpfel« in der Führung, die sich dafür entschieden hatten, »den kapitalistischen Weg zu gehen«.

Radikale Teile der Rebellenbewegung und die zweite Welle der Roten Garden nahmen den Angriff auf die materiellen Privilegien der Kader und ihrer Kinder ernster – was in Schriften wie denen des jungen Arbeiters Yu Luoke und anderer zum Ausdruck kam. Sie entwickelten sogar eine Kritik an der neuen Klassenhierarchie im sozialistischen China.[62] Nachdem sich die Führung 1967 gegen ihre Bewegung gewandt hatte, distanzierten sich viele Rebell:innen von der ZGKR und beschlossen, der neuen Klassenanalyse zu folgen und »ihr entsprechend zu handeln«.[63] Die Rebell:innen begannen, die soziale Situation in Städten und ländlichen Gemeinden zu untersuchen und entsprechende Berichte zu sammeln, die den ausbeuterischen Charakter der Klassenbeziehungen in der Volksrepublik China aufzeigten.

> »Alle diese Berichte wiesen auf die wichtige Tatsache hin, dass es im sozialistischen China Ausbeutung gab. Die Frage war nur noch, wer wen ausbeutet. Licht ins Dunkel brauchte in dieser Frage die Aufdeckung des luxuriösen und korrupten Lebenswandels einiger Parteifunktionäre.«[64]

Gleichzeitig führten die Rebell:innen eine Debatte über Arbeiterkontrolle, die von der ZGKR als »extreme Demokratisierung« oder »Ultrademokratie« diffamiert wurde. Angetrieben wurde die Debatte durch die Machtergreifungen rebellischer Arbeiter:innen in Betrieben und Arbeitseinheiten Anfang 1967. An einigen Orten erhielten die Rebell:innen genügend

Unterstützung, um den Angriffen konservativer Arbeiter:innen, Kader und auch Militärs zu widerstehen, die zu ihrer Kontrolle entsandt worden waren. Die Rebell:innen waren angetan von der Pariser Kommune als Beispiel für eine Arbeiterdemokratie, und dieses Vorbild spielte auch bei der Gründung der Shanghaier Volkskommune im Januar 1967 eine Rolle. Die ZGKR hatte ein Problem mit der Form der Kommune, weil sie eine Art der direkten Demokratie darstellte, die keinen Raum für die führende Rolle der Kommunistischen Partei ließ.[65]

Der Dissens zwischen den Rebell:innen und dem Regime führte ab dem Sommer 1967 auch zur Bildung von Studiengruppen und später zur Entwicklung linker Theorien durch Zusammenhänge junger Rebell:innen wie der Fraktion Dritter April (*sisan pai*) in Beijing, der Antirestaurationsfront (*fan fubi xuehui*) in Shanghai, dem Shandong Bohai-Schlachtregiment (*Shandong bohai zhantuan*) und der Gruppe Oktoberrevolution (*shiyue geming xiaozu*) in Shandong sowie der Gesellschaft Großer Wagen (*beidouxing xueshe*) in Wuhan.[66] Diese Gruppen wurden teilweise als Reaktion auf Maos Aufruf gegründet, die Theorie der permanenten Revolution zu studieren. »Noch wichtiger ist jedoch, dass die Menschen im Allgemeinen und die Rebell:innen im Besonderen nach mehr als einem Jahr der dramatischen Veränderungen durch die Kulturrevolution das starke Bedürfnis nach einer angemessenen und konsistenten Theorie hatten, welche die aktuelle Bewegung erklärt und anleitet.«[67] Die Gruppen entwickelten die sogenannten »neuen Denkströmungen«, das heißt Theorien, die sich von der vorherrschenden offiziellen Ideologie unterschieden und gemein hatten, dass sie den Klassenkampf im Sozialismus reinterpretierten als Kampf gegen die neue privilegierte Klasse der KPCh-Funktionäre und nicht gegen die Überbleibsel der alten herrschenden Klasse von vor 1949.

Die größte und prominenteste Vertreterin der neuen Denkströmungen war Shengwulian, eine Ende 1967 gegründete Koalition von Rebellengruppen in der Provinz Hunan.[68] Wie frühere Rebellenkoalitionen, zum Beispiel in Shanghai, setzte sich Shengwulian aus verschiedenen Gruppen zusammen, die Ausbeutung (als befristet Beschäftigte), Diskriminierung (als Landbewohner:innen), Vertreibung (als aufs Land Verschickte) oder Ausgrenzung (als Menschen, die als »schlechte Elemente« gebrandmarkt wurden) erlebt hatten. Sie sahen nun eine Chance, sich weiterhin zu organisieren und ihre Forderungen durchzusetzen: Armeeveteranen, Lehrer:innen mit »schlechtem Klassenhintergrund«, Arbeiter:innen aus kleinen Fabriken, Arbeiter:innen aus der Leichtindustrie und dem Transportsektor, Bäuerinnen und Bauern, Student:innen und Hochschullehrer:innen, Mittelschüler:innen, Arbeiter:innen aus Kooperativen, niedere Partei- und Staatsangestellte und Arbeiter:innen, die gerade die Berufsschule abgeschlossen hatten.

Die Koalition genoss große Unterstützung in Hunan und wurde in der gesamten Volksrepublik China vor allem durch verschiedene politische Texte bekannt, die von Mitgliedern der Shengwulian wie Yang Xiguang verfasst wurden. Die Shengwulian-Aktivist:innen bezeichneten ihre politische Ausrichtung als »ultralinks« (*jizuo*), konstatierten die Existenz einer privilegierten »bürokratischen Klasse« oder »roten Bourgeoisie« und betrachteten die Volksrepublik China als kapitalistisch oder staatskapitalistisch. Sie hielten die Befreiung von 1949 für eine bürgerliche Revolution, welche die kapitalistischen Produktionsverhältnisse intakt ließ, auf die der Aufbau des Sozialismus bis Mitte der 1950er folgte.[69] Nach dem Großen Sprung bildete sich ihrer Meinung nach eine sozialistische bürokratische Klasse, welche kapitalistische Methoden und Verhältnisse einführte. Diese seien geprägt durch die Macht von Fabrikdirektoren oder Leitern ländlicher Kollektive, die persönliche Gewinne anstrebten, die Ausbeutung von befristet Beschäftigten und Vertragsarbeiter:innen, den Arbeitsdruck in städtischen Arbeitseinheiten und die Behandlung von aufs Land geschickten Jugendlichen als »Leibeigene« der Kollektive. Die Güterverteilung komme derweil den Interessen der bürokratischen Klasse zugute. Die Ausbeutung beruhe nicht auf Eigentumsverhältnissen oder Besitz, sondern auf Positionen und Privilegien.[70] Die Shengwulian verlangte dagegen eine fortgesetzte Revolution.

> »Mit Parolen wie ›starker Sturm zur politischen Umwälzung‹, ›tiefgreifende Revolution‹ und ›gründliche Zerschlagung der alten Staatsmaschinerie‹ drückte die Shengwulian ihr Verlangen nach einer grundlegenden Veränderung des bestehenden Systems aus. Sie erhob eine Reihe radikaler politischer Forderungen, die letztlich auf den Sturz der Bürokrat:innen als Klasse abzielten.«[71]

Wenn die ZGKR die Revolutionsausschüsse (aus Rebellenanführer:innen, alten Kadern und Armeeoffizieren) als neues Regierungsmodell der Kulturrevolution propagierte, so galt dies unter Aktivist:innen des Shengwulian als Entscheidung für einen »bürgerlich-reformistischen Weg«.

Die radikalen Positionen der Shengwulian wurden von Gruppen in anderen Teilen der Volksrepublik China aufgegriffen und breit diskutiert, insbesondere nachdem die ZGKR die Shengwulian angegriffen und ihr Material in der gesamten Volksrepublik China verteilt hatte, damit es diskutiert und kritisiert werden sollte. Im Januar 1968 wurde Shengwulian öffentlich als »konterrevolutionär« und »reaktionär« denunziert und kritisiert, und ihre Anführer:innen wurden verhaftet. Es folgten die bereits genannten harten Maßnahmen gegen die Rebellengruppen.

Die linke Bedrohung abwenden

Kurzum, zwei Konflikte prägten die hier beschriebene Konfrontation während der Kulturrevolution: Maos Fraktion wollte die Kontrolle über Partei und Staat zurückgewinnen und gleichzeitig dem sozialistischen Projekt neues Leben einflößen; und die (Rebell:innen-)Bewegung der verschiedenen Akteure von unten nutzte den Raum, der ihnen für Organisierung und Kampf gegeben wurde, und stritt für die Verbesserung ihrer Lebensbedingungen. Eine zentrale Rolle in der Bewegung spielten zunächst Schüler:innen und Student:innen und später Arbeiter:innen. Sie brachten Partei und Staat an den Rand des Zusammenbruchs. Beide linken Grundthemen prägten die Auseinandersetzungen: Die rebellischen Arbeiter:innen kämpften für materielle Verbesserungen, vor allem während des »ökonomistischen Winds« von Ende 1966 und Anfang 1967; und sie forderten Selbstbestimmung und (demokratische) Kontrolle in den Arbeitseinheiten, was von der Parteizentrale als »Ultrademokratie« verunglimpft wurde. Vor allem festangestellte Facharbeiter:innen, Techniker:innen und Kader waren in konservativen Gruppen organisiert und versuchten, ihre Privilegien zu verteidigen. Befristet Beschäftigte, Vertragsarbeiter:innen, Lehrlinge und junge Arbeiter:innen bildeten derweil rebellische Gruppen und attackierten die Führungskräfte und loyalen Arbeiter:innen in den Betrieben.

Zwei Auffassungen von Klasse prägten den Verlauf der Ereignisse, die Forderungen, Richtungen und Formen der Bewegungen. Für konservative Rotgardist:innen waren die »Prokapitalisten« Angehörige der bürgerlichen Klasse aus der Zeit vor der Befreiung 1949; für die rebellischen Rotgardist:innen waren eher aktuelle bürokratische Parteiführer »prokapitalistisch«. Die Mehrheit der Rebell:innen betrachtete diese »Pro-

kapitalisten« in der Partei als ideologisch wankelmütige und unmoralische Kader. Für sie war deren Existenz kein Problem des Systems, vielmehr glaubten sie an die Existenz einzelner Verräter. Eine Minderheit der Rebell:innen war anderer Meinung. Gruppen wie Shengwulian attackierten Partei- und Staatskader, weil diese Teil der neuen bürokratischen Führungsschicht oder »roten Bourgeoisie« waren. Ihr Kampf richtete sich nicht mehr nur gegen die »bürgerliche Linie« oder bestimmte »Prokapitalisten«, sondern gegen die bürokratische Klasse der Parteiführer als Ganzes.

Da die Liu-Deng-Fraktion in der Führung bereits in der Anfangsphase der Kulturrevolution geschwächt worden war, übernahm die ZGKR unter Mao Zedong die Initiative und ging gegen die Rebellenbewegung vor, als diese außer Kontrolle geriet und die Parteiherrschaft als solche zu gefährden drohte. Die ZGKR förderte die 1967 und 1968 neu gegründeten Revolutionsausschüsse. Diese wurden von Kadern und Armeeoffizieren dominiert, konnten jedoch auch kooperationsbereite Rebellenanführer:innen integrieren. Die Vereinnahmung eines Teils der Rebellengruppen und ihrer Anführer:innen auf lokaler, regionaler und landesweiter Ebene spaltete die Rebellenbewegung in eine kooperative und eine widerständige Fraktion. Der kooperative Teil trug dann auch zur Neuausrichtung des politischen Diskurses bei. Die ZGKR erkannte die Existenz einer ausbeuterischen und privilegierten Schicht teilweise an, für sie war diese Schicht jedoch gleichbedeutend mit der Liu-Deng-Fraktion. Sie setzte den ökonomistischen Kampf mit der bürgerlich-reaktionären Linie gleich, deren Protagonist:innen diesen Kampf angeblich sogar begonnen hatten. Sie denunzierte die Forderungen der Arbeiter:innen nach mehr Kontrolle in den Betrieben als »ultrademokratisch« oder »anarchistisch«. Die Wiederherstellung der wirtschaftlichen und politischen Ordnung durch die »große Allianz« aus Armeeoffizieren, Kadern und Rebellenvertreter:innen verkaufte sie wiederum als eine akzeptierte Form von »Rebellion«.

Die ZGKR setzte die Armee sowie »konservative« Gruppen ein, um die ökonomistischen Kämpfe zu beenden. Sie erzwang die Auflösung der Rebellenorganisationen, unterdrückte den Rest der Rebellenführung und stellte die Ordnung wieder her, indem sie Millionen von Rebell:innen verhaftete, bestrafte und aufs Land schickte. Die Kämpfe der Rebell:innen hatten weder dauerhafte Formen der Massenorganisierung und -mobilisierung geschaffen, noch die Hierarchien in den Betrieben grundlegend verändert – auch wenn der Kampf zwischen den Fraktionen weiterging und die rebellischen Arbeiter:innen gewisse materielle Zugeständnisse erreichen konnten.[72]

Der Aufstand der Rebell:innen und die ökonomistischen Kämpfe scheiterten oder kollabierten jedoch nicht nur aufgrund der Repression, der Vereinnahmung und der Zugeständnisse, sondern auch aufgrund ihrer inneren Widersprüche: Die ökonomistischen Kämpfe brachten oft spezifische Situationen und Forderungen zum Ausdruck und konnten sich nicht zu einer dauerhaften, starken Bewegung zusammenschließen. Rebellische Schüler:innen, Student:innen und Arbeiter:innen kritisierten gemeinsam konservative Positionen, aber die zahlreichen Konflikte zwischen diesen Gruppen verhinderten eine weitergehende Zusammenarbeit. Die rebellischen Schüler:innen und Student:innen wollten die Proteste anführen, aber die Arbeiter:innen trauten ihnen nicht – ein Problem, das in späteren Kämpfen wieder auftauchen sollte. Die rebellischen Gruppen forderten die Umverteilung von Reichtum und Macht, hatten aber keine gemeinsame Vorstellung davon, wie eine dementsprechende Umgestaltung der sozialistischen Institutionen aussehen sollte.[73] Nicht zuletzt formulierten die radikalen Rebell:innen zwar eine radikale Kritik an Bürokratismus (*guanliaozhuyi*) und Kommandismus (*minglingzhuyi*), das hielt sie jedoch nicht davon ab, Mao Zedong zu verehren oder für einen »Mao-Zedong-ismus« zu werben.

Die Massenphase der Kulturrevolution endete, je nach Region, 1967 oder 1968. Zwei »ultralinke« Bewegungen blieben übrig: Die eine, von Linken in der KPCh-Führung verkörpert, war an den Fraktionskonflikten beteiligt, welche die erste Hälfte der 1970er Jahre prägten; die andere bestand aus jenen, die der ultralinken Shengwulian und anderen Gruppen nahegestanden hatten, Partei- und Staatsorgane immer noch als Gegnerinnen ansahen und die weiterhin unterdrückt, bestraft oder aufs Land geschickt wurden.

Ihre Erfahrungen in der Selbstorganisierung und im Kampf, ihre linke Kritik an der sozialistischen Klassengesellschaft und ihre Unterdrückung durch die linke KPCh-Führung prägten diese Generation junger Rebell:innen. Auch in den kommenden Jahren diskutierten viele von ihnen weiterhin ihre Erfahrungen, noch nachdem sie bestraft oder aufs Land geschickt worden waren. Die radikalen Teile der Rebellenfraktion kritisierten die Kulturrevolution, weil sie nicht weit genug oder den Weg nicht konsequent bis zum Ende gegangen war. Ihre Ideen widersprachen dem herrschenden Kulturrevolutionsdiskurs und hinterfragten die politischen Strukturen der Volksrepublik China. Ihre neue Klassentheorie »stellte die Ungleichheiten und die Korruption im sozialistischen China heraus und bildete eine ideologische Grundlage, auf die sich die Demokratiebewegungen in den 1970er und frühen 1980er Jahren beziehen sollten«.[74]

Schlussfolgerungen: Verrat durch das Regime und Klassenwiderstand

In diesem Kapitel habe ich untersucht, wie während der sozialistischen Periode Mitte der 1950er und Mitte der 1960er Jahre soziale Unzufriedenheit und Proteste von unten oppositionelle linke Forderungen und Aktionsformen hervorbrachten. In beiden untersuchten Fällen führten die soziale Spaltung und die Diskriminierung bestimmter Gruppen – wie befristet Beschäftigte, Vertragsarbeiter:innen, Lehrlinge oder aufs Land geschickte Jugendliche, die sich vom sozialistischen Regime verraten oder ungerecht behandelt fühlten – zu Unzufriedenheit und zu Forderungen nach materiellen Verbesserungen und mehr Kontrolle in den Betrieben. Beide Bewegungen erreichten (vorübergehende) Zugeständnisse, wurden jedoch letztendlich unterdrückt.

Die Streikbewegung und die politische Regimekritik Mitte der 1950er Jahre waren Reaktionen auf die Einführung der sozialistischen Planwirtschaft und die vollständige Verstaatlichung der Industrie. Bestimmte Gruppen von Arbeiter:innen waren enttäuscht, weil ihre Löhne nicht wie erwartet stiegen, das Akkordsystem eine weitere Intensivierung der Arbeit mit sich brachte und die Spaltung der Arbeiter:innen – mit besseren Bedingungen für wenige und schlechteren Bedingungen für viele – auf Dauer bestehen blieb. Die Arbeiter:innen zeigten, dass sie sich organisieren und streiken konnten, auch wenn die Gewerkschaft gegen ihre Aktionen eingestellt war. Es gelang ihrer Streikbewegung jedoch nicht, dauerhafte organisatorische Zusammenhänge aufzubauen.

Die rebellische Arbeiterbewegung Mitte der 1960er Jahre entstand als Teil einer umfassenden Mobilisierung der Fraktion um Mao gegen jene um Liu Shaoqi und Deng Xiaoping. Sie entwickelte jedoch eine eigene Dynamik und entzog sich zeitweise der Kontrolle durch die Mao-Fraktion. Die Rebellenorganisationen wurden 1967 und 1968 aufgelöst, aber die rebellischen Arbeiter:innen (und aufs Land geschickten Jugendlichen) spielten eine Rolle in den politischen Fraktionskämpfen der frühen 1970er Jahre und auch in den Demokratiebewegungen der späten 1970er und 1980er Jahre.

In den beiden Kampfzyklen, Mitte der 1950er und Mitte der 1960er Jahre, gingen Arbeiter:innen und Rebell:innen Risiken ein, um sich zu organisieren und zu kämpfen. Ihre Risikobereitschaft hing eng mit den linken Streitthemen »Ausbeutung und Reichtum« sowie »Kontrolle und Macht« zusammen. Viele Arbeiter:innen bekamen weder feste Arbeitsplätze noch umfassende Zusatzleistungen. Sie mussten mit unsicheren Beschäftigungsverhältnissen zurechtkommen und konnten, abhängig von den Entscheidungen sozialistischer Kader, aufs Land geschickt oder (vorübergehend) in die Stadt versetzt werden. Sie waren unzufrieden mit ihren Arbeits- und Lebensbedingungen unter dem sozialistischen Regime. Hinzu kam, dass die Arbeiter:innen offiziell die »Herren« ihrer Arbeitseinheiten sein und sie als Klasse die Gesellschaft als Ganzes kontrollieren sollten. In Wirklichkeit beherrschten jedoch die sozialistischen Betriebsleitungen die Arbeitseinheiten und die KPCh die Gesellschaft.

Hauptadressat der Unzufriedenheit und der Forderungen der Arbeiter:innen waren der Staat und seine Vertreter:innen, das heißt die Betriebsleiter und die KPCh-Parteisekretäre in den Arbeitseinheiten und Institutionen. Die linken Forderungen nach materiellen Verbesserungen und Arbeiterkontrolle wurden an ein linkes Regime gestellt, das ein ausbeuterisches und autoritäres sozialistisches System errichtet hatte. In einer streng kontrollierten sozialen und politischen Umgebung, in der die Organisierung außerhalb der Kontrolle der Partei oder ihrer Massenorganisationen verboten war, gingen Arbeiter:innen und andere gesellschaftliche Akteure das Risiko ein, sich zusammenzuschließen und die Machthaber offen zu kritisieren oder sogar anzugreifen. Und sie gingen dieses Risiko ein, obwohl sie regelmäßig durch Korrekturkampagnen eingeschüchtert wurden und harte Strafen zu erwarten hatten.

Die KPCh-Führung griff einige Forderungen der diskriminierten Arbeiter:innen auf und machte Zugeständnisse, manchmal sofort, manchmal erst später.[75] Letztendlich unterdrückte sie jedoch sowohl Ende der 1950er als auch Ende der 1960er Jahre die größeren Mobilisierungen und die organisierte Kritik mit ihren linken Forderungen.

3
Für eine bessere Zukunft: Arbeiterbewegungen fordern demokratische Reformen in den 1970er und 1980er Jahren

In diesem Kapitel befasse ich mich mit drei Protestwellen in der Volksrepublik China zwischen Mitte der 1970er und Ende der 1980er Jahre. In allen drei Fällen spielten Arbeiter:innen eine entscheidende Rolle und forderten vom KPCh-Regime politische Reformen. Die Protestierenden kritisierten die autoritäre Herrschaft, die Korruption, die Austeritätspolitik und die Verschlechterung ihrer Lebensbedingungen – linke Belange, die dem linken KPCh-Regime entgegengehalten wurden.

Im *ersten* Abschnitt konzentriere ich mich auf die Fünfter-April-Bewegung (*siwu yundong*) von 1976. Nach der Niederschlagung der Rebellenbewegung während der Kulturrevolution Ende der 1960er Jahre beherrschten Fraktionskonflikte und mehrere politische Kampagnen die frühen 1970er Jahre. Die Unzufriedenheit wuchs, es kam zu Arbeiterprotesten, und sogar politische Kritik wurde vorgebracht. All das zeigte, wie sehr sich der Maoismus bis Mitte der 1970er Jahre als mobilisierendes politisches Konzept erschöpft hatte. Nach dem Tod von Ministerpräsident Zhou Enlai Anfang 1976 waren viele

Menschen unzufrieden mit der Art und Weise, wie die KPCh-Führung mit dem Gedenken an ihn umging. Massenweise beteiligten sie sich an Demonstrationen gegen das Regime. Unter ihnen befanden sich viele Arbeiter:innen und Aktivist:innen mit Erfahrungen aus der Kulturrevolution. Das KPCh-Regime unterdrückte die Bewegung, bevor sie sich weiter ausbreiten konnte.

Im *zweiten* Abschnitt beschreibe ich die Demokratiemauer-Bewegung (*minzhu qiang yundong*) von 1978 bis 1980.

Nach Maos Tod im September 1976 und dem Sturz der »ultralinken« Viererbande (*sirenbang*) kurz darauf war die KPCh-Führung über den künftigen politischen Kurs gespalten. Der neue Führer Hua Guofeng drängte auf eine weitere massive Industrialisierungskampagne, während die Reformer um Deng Xiaoping größere wirtschaftliche Veränderungen planten. 1978 entstand in Beijing und anderen Städten eine Bewegung von unten, die politische Reformen und einen demokratischen Sozialismus forderte. Auch hier spielten Arbeiter:innen und ehemalige Rebellenaktivist:innen eine wichtige Rolle und beteiligten sich an Verfassung und Verteilung inoffizieller Zeitschriften und Plakate. Zunächst wurde die Bewegung von den Reformern in der Führung begrüßt, konnte sie den Druck von unten doch nutzen, um ihren Reformkurs durchzusetzen. Nachdem sie ihre Macht gefestigt hatten, unterdrückten die Reformer die Bewegung jedoch 1980 mit aller Härte.

Im *dritten* Abschnitt befasse ich mich mit der Tian'anmen-Platz-Bewegung (*tian'anmen guangchang yundong*) im Jahr 1989. Die Reformen hatten zu diesem Zeitpunkt zwar auf dem Land und in den Städten mehr wirtschaftliche Möglichkeiten geschaffen. Aber sie hatten auch zu Korruption und der Aneignung öffentlicher Güter durch Kader geführt, sowie zu wirtschaftlichen Problemen wie der Inflation. Zudem fürchteten viele Arbeiter:innen zunehmend um ihre Arbeitsplätze. Im Frühjahr 1989 kamen in der Tian'anmen-Platz-Bewegung die soziale Unzufriedenheit mit Forderungen nach einer demokratischeren Regierungsführung und sozialer Gerechtigkeit zusammen. Die Massenmobilisierungen wurden später in mehreren Städten von Arbeiter:innen dominiert. Die KPCh-Führung sah angesichts der starken Beteiligung von Arbeiter:innen ihre Herrschaft bedroht und setzte die Armee ein, um die Bewegung niederzuschlagen.

Die Fünfter-April-Bewegung 1976

»In den 1970er Jahren zeigte sich, dass ursprünglich manipulierbare Formen der Massenpartizipation nach den Erfahrungen der Kulturrevolution immer schwerer unter Kontrolle zu halten waren und immer häufiger in spontane politische Willensäußerungen mündeten.«[1]

Die Fünfter-April-Bewegung brachte die soziale und politische Unzufriedenheit zum Ausdruck, die sich unter Arbeiter:innen und anderen in der ersten Hälfte der 1970er Jahre angestaut hatte. Sie war zu kurz und zu schwach, um den politischen Status quo direkt zu verändern, aber die Bewegung und ihre Niederschlagung hatten entscheidenden Einfluss auf spätere Proteste und die politischen Veränderungen im Jahr 1978 und danach.

Mehrere Entwicklungen führten zu der Mobilisierung Anfang 1976. Erstens spalteten in der ersten Hälfte der 1970er

Jahre Fraktionskämpfe das KPCh-Regime und Teile der Gesellschaft. In der Führung kämpfte eine »linke« Fraktion um Maos Frau Jiang Qing mit der »konservativen« Fraktion um Zhou Enlai und später dem rehabilitierten Deng Xiaoping sowie mit der »zentristischen« Fraktion um Hua Guofeng. Die linke Fraktion führte mehrere Kampagnen gegen Kaderprivilegien und Korruption durch, doch wurden diese durchgehend von oben gesteuert – anders als die Mobilisierungen während der Kulturrevolution.[2] Die konservative Fraktion bemühte sich um die Umsetzung wirtschaftlicher Reformen, vor allem um die von Zhou Enlai entworfenen Vier Modernisierungen (*sige xiandaihua* oder *sihua*), und drängte auf eine Annäherung an die USA.[3]

Zweitens wurde Ende der 1960er und Anfang der 1970er Jahre in den Betrieben das Arbeitsregime aus der Zeit vor der Kulturrevolution wieder eingeführt. In welchem Maße diese Wiedereinführung stattfand, hing je nach Branche und Region davon ab, wie stark der Einfluss von Rebell:innen beziehungsweise Konservativen unter den Arbeiter:innen und Kadern eines Betriebs waren.[4] Es wurden auch Zugeständnisse gemacht. So erhielten befristet Beschäftigte 1971 einen dauerhaften Status. Die Proteste gingen jedoch weiter, oft ausgelöst durch niedrige Löhne, Kaderwillkür oder Wohnungsprobleme. Zu größeren Demonstrationen und Streiks kam es in den Jahren 1974 und 1975 unter anderem in Guangzhou, Wuhan und Hangzhou. Fraktionskämpfe und politische Kampagnen wirkten sich auf diese Proteste aus, zum Beispiel die Kampagne »Kritisiert Lin Biao und Konfuzius« (*pi lin pi kong yundong*), die von den Linken in der KPCh-Führung angetrieben wurde und Arbeiter:innen einen Anlass für Proteste bot. Arbeiter:innen mit Erfahrungen in der Rebellenbewegung spielten weiterhin eine wichtige Rolle in diesen Protesten und nutzten ihre Fähigkeiten bei der Mobilisierung. Das KPCh-Regime unterdrückte die Proteste und beschuldigte die Beteiligten, Konterrevolutionäre oder Klassenfeinde zu sein.

Drittens hatten mehrere Faktoren zur Erschöpfung des Maoismus und seines Mobilisierungspotenzials geführt: die Niederschlagung der Rebellenbewegung in den späten 1960er Jahren, die fortgesetzte Unterdrückung der Rebell:innen Anfang der 1970er Jahre, die strenge Behandlung der aufs Land geschickten Jugend, die von konservativen Kräften geförderte Rehabilitierung von Kadern in Arbeitseinheiten und staatlichen Verwaltungen, die linke Austeritätspolitik und die harten Lebensbedingungen für viele Arbeiter:innen, Bäuerinnen und Bauern. Einige ehemalige rebellische Rotgardist:innen wagten es, öffentlich fundamentale politische Kritik zu äußern, so zum Beispiel eine Gruppe namens Li Yi Zhe.[5] Im April 1974 hängte sie in Guangdong nicht genehmigte Plakate aus, auf welchen die Unterdrückung durch die Linken in der Führung, der Kult um Mao und die Kaderwillkür angegriffen wurden. Sie schrieb auch über eine »neu entstandene Bourgeoisie« und ihre Privilegien und kritisierte das Einfrieren der Löhne. Ihre Plakate zirkulierten in ganz China und lösten in anderen Städten einen regelrechten »Plakatkrieg« aus, in dessen Verlauf Kaderprivilegien kritisiert und die Rehabilitierung derer gefordert wurde, die von den Säuberungen während der Kulturrevolution betroffen gewesen waren. Anfangs erhielt Li Yi Zhe aus den Reihen der konservativen Fraktion eine gewisse Unterstützung, die Mitglieder der Gruppe wurden jedoch schließlich verhaftet und aufs Land geschickt. Die Kritik von Li Yi Zhe und anderen, die in den Roten Garden gewesen waren, ähnelte der von Shengwulian in den Jahren 1967 bis 1968. Sie wurde zudem bis zu einem gewissen Grad auch von der Demokratiemauer-Bewegung 1978 bis 1980 übernommen (die im nächsten Abschnitt behandelt wird).[6]

Fraktionskämpfe, die Unzufriedenheit unter den Arbeiter:innen und die Regimekritik gipfelten im Frühjahr 1976 in Ereignissen, welche die KPCh-Führung erschütterten. Was in jenem Frühjahr geschah, hatte entscheidende Bedeutung für den Niedergang der »linken« Fraktion im Herbst desselben Jahres und den bald folgenden Aufstieg der »Reformer«.

Spontane Proteste von unten

Trotz der wachsenden sozialen Unzufriedenheit kam die Fünfter-April-Bewegung weitgehend unerwartet, als spontaner Wutausbruch. Gruppen mit verschiedenen Interessen und Anliegen konfrontierten die KPCh-Führung mit sozialen, wirtschaftlichen und politischen Forderungen. Auch wenn sich die Wut vor allem gegen die Linken in der Führung richtete, betrafen die Anliegen der Bewegung die autoritäre Herrschaft des KPCh-Regimes an sich.[7]

Ministerpräsident Zhou Enlai, von vielen respektierte Persönlichkeit in der KPCh-Führung und Gegner der linken Fraktion, starb am 8. Januar 1976. Der offizielle Umgang mit seinem Tod wurde als unangemessen, wenn nicht gar als respektlos empfunden. Vor und während des Qingming-Festes Anfang April, bei dem Familien traditionell um ihre Vorfahren trauern, versammelten sich über mehrere Tage Menschenmengen, um Zhou zu gedenken, darunter in Nanjing, Zhengzhou,

Luoyang, Anyang, Kaifeng, Taiyuan, Changchun, Shanghai, Wuhan, Xi'an, Kunming und Guangzhou.

Die größten Versammlungen fanden auf dem Tian'anmen-Platz im Zentrum Beijings statt, wo die Bewegung auch ihren Höhepunkt hatte. Am 3. und 4. April kamen Hunderttausende mit Transparenten, Blumenkränzen und Plakaten. Auf diesen wurde oft Zhou gepriesen, seine linken Gegner in der KPCh-Führung wurden kritisiert. Einige richteten sich sogar gegen Mao Zedong, was in dieser offenen Form nicht einmal während der rebellischen Zeit der Kulturrevolution geschehen war. In der Nacht vor dem 5. April entfernten die Behörden Transparente, Kränze und Plakate, was am nächsten Tag zu einer weiteren Versammlung von Zehntausenden auf dem Tian'anmen-Platz führte. Dieses Mal kam es zu gewalttätigen Auseinandersetzungen.[8] Bei den Zusammenstößen mit Polizei und Miliz wurden Autos angezündet und Regierungsgebäude rund um den Platz gestürmt und in Brand gesetzt. Am Abend, als die meisten Menschen den Platz bereits verlassen hatten, gelang es den Sicherheitskräften, auf dem Platz Verbliebene zusammenzutreiben und festzunehmen.[9]

Insgesamt nahmen Millionen von Menschen an den Ereignissen teil, die meisten von ihnen in Beijing und Nanjing. Unter den Beteiligten waren verschiedene Gruppen, von Bäuerinnen und Bauern bis zu Kadern, die Mehrheit bildeten jedoch junge Arbeiter:innen – mit Ausnahme von Nanjing, wo Student:innen dominierten und von Arbeiter:innen unterstützt wurden. Die Arbeiter:innen stellten auch die größte Gruppe unter den wenigen Aktivist:innen, welche die Proteste initiierten und vorantrieben.[10] Sie nahmen teil, weil sie aufgrund der Fraktionskämpfe, der linken Kampagnen und der obligatorischen Studiensitzungen desillusioniert waren. Materielle Forderungen standen bei der Mobilisierung nicht im Vordergrund, aber der stagnierende Lebensstandard und insbesondere das bereits lang anhaltende Einfrieren der Löhne beunruhigten viele. Die Linken in der Führung wurden für diese Probleme verantwortlich gemacht, weil sie Lohnzuschläge und soziale Maßnahmen ablehnten. Viele setzten ihre Hoffnung auf die Vier Modernisierungen, die von Zhou Enlai und Deng Xiaoping vorangetrieben worden waren. Die Arbeiter:innen konnten wählen zwischen den Linken und den Konservativen; und diese Wahl glich einer zwischen »keine Macht und kein Geld« und »keine Macht und etwas Geld«. So gesehen war es »kaum überraschend, dass sich die meisten nach mehr als einem Jahrzehnt des Kampfes und der erzwungenen Austerität für Letzteres entschieden«: keine Macht und etwas Geld.[11]

Die Bewegung entstand spontan und von unten, ohne zentrale Koordination oder Mobilisierung. Die Demonstrant:innen nutzten den Tod eines politischen Führers und die Trauerrituale, um ihren politischen Unmut zum Ausdruck zu bringen, »eine bewährte Tradition«, die sich 1989 während der Tian'anmen-Platz-Bewegung wiederholte.[12] Die Ausdrucksformen während der Kundgebungen und Demonstrationen reichten von Trauer (Blumen, Kränze, Gedichte) bis zu politischer Meinungsäußerung und Kritik (rote Fahnen, Slogans, Singen der »Internationale«). Die beteiligten jungen Arbeiter:innen beriefen sich auf ihre Erfahrungen in der Kulturrevolution und verwiesen auf das Recht zu rebellieren (*zaofan*) sowie auf die »vier großen Freiheiten« (*si da ziyou*): *daming dafang* (großes öffentliches Aussprechen, große Öffnung), *da bianlun* (große Debatten führen), *dazibao* (Plakate mit großen Schriftzeichen schreiben) und *da chuanlian* (großer Aufbau von Verbindungen), welche die Bewegung der Roten Garden inspiriert hatten. Sie bezogen sich auch auf jüngere regimekritische Debatten, wie die über die Plakate von Li Yi Zhe zwei Jahre zuvor.[13]

In allen Städten wurden die Aktivitäten der Fünfter-April-Bewegung in und um die Arbeitseinheiten organisiert. In einigen Fällen nahmen bis zu fünfzig Prozent der Beschäftigten einer Einheit teil. Gewerkschaftskader, Betriebsleiter oder sogar Parteikader beteiligten sich ebenfalls oder duldeten die Aktivitäten zumindest. Zwar wurden Kontakte zwischen Betrieben geknüpft, und in wenigen Fällen sogar Aktionen koordiniert. Dies war jedoch keine sehr verbreitete Praxis und die Proteste blieben weitgehend örtlich begrenzt. Viele ehemalige rebellische und konservative Rotgardist:innen nahmen daran teil. In einigen Fällen arbeiteten sie sogar (vorübergehend) zusammen, obwohl die Kämpfe zwischen den Fraktionen seit 1974 immer heftiger geworden waren.[14]

Die Beteiligung der konservativen Arbeiter:innen ist nicht weiter überraschend, waren sie doch gegen die linke Austeritätspolitik und die Kampagnen in der ersten Hälfte der 1970er Jahre. Die Fünfter-April-Bewegung richtete sich jedoch nicht nur gegen die Linken in der Führung, sondern gegen die autoritäre Herrschaft und die fehlende demokratische Kontrolle der Führung insgesamt. Rebellische Arbeiter:innen, die Zhou Enlai während der Kulturrevolution kritisiert hatten, forderten jetzt, Mitte der 1970er Jahre, die linke Führung heraus. Sie beteiligten sich an der Bewegung, weil sich die Führung der KPCh verändert hatte und weil die linken

Führer Teil der bürokratischen Klasse geworden waren und eine autoritäre Politik verfolgten, die den Interessen der Arbeiter:innen entgegenstand.

Der Startschuss

In den Tagen und Wochen nach den Ereignissen um den 5. April organisierte die KPCh-Führung Massenversammlungen und forderte die Bevölkerung auf, Teilnehmer:innen der Bewegung zu denunzieren. In Beijing und anderen Städten wurden gegen Zehntausende Ermittlungen durchgeführt und mehrere Tausend verhaftet. In Beijing wurden sogar mehrere Hundert Menschen getötet.[15] Die KPCh-Führung brandmarkte viele der im Zusammenhang mit der Bewegung Verhafteten als Konterrevolutionäre und sperrte sie in Gefängnisse oder Arbeitslager. Die meisten Verfolgten waren Arbeiter:innen.

Die Linken in der Führung beschuldigten Deng Xiaoping, die Bewegung gegen sie organisiert zu haben. Er wurde daraufhin wieder abgesetzt und gebrandmarkt. Viele der Aktivist:innen der Bewegung wiesen jedoch die Annahme zurück, »dass sie nur Spielfiguren oder gar Marionetten eines mächtigen Netzwerks gewesen seien«. Für sie »lag der Sinn und die Bedeutung der Bewegung in der Tatsache, dass sie von unten entstanden war, zu einer Zeit, als dies fast undenkbar schien«.[16]

Kurzum, in der Fünfter-April-Bewegung entluden sich Spannungen, die im Zuge der Kampagnen und Säuberungsaktionen der KPCh aufgekommen waren und auch mit der wirtschaftlichen Misere und Stagnation zusammenhingen. Die Bewegung war politisch heterogen, brachte jedoch auch linke Forderungen nach wirtschaftlichen Verbesserungen und einem Ende der autoritären Herrschaft vor. Sie wurde schnell unterdrückt und hatte keine Zeit, dauerhafte Organisationsstrukturen zu entwickeln.

Aus historischer Sicht war die Bewegung bedeutend, weil die Massenproteste von unten der Führung eine Lektion erteilten. Grundlegende soziale und politische Veränderungen waren notwendig, um eine noch größere Bewegung zu verhindern, die die KPCh-Herrschaft destabilisieren könnte. Zumindest die Deng-Fraktion schien dies verstanden zu haben.
Die Bewegung gehört auch zu den Ereignissen, die zum Sturz der »ultralinken« Viererbande im Oktober 1976 führten (und zur Rechtfertigung des Sturzes herangezogen wurden). Ebenso wichtig ist, dass sie ein Vorläufer der Demokratiemauer-Bewegung war, die Ende 1978 begann.

Nach der Niederschlagung 1976 verfassten Beteiligte der Bewegung Gedichte, Erinnerungen und Berichte, die gesammelt und unter der Hand verbreitet wurden. Sie nahmen die inoffizielle »Volksliteratur« (*minkan*) der Bewegung ab 1978 vorweg. Und nicht zuletzt war es der Konflikt um die Rehabilitierung der an der Fünfter-April-Bewegung Beteiligten, der schließlich die Demokratiemauer-Bewegung auslöste. Die Fünfter-April-Bewegung war insofern »der Startschuss« der in den nächsten beiden Abschnitten beschriebenen Demokratiebewegungen.[17]

Die Demokratiemauer-Bewegung 1978-1980

»Nach den Vorstellungen des Marxismus-Leninismus sollte das Volk die Kontrolle über die Produktionsmittel haben. Aber fragt euch selbst, chinesische Arbeiter:innen,

Bäuerinnen und Bauern: Abgesehen von dem geringen Lohn, den ihr jeden Monat bekommt, was kontrolliert ihr? Was gehört euch? Die Antwort ist beschämend: Ihr werdet von anderen beherrscht. In einer sozialistischen Gesellschaft sollte das Produkt der Arbeit den Arbeiter:innen gehören. Aber was bekommt ihr? Gerade so viel, dass ihr weiterarbeiten könnt! Die höheren Löhne haben nicht ausgereicht, um die gestiegenen Preise auszugleichen, und unser Lebensstandard hat sich nicht

verbessert.« (Aus dem Text eines Wandplakats, Beijing, Dezember 1978)[18]

Ende 1978 begann die Demokratiemauer-Bewegung, die sozialen und politischen Wünsche einer Generation von Arbeiteraktivist:innen und ihre Forderungen nach Veränderung zum Ausdruck zu bringen. Deng Xiaopings Reformfraktion hatte sich in der KPCh-Führung noch nicht endgültig durchgesetzt. Sie vereinnahmte diese Forderungen nach Veränderung und nutze ihre Wirkung, um den Kampf um die Führung in der Partei zu gewinnen und ihre begrenzten und angepassten Wirtschaftsreformen durchzusetzen. Die autoritäre Form der KPCh-Herrschaft wurde verändert, aber nicht abgeschafft.

In den wenigen Jahren zuvor, zwischen der Fünfter-April-Bewegung 1976 und dem Beginn der Demokratiemauer-Bewegung im November 1978, hatte sich die politische Situation in der Volksrepublik China rapide verändert. Mao Zedong starb am 9. September 1976, und sein Ministerpräsident Hua Guofeng konnte sich gegen die Linken behaupten, die Anspruch auf die Parteiführung erhoben. Am 6. Oktober inszenierten Hua und andere Führer sogar einen Putsch gegen die sogenannte Viererbande: Jiang Qing, Zhang Chunqiao, Yao Wenyuan und Wang Hongwen wurden verhaftet und später vor Gericht gestellt. In den Jahren 1977 und 1978 zwang die KPCh-Führung Parteiführer in Provinzen und Städten zum Rücktritt, die von der Viererbande ernannt worden waren oder mit ihr in Verbindung standen. Kader, die in verschiedenen Kampagnen abgesetzt und gebrandmarkt worden waren – von der Anti-Rechts-Kampagne 1957 bis zu Kampagnen in den frühen 1970er Jahren –, wurden derweil rehabilitiert und kehrten oft auf ihre alten Posten zurück. Die Führung trieb auch eine öffentliche Debatte voran über die Verbrechen der Viererbande und die verhängnisvolle Politik während der Kulturrevolution.

Nach dem Putsch gegen die Linken ging der Machtkampf weiter. Die Reformer um Deng Xiaoping drängten auf Veränderungen im Sinne der Vier Modernisierungen und die Einführung von mehr Marktmechanismen, standen jedoch dem Zentristen Hua Guofeng und seinen Anhänger:innen sowie einer opportunistischen »Was-auch-immer«-Fraktion gegenüber. Auf Anweisung Maos wurde Hua Guofeng sein Nachfolger. Er schob ein Industrialisierungsprogramm an, das sich kaum von früheren Versuchen zur Wiederbelebung der Wirtschaft unterschied und große Schwerindustrie- und Infrastrukturprojekte förderte. Hua betonte jedoch auch, dass die Aufgabe darin bestehe, »die Wirtschaft zu entwickeln«, den Lebensstandard zu verbessern und den Markt besser zu organisieren.[19] Im Übrigen kombinierte Hua »die Industrialisierung nach sowjetischem Vorbild mit einer Öffnung gegenüber der kapitalistischen Welt«.[20]

Schnell wurde klar, dass Huas Plan, die Wirtschaft durch einen starken Impuls anzuschieben, nicht funktionierte. Dengs

Fraktion hatte derweil immer noch Schwierigkeiten, sich im Führungswettbewerb durchzusetzen. Eine weitere Bewegung von unten spielte in dieser Situation die entscheidende Rolle. Nach Huas Machtübernahme war die linke Austeritätspolitik gestoppt worden und die Löhne wurden erhöht – Maßnahmen, die bei den Arbeiter:innen beliebt waren. Deren Erwartungen waren jedoch hoch, und bestimmte Gruppen begannen, ihren Unmut zu äußern. Dazu gehörten die aufs Land geschickte Jugend, die in die Städte zurückkehren wollte, Bäu-

erinnen und Bauern, die Probleme mit lokalen Kadern hatten, und andere Personen, die seit den 1950er Jahren in Kampagnen gebrandmarkt worden waren und ihre Rehabilitierung forderten. Genau in diesem Moment entstand die Demokratiemauer-Bewegung, die schließlich der Deng-Fraktion half, die Kontrolle zu übernehmen.

Der Kampf um eine politische Öffnung

Die Demokratiemauer-Bewegung von 1978 bis 1980 forderte politische Reformen und insbesondere die Einführung einer demokratischen Kontrolle sowie die Selbstbestimmung der Menschen in der Volksrepublik. Die von Arbeiter:innen dominierte Bewegung war nicht homogen, sondern bestand aus verschiedenen Tendenzen. Diese reichten von Leuten, die eine demokratischere Form des Sozialismus forderten, bis zu den Befürwortern einer Demokratie nach dem Vorbild westlicher Länder.[21]

Der Funke, der die Demokratiemauer-Bewegung auslöste, entsprang dem Kampf für die Rehabilitierung der im Zusammenhang mit der Fünfter-April-Bewegung Verhafteten. Kurz nach dem Sturz der Viererbande im Oktober 1976 forderten sie eine Revision des Regime-Urteils über die Fünfter-April-Bewegung. Tatsächlich wurden viele Verhaftete Ende 1976 und Anfang 1977 aus der Haft entlassen, aber sie blieben weiterhin als Konterrevolutionäre gebrandmarkt und wurden entsprechend diskriminiert. Als das Urteil schließlich im November 1978 aufgehoben wurde, sahen die Aktivist:innen die Chance, mit ihrer umfassenderen Kritik und ihren Forderungen an die Öffentlichkeit zu gehen.

Ab Mitte November 1978 wurden Plakate mit großen Schriftzeichen (*dazibao*) an einer Mauer aufgehängt, die sich neben einer Straße westlich des Tian'anmen-Platzes im Zentrum Beijings befand. Weitere »Untergrundliteratur« (*dixia kanwu*) sowie Zeitschriften und Plakate kursierten bald in Beijing sowie in Guangzhou, Changsha, Wuhan, Taiyuan, Tianjin, Qingdao, Harbin, Shanghai, Nanjing, Guiyang und Kunming.[22] Zu den führenden Gruppen mit ihren eigenen Publikationen gehörten das Forum Fünfter April (*siwu luntan*), der Beijinger Frühling (*Beijing zhi chun*), die Referenz-Nachrichten für die Massen (*qunzhong cankao xiaoxi*), die Chinesische Menschenrechtsallianz (*Zhongguo renquan tongmeng*), die Gesellschaft der Aufklärung (*qimengshe*), Erkundung (*tansuo*) und Heute (*jintian*).[23]

Am Ende des Jahres hatten sich die Aktivist:innen in Gruppen organisiert, um die Plakate und Zeitschriften zu diskutieren und zu veröffentlichen. Diese Gruppen bildeten eine »lose Koalition«, deren Kernpunkte die Demokratisierung, die Unterstützung weiterer Reformen und die Forderung nach »bürgerlichen Freiheiten, demokratischen Grundrechten und einem höheren Maß an Freiheit gegenüber Staat und Partei« waren.[24] Die Aktivist:innen waren meist in ihren Zwanzigern und frühen Dreißigern. Wer etwas älter war, hatte schon an der Kulturrevolution teilgenommen, als Teil der rebellischen oder der konservativen Roten Garden.[25] Die etwas Jüngeren hatte sich 1976 an der Fünfter-April-Bewegung beteiligt. »Viele von ihnen waren damals verhaftet worden. Im Gefängnis erkannten sie gemeinsam die Notwendigkeit von Reformen und Veränderungen.«[26] Während viele andere noch abwarteten, was das Regime unter Hua und Deng bringen würde, forderten diese Veteran:innen des 5. April und die etwas älteren Aktivist:innen der Kulturrevolution sofortige politische Veränderungen.

Beide Gruppen setzten sich aus in staatlichen Betrieben beschäftigten Arbeiter:innen, Techniker:innen, Angestellten und Lehrer:innen zusammen. Einige von ihnen waren Töchter und Söhne hochrangiger Kader. Die Intelligenzia (wie Schriftsteller:innen, Professor:innen oder Forscher:innen) war nicht vertreten.[27] Stattdessen spielten Fabrikarbeiter:innen eine große Rolle. Diese Art von Arbeit hatte damals nicht nur einen hohen sozialen Status, gelernte oder ungelernte Fabrikjobs waren auch die beste Anstellung, auf die Aktivist:innen der Kulturrevolution hoffen konnten. Außerdem versuchten viele Familien, ihren Kindern eine Anstellung in städtischen Fabriken zu verschaffen, weil sie so verhindern konnten, dass sie aufs Land geschickt wurden.[28]

Während die Unzufriedenheit der Arbeiter:innen auf den Plakaten und in den Zeitschriften der Demokratiemauer-Bewegung zum Ausdruck kam, spielten in jener Zeit zwei weitere Gruppen eine besondere Rolle: Die erste Gruppe waren Jugendliche, die in den Jahren zuvor aufs Land geschickt worden waren. Sie begannen Ende der 1970er Jahre illegal in die Städte zurückzukehren. Ihre Lebensbedingungen in den Dörfern waren hart, und sie hielten die Art und Weise, wie sie ausgewählt und »heruntergeschickt« wurden, für willkürlich und diskriminierend. Nach 1976 durften bereits einige von ihnen zurückkehren, und viele andere fühlten sich nun im Zuge der Demokratiemauer-Bewegung ermutigt, wieder in ihre Heimatstädte zu ziehen. Nach ihrer Rückkehr begannen sie, bei den städtischen Behörden eine offizielle Genehmigung für den Aufenthalt in der Stadt zu beantragen.

Die zweite Gruppe stellten Bäuerinnen und Bauern, die Ende 1978 ebenfalls in die Städte kamen auf der Suche nach Wiedergutmachung für Ungerechtigkeiten, die sie in den vergangenen Jahren oder sogar Jahrzehnten erlitten hatten. Sie machten Kader in ihren Heimatdörfern für diese Ungerechtigkeiten verantwortlich, und da sie dort nicht die gewünschte Anerkennung erhielten, gingen sie in die großen Städte, um bei den dortigen Behörden Petitionen einzureichen. In Beijing versammelten sich Tausende von ihnen vor Regierungsgebäuden und verlangten, dass ihre Fälle angehört werden.[29]

Die aufs Land geschickte Jugend sowie die Bäuerinnen und Bauern bildeten gemeinsam die sogenannte *shangfang*-Bewegung (oder Petitionsbewegung). Sie veranstalteten Demonstrationen, bei denen es zum Teil gewalttätige Auseinandersetzungen mit Sicherheitskräften gab. Da sie nicht Teil des städtischen Rationierungssystems waren, mussten sie auch zu illegalen Mitteln greifen, um in der Stadt zu überleben.

Die politischen Forderungen der Bewegung

Die von Einzelpersonen und Gruppen geschriebenen und ausgehängten Wandplakate lassen sich in drei Kategorien einteilen: solche, die Mao Zedong oder andere Führer kritisierten für ihre Rolle bei den Verfolgungen während der Kulturrevolution oder für die verzögerte Rehabilitierung der damals Gebrandmarkten; solche, die sich über persönlich erfahrene Willkür, Verfolgung und Misshandlung während der Kampagnen beschwerten, oder über persönliche Nöte, zum Beispiel von Bäuerinnen und Bauern; und solche, die demokratische Reformen des sozialistischen Systems oder individuelle Freiheitsrechte verlangten.

Die Forderungen und anderen Inhalte der Plakate und Untergrundzeitschriften spiegeln den Hintergrund der meisten Autor:innen wieder – als Arbeiter:innen und in der einen oder anderen Weise als Marxist:innen. Als Arbeiter:innen brachten sie einen »enormen Rückstau« an Missständen zur Sprache, der sich im Laufe der Jahre angehäuft hatte.[30] Zu den vorgebrachten materiellen Problemen gehörten die Wohnungsnot in den Städten, die Ungleichheit, unterschiedliche Löhne für gleiche Arbeit, die ungerechte Verteilung von Löhnen und Prämien, die Aushöhlung der Arbeitsplatzsicherheit und der Sozialleistungen sowie Sorgen über steigende Preise und Inflation. Dengs Vier Modernisierungen wurden oft unterstützt, in der Hoffnung, dass sie die wirtschaftliche Situation der Arbeiter:innen verbessern könnten. Viele Autor:innen forderten jedoch darüber hinaus eine Demokratisierung der Betriebsführung, also die Beteiligung der Arbeiter:innen an der Leitung der Arbeitseinheiten. Zu den konkreten politischen Problemen, auf die sich die Kritik auf Plakaten und in Zeitschriften bezog, gehörten Kaderprivilegien, Korruption und Machtmissbrauch.

Als Marxist:innen forderten die Aktivist:innen politische Reformen. Diese sollten die frühere linke Politik (der Viererbande) überwinden helfen, die bürokratische herrschende Klasse beseitigen und eine sozialistische Demokratie errichten – nicht jedoch den Sozialismus abschaffen.[31] Demokratisierung stand für die Kontrolle der KPCh-Regierung unter Hua und Deng durch die Bevölkerung. Um dies zu erreichen, sollten politische Reformen die wirtschaftlichen ergänzen.

Einige Marxist:innen plädierten für eine Verschmelzung des Sozialismus mit Elementen einer bürgerlichen Demokratie wie im Westen, andere bezogen sich auf konsequentere oder direktere Formen der Demokratie nach dem Beispiel der Pariser Kommune. Radikale Stimmen forderten nicht nur das Recht, Kader unterer Führungsebenen zu wählen, wie von den Reformern angeboten. Sie verlangten darüber hinaus, dass die Arbeitseinheiten nicht mehr von der Parteiorganisation kontrolliert werden, sondern von den Arbeiter:innen selbst.

1978, nur zwei Jahre nach Maos Tod und dem Sturz der Viererbande, trauten sich Aktivist:innen, die Unzulänglichkeiten des Sozialismus in der Volksrepublik China zu kritisieren, denn »nichts war mehr heilig«. »Rufe nach einer vollständigen Neubewertung der gesamten Geschichte der KPCh-Herrschaft wurden laut«,[32] nun da der Reformdiskurs innerhalb der Parteiführung die Möglichkeit eröffnet hatte, die Vergangenheit zu kritisieren und die Zukunft zu diskutieren. Es war kein Zufall, dass während der Demokratiemauer-Bewegung die Forderung nach betrieblicher Demokratie geäußert und die bürokratische Klasse kritisiert und als ausbeuterisch bezeichnet wurde. Viele Teilnehmer:innen waren in den späten 1960er Jahren zu den Rebell:innen gestoßen. Einige kannten die von Shengwulian vorgebrachte Kritik an der Ausbeutung und Unterdrückung durch die neue sozialistische herrschende Klasse sowie die Texte von Li Yi Zhe und anderen, die sich gegen den realexistierenden Sozialismus ausgesprochen hatten.

Ein anderer Flügel der Bewegung bezog sich derweil nicht auf den Marxismus und sah keine Möglichkeit, im sozialistischen Rahmen demokratische Zustände zu erreichen. Er griff zwar auch die Privilegien der bürokratischen und technokratischen herrschenden Klasse an, forderte aber ein Mehrparteiensystem oder warb sogar für die USA als Vorbild für eine Demokratie. Viele dieser »Abolitionist:innen« waren ehemalige konservative Rotgardisten.

Duldung und Unterdrückung

Das KPCh-Regime sah sich bedroht durch die *shangfang*-Massenbewegung von aufs Land geschickten Jugendlichen sowie von Bäuerinnen und Bauern und ihrer Verbindung zu Arbeiteraktivist:innen und ihrer offenen politischen Kritik, die in Untergrundzeitschriften und -plakaten zum Ausdruck kam. Dennoch duldete die Führungsfraktion um Deng Xiaoping die Veröffentlichungen der Demokratiemauer-Bewegung zunächst weitgehend. Die Bewegung bot die Chance, der Außenwelt (und den neuen Handelspartnern) zu zeigen, dass die KPCh mit Massenmobilisierungen umgehen und öffentlichen Dissens tolerieren konnte. Noch wichtiger war, dass die Bewegung vor allem die Gegner:innen in der Parteiführung angriff, die sich grundlegenderen Reformen widersetzten.

Als die Bewegung im November 1978 in Beijing begann, hielt die Parteiführung gleichzeitig eine Arbeitskonferenz ab (zur Vorbereitung der geplanten Dritten Plenartagung). Die Reformfraktion um Deng wollte die wirtschaftlichen Prinzipien wieder einführen, die von 1962 bis 1965 gegolten hatten, also in der Zeit der Anpassung nach dem Großen Sprung. Dagegen opponierten die Zentristen um Hua Guofeng und die »Was auch immer«-Fraktion, die radikale Veränderungen ablehnte. Dengs Fraktion setzte sich durch. Die Bewegung auf der Straße war offensichtlich auf Dengs Seite, und jede Entscheidung gegen weitere Reformen hätte wahrscheinlich weitere Proteste provoziert.

Zu diesem Zeitpunkt dominierte innerhalb der Demokratiebewegung der sozialistische oder marxistische Flügel. Anfang 1979 hatte die Bewegung jedoch großen Zulauf und erfasste auch andere Städte. Die nicht-marxistischen Abolitionist:innen mit ihrer radikaleren Kritik am politischen und wirtschaftlichen System der Volksrepublik China gewannen die Oberhand. Nun begann auch Dengs Fraktion, die Bewegung als potenzielle Bedrohung zu sehen.[33] Schließlich waren er und andere Kader Opfer der Massenrebellion während der Kulturrevolution gewesen und fürchteten antisystemische Bewegungen von unten.

Ab Anfang 1979 wurde die Demokratiemauer-Bewegung nach und nach unterdrückt, mal in schwächerer, mal in stärkerer Form. Am 16. und 30. März 1979 hielt Deng Reden, in denen er rote Linien für die öffentliche Debatte und Kritik zog und »vier Grundprinzipien« definierte, die eingehalten werden müssten: die Führungsrolle der KPCh, der Weg des Sozialismus, die Diktatur des Proletariats (umbenannt in »demokratische Diktatur des Volkes«) und der Marxismus-Leninismus in Kombination mit den Mao Zedong-Lehre.[34] In der Folgezeit griff die Parteipresse die Demokratiemauer-Bewegung an und warf ihr vor, eine »extreme Demokratisierung« und die »bürgerliche Demokratie« zu befürworteten.[35]

Die anschließende Repressionswelle traf vor allem die Abolitionist:innen, und mehrere prominente Akteure der Demokratiemauer-Bewegung wurden verhaftet – darunter Wei Jingsheng, der Deng Xiaoping offen kritisiert hatte.[36] Die marxistischen sozialistischen Demokrat:innen wurden bei dieser ersten Repressionswelle verschont, und ihre Zeitschriften konnten weiterhin verkauft werden. Doch auch wenn die sozialistischen Demokrat:innen mit den politischen Positionen der Abolitionist:innen nicht einverstanden waren, lehnten sie deren Unterdrückung durch die KPCh-Führung ab. Ihrer Meinung nach zeigte die Repressionswelle, dass das Regime und die bürokratische Klasse einer Demokratisierung im Weg standen. Die Aktivist:innen waren entschlossen, ihren Kampf fortzusetzen. Im Spätsommer 1979 blühte die Bewegung wieder auf, und im Februar 1980 gründete sie sogar die Nationale Föderation der Volksliteratur. Später im selben Jahr verschob sich das Zentrum der Bewegung von Beijing weg in den Süden, da die Bewegung in Guangzhou und anderen Orten weniger unter Druck gesetzt wurde.

Die provinzübergreifende Vernetzung und Zusammenarbeit alarmierte das Regime einmal mehr. Im selben Jahr nahmen die Proteste von Arbeiter:innen zu. Während der Welle von Arbeiterprotesten und Streiks 1980 und 1981 verlangten sie gar unabhängige Gewerkschaften. Befeuert wurde diese Forderung durch Nachrichten über die Gewerkschaftsbewegung Solidarność in Polen. Diese zeigte den Arbeiter:innen in der Volksrepublik China, dass nicht nur sie allein gegen ein sozialistisches Regime ankämpfen mussten und dass es möglich war, massenhafte Unterstützung für eine oppositionelle Arbeiterbewegung zu gewinnen. Das Reformregime in Beijing war von der früheren linken Austeritätspolitik abgerückt und hatte das Einfrieren der Löhne aufgehoben, aber die Arbeiter:innen lehnten andere Teile der Reformen ab. So wehrten sie sich gegen die durch die Reformen verursachten wachsenden Einkommensunterschiede unter den Arbeiter:innen und gegen die Tatsache, dass den Betriebsleitern mehr Macht übertragen wurde und nicht den Arbeiter:innen selbst. Die Aktivist:innen der Demokratiemauer-Bewegung waren somit in der Lage, mehr Verbindungen zu anderen unzufriedenen Arbeiter:innen herzustellen.

Das Regime bereitete in der Zwischenzeit die endgültige Niederschlagung vor. Im Februar 1980 wurden die »vier großen Freiheiten« (sich öffentlich äußern, Debatten führen, Plakate schreiben, Verbindungen aufbauen) abgeschafft und aus der Verfassung gestrichen, der offene Verkauf inoffizieller Zeitschriften wurde endgültig verboten. Die Deng-Fraktion hatte ihre Position inzwischen gefestigt und begonnen, die Mitglieder der anderen Parteifraktionen zu verdrängen. Das bedeutete, dass sie nun auch die verbliebenen Zeitschriften der sozialistischen Demokraten in der Demokratiemauer-Bewegung loswerden konnte, da sie keine Verwendung mehr für sie hatte.

Im Dezember 1980, noch unter dem Eindruck der Solidarność-Bewegung in Polen und von deren Widerhall in der Volksrepublik China, brandmarkte die KPCh-Führung die Aktivist:innen der Demokratiemauer-Bewegung offiziell als »Konterrevolutionäre, die soziale Unruhen schüren und versuchen, die Wirtschaftsreformen zunichte zu machen«. Sie lancierte eine Massenkampagne gegen die »zwei Illegalen« (illegale Publikationen und illegale Organisationen), und diese läutete »die letzte Runde von Verhaftungen und von Schließungen inoffizieller Zeitschriften ein«.[37]

Wie schon nach früheren Zyklen sozialer Kämpfe machte das KPCh-Regime begrenzte Zugeständnisse an die Demokratiemauer-Bewegung und die Arbeiterkämpfe des Winters 1980/81. Arbeiter:innen hatten eine bessere Vertretung in den Angestellten- und Arbeiterkongressen ihrer Betrieben gefordert oder – nach Berichten über Solidarność in Polen – sogar das Recht auf die Gründung unabhängiger Gewerkschaften. Die neuen Bestimmungen für die Angestellten- und Arbeiterkongresse von Mitte 1981 gewährten ihnen jedoch nur eine beratende Funktion und keine Beschlussrechte. Auch an der Rolle des ACGB änderte sich nicht viel, abgesehen von »Versuchen, die Gewerkschaften unabhängiger von der Partei erscheinen zu lassen«.[38] Und obwohl das Regime eine Diskussion über die Wahl unterer Führungskräfte durch die Arbeiter:innen zugelassen hatte, setzte es eine solche Regelung nie um. Im Jahr 1982 strich das Regime sogar das Streikrecht aus der Verfassung.

Mit dem Schauprozess gegen die Viererbande und ihrer Schuldigsprechung sowie mit der formellen Verabschiedung der »Resolution über einige Fragen zur Geschichte der Kommunistischen Partei Chinas seit 1949« durch die KPCh im Juni 1981, in dem die Kulturrevolution und die Linken verurteilt wurden, zog Dengs Reformfraktion einen Schlussstrich unter die Zeit vor 1978.[39]

Für einen anderen Sozialismus

Die Demokratiemauer-Bewegung 1978 bis 1980 steht für die letzte große Konfrontation zwischen Arbeiter:innen mit linker Agenda und der linken KPCh-Führung am Ende der sozialistischen Periode. Sie markierte den Beginn der Übergangsperiode (die bis Ende der 1990er Jahre dauerte). Unter den Beteiligten waren viele Arbeiter:innen, die bereits an der Fünfter-April-Bewegung 1976 teilgenommen oder während der Kulturrevolution in der zweiten Hälfte der 1960er Jahre Rebellengruppen angehört hatten.

1978 nutzten sie die Gelegenheit, die sich durch die Konflikte in der Parteiführung am Anfang der Reformperiode bot, um Proteste zu organisieren und eine lebhafte politische Debatte anzustoßen. Diese Debatte drehte sich um die Unzulänglichkeiten des Sozialismus in der Volksrepublik China und um eine alternative (sozialistische) Strategie, die eine gesellschaftliche Beteiligung und Kontrolle einschließt. Die Bewegung brachte beide linken Anliegen zum Ausdruck: die ungleiche Verteilung des Reichtums und andere ökonomische Probleme sowie die ungleiche Verteilung der Macht in den Arbeitseinheiten und in der Gesellschaft insgesamt.

Als Arbeiter:innen setzten sie sich für die Verbesserung der Lebensbedingungen ein. Als linke Aktivist:innen griffen sie den Bürokratismus der sozialistischen herrschenden Klasse an – eine Kritik ähnlich der von der Shengwulian und anderen.[40] Diesmal schien es eine Chance auf Veränderung zu geben, weil ein Teil der KPCh-Führung (wirtschaftliche) Reformen anstrebte. Was die Bewegung erwartete, entsprach jedoch nicht dem, was die Reformfraktion um Deng zu bieten bereit war.

Die Bewegung konnte ihre politischen Spaltungen (wie die zwischen Marxist:innen und Nicht-Marxist:innen) nicht überwinden und litt unter dem ständigen Druck und der

Repression vonseiten des Regimes. Zwar gelang es ihr, Verbindungen zwischen politischen Zusammenhängen und unzufriedenen sozialen Gruppen – wie aufs Land geschickten Jugendlichen, Bäuerinnen und Bauern sowie Arbeiter:innen – herzustellen. Diese Verbindungen und die Wirkung der Kämpfe dieser Gruppen waren jedoch nicht stark genug, um das Regime zu größeren und dauerhaften Zugeständnissen zu zwingen.[41] Schließlich hatten große Teile der Bauernschaft und der Arbeiterklasse noch Hoffnung auf eine Verbesserung ihrer Lage durch die vom Regime vorgeschlagenen Reformen – und sie waren der sozialen und politischen Kämpfe überdrüssig, die sie an die Jahre vor 1976 erinnerten.

Das Regime war sich derweil der potenziellen Bedrohung bewusst, die zum einen von der weitgehend linksgerichteten, von Arbeiter:innen organisierten politischen Bewegung ausging, zum anderen von dem möglichen Zusammenkommen dieser Bewegung mit den zunehmenden Arbeiterprotesten. Schließlich geschah all dies nur ein Jahrzehnt, nachdem die großen sozialen Proteste während der Kulturrevolution die Partei an den Abgrund gedrängt hatten. Die KPCh-Führung setzte erneut eine Mischung aus Zugeständnissen, Vereinnahmung und Repression ein, um die Bewegung zu spalten, zu neutralisieren und zu unterdrücken.

Die soziale Unzufriedenheit hielt während der gesamten 1980er Jahre an, von Arbeiterstreiks bis hin zu Demonstrationen von Student:innen, die beide häufig mit den Auswirkungen bestimmter Reformen auf die Lebensbedingungen der Menschen zusammenhingen. Folge und Höhepunkt dieser Unzufriedenheit war die Bewegung, die ich im nächsten Abschnitt beschreiben werde. Sie steht für die Eskalation der sozialen und politischen Spannungen zwischen verschiedenen Teilen der chinesischen Gesellschaft und einem KPCh-Regime, das sich bereits in einem Wandlungsprozess befand: von einer links-autoritären Ausrichtung (in der sozialistischen Periode) zu einer rechts-autoritären (in der kapitalistischen Periode).

Arbeiter:innen in der Tian'anmen-Platz-Bewegung 1989

»Die Arbeiterklasse ist die fortschrittlichste Klasse. Wir müssen die wichtigste Kraft in der demokratischen Bewegung stellen. [Gemäß der Verfassung] wird die Volksrepublik China von der Arbeiterklasse geführt. Wir haben das Recht, alle Despoten zu verjagen. Die Arbeiter:innen kennen die Bedeutung von Wissen und Technologie für die Produktion besser als jede andere. Deshalb werden wir niemals zulassen, dass jemand die Student:innen angreift, die vom Volk unterstützt werden. Die Beseitigung von Diktatur und Autokratie und die Förderung der Demokratisierung des Landes ist eine Pflicht, der wir uns nicht entziehen dürfen. Die Quelle unserer Stärke ist Einheit; feste Überzeugung ist die Quelle unseres Erfolgs. In der Demokratiebewegung ›haben wir nichts zu verlieren als unsere Ketten und eine Welt zu gewinnen‹.« (Erklärung von Arbeiter:innen des Vorbereitenden Komitees der Autonomen Arbeiterföderation Beijing oder Gongzilian, 21. Mai 1989)[42]

Die Tian'anmen-Platz-Bewegung 1989 steht in einer Linie mit den bisher behandelten Mobilisierungen für politische Reformen oder eine demokratischere Version des Sozialismus.

Student:innen von Universitäten in Beijing initiierten die Bewegung und dominierten sie anfangs, bevor ihre Aktionen Räume für eine zweite Bewegung öffneten: die Mobilisierung und Selbstorganisation anderer städtischer Gruppen, vor allem von unzufriedenen Arbeiter:innen, die sich zum Teil in unabhängigen Gewerkschaften organisierten.

Sie standen einem Regime gegenüber, das bereits wesentliche Teile seiner linken politischen Agenda aufgegeben hatte. In den 1980er Jahren entledigte es sich seiner bisherigen Klassenkampfrhetorik. Bis dahin war es ihr (angeblich) um eine Revolutionierung der Gesellschaft gegangen, nun konzentrierte sich die KPCh-Führung stattdessen ganz auf die Entwicklung der Produktivkräfte. Wirtschaftswachstum war das Hauptziel der Wirtschaftsreformen, und das Regime gab als Motto aus: »Lasst einige zuerst reich werden«. Nach Meinung der KPCh-Führung würden die Reformen das Land aus Rückständigkeit und Armut in eine industrialisierte und prosperierende Moderne führen.

Die schrittweisen Wirtschaftsreformen der 1980er Jahre wurden zunächst auf dem Land durchgeführt, später dann in den Städten. Sie brachten einige materielle Verbesserungen, aber auch wirtschaftliche und soziale Probleme. Die Marktreformen folgten keinem vorgefertigten Plan. Vielmehr experimentierte die KPCh-Führung zunächst auf lokaler und regionaler Ebene mit wirtschaftlichen und institutionellen Veränderungen. Waren die Experimente erfolgreich, führte sie die Maßnahmen später auch anderswo durch.

In den späten 1970er und frühen 1980er Jahren begann das Regime mit Reformen auf dem Land. Kommunales Land wurde an bäuerliche Haushalte verteilt, die weiterhin bestimmte Produktionsmengen zu festen Preisen an den Staat verkaufen mussten. Diese staatlichen Ankaufspreise für landwirtschaftliche Güter wurden jedoch angehoben, und was die Bäuerinnen und Bauern darüber hinaus produzierten, durften sie auf Märkten zu höheren Preisen verkaufen. Dieses zweigleisige Preissystem (*jiage shuangguizhi*) führte zur schrittweisen Kommerzialisierung der Landwirtschaft. Neben der Produktionsmenge stiegen auch die bäuerlichen Einkommen. Zusammen ermöglichte das »einen starken Anstieg des Lebensmittelkonsums sowohl in den Städten als auch auf dem Land«.[43]

Die städtischen Reformen begannen langsamer und wurden erst Mitte der 1980er Jahre wirksam. Die staatliche Kontrolle über die Unternehmen wurde dezentralisiert, und ein weiteres zweigleisiges Preissystem erlaubte den Verkauf von Produktionsüberschüssen auf Märkten. Das 1986 eingeführte System der Verantwortlichkeit von Fabrikdirektoren (*changzhang fuze zhi*) verlieh den Betriebsleitern mehr Entscheidungsbefugnisse. Sie durften ein Unternehmen nun auch für einen bestimmten Zeitraum pachten. Darüber hinaus führte das KPCh-Regime ein Arbeitsvertragssystem ein, das für neu eingestellte Beschäftigte galt.[44]

Die städtischen Reformen brachten neue Probleme mit sich, beispielsweise eine Zunahme der Korruption. Staatliche Kader und Leiter von Arbeitseinheiten nutzten ihre neuen Befugnisse, um die Kontrolle über Staatsvermögen zu übernehmen und sich die eigenen Taschen zu füllen. Während die städtischen Einkommen in der ersten Hälfte der 1980er Jahre noch stiegen, sanken die Reallöhne vieler städtischer Haushalte aufgrund von Preissteigerungen und Inflation in der zweiten

Hälfte. Das führte sogar zu Panikkäufen.[45] Betriebsschließungen und Konkurse machten viele städtische Arbeiter:innen arbeitslos. Zudem erzeugte die Einführung von Arbeitsverträgen bei ihnen ein Gefühl der Unsicherheit, weil sie befürchteten, ihren lebenslangen Arbeitsplatz zu verlieren. In der zweiten Hälfte der 1980er Jahre blieb die Situation der städtischen Arbeiter:innen hinter ihren Erwartungen zurück, insbesondere wenn sie diese mit der verbesserten Lage der Bäuerinnen und Bauern verglichen. Viele Arbeiter:innen wurden zunehmend unzufriedener, und ab 1987 nahmen Streiks und Bummelstreiks wieder zu.[46]

Ende 1986 und Anfang 1987 kam es zu Demonstrationen von Student:innen, zunächst in Hefei und dann in anderen Städten. Es ging ihnen um die Studien- und Lebensbedingungen auf dem Campus, aber auch um das langsame Vorankommen der Reformen. Die Student:innen forderten mehr Demokratie und kritisierten den autoritären Regierungsstil der KPCh. Nach einem Monat schlug das Regime die Bewegung nieder.[47] Akademiker:innen und Intellektuelle hatten einen eher niedrigen Status in der Gesellschaft, bekamen relativ niedrige Löhne und hatten geringe Aufstiegschancen. Deswegen wuchs die Unzufriedenheit der Student:innen im Laufe der 1980er Jahre, und all diese Probleme trugen zum Ausbruch der Studentenproteste im April 1989 bei.

Der Aufstand in den Städten

Student:innen in Beijing und anderen Städten initiierten die Tian'anmen-Platz-Bewegung und spielten eine wichtige Rolle in Demonstrationen, Debatten und sogar Verhandlungen mit der Regierung. Der Ablauf der Ereignisse, an denen

Student:innen beteiligt waren, wird hier nur kurz dargestellt. Im Mittelpunkt steht die Beteiligung und das Wirken von Arbeiter:innen, das oft vernachlässigt oder verdrängt wird.[48] Arbeiter:innen schlossen sich der Bewegung an, um die Student:innen zu unterstützen, organisierten sich jedoch später selbst und stellten politische Forderungen, die weit über die eher gemäßigten Ziele und Vorstellungen der meisten Student:innen hinausgingen.[49]

Wie 1976 war es wieder der Tod eines KPCh-Führers, der die Mobilisierung auslöste. Das Politbüromitglied Hu Yaobang verstarb am 15. April 1989. Viele Student:innen sahen in Hu einen Parteiführer, der Wirtschaft und Staat reformieren wollte, aber zwei Jahre zuvor zu Unrecht degradiert worden war. Im Januar 1987 hatten Deng Xiaoping und konservative Kräfte in der KPCh-Führung den Reformer und Generalsekretär der Partei Hu zum Rücktritt gezwungen, weil er die damaligen Demonstrationen von Student:innen nicht in den Griff bekommen hatte.

Nach dem Tod von Hu organisierten Student:innen Trauerveranstaltungen, auf denen sie auch die KPCh-Führung wegen Korruption und Vetternwirtschaft angriffen sowie politische Reformen und demokratische Rechte forderten. Der Protest breitete sich schnell aus. Immer mehr Student:innen kamen zusammen und veranstalteten Demonstrationen in Beijing und anderen Städten. In Xi'an und Changsha kam es dabei sogar zu Zusammenstößen mit der Polizei. Die Student:innen organisierten auch Unterrichtsboykotte und gründeten unabhängige Studentengewerkschaften.

Deng Xiaoping bezeichnete die Mobilisierung der Student:innen als »konterrevolutionären Krawall«. Bereits Ende

April wurden Einheiten der Volksbefreiungsarmee nach Beijing mobilisiert, Zeichen für eine möglicherweise bevorstehende Niederschlagung. Inzwischen war jedoch klar, dass die Student:innen in der Stadtbevölkerung breite Unterstützung genossen, und die Demonstrationen wurden trotz der Drohungen fortgesetzt. Zu diesem Zeitpunkt vertiefte sich die Kluft in der Führung zwischen den Hardlinern, welche die Bewegung unterdrücken wollten, und den Reformern, von denen einige sogar mit den Forderungen der Student:innen nach politischen Veränderungen sympathisierten. Hu Yaobangs Nachfolger als KPCh-Generalsekretär Zhao Ziyang fuhr einen gemäßigten Kurs gegenüber den Student:innen und erklärte sich sogar bereit, einen öffentlichen Dialog und Verhandlungen mit ihren Anführer:innen aufzunehmen.

Anfang Mai verlor die Bewegung an Schwung, weil die Student:innen »nicht wussten, was sie als nächstes tun sollten, und zögerten, die Sache noch weiter zu treiben«.[50] Einige radikale Student:innen traten am 13. Mai in den Hungerstreik, und es gelang ihnen, erneut Tausende von Student:innen zu mobilisieren und den Tian'anmen-Platz in Beijing zu besetzen. Äußerst peinlich für das Regime war, dass am 15. Mai der Generalsekretär der Kommunistischen Partei der Sowjetunion Michail Gorbatschow zum ersten chinesisch-sowjetischen Gipfeltreffen seit 1959 eintraf, die offiziellen Treffen jedoch am Flughafen stattfinden mussten. Der Hungerstreik dauerte noch mehrere Tage an, und Hunderte von Teilnehmer:innen mussten in Krankenhäusern behandelt werden. Die Bewegung stagnierte jedoch erneut.

Der Druck auf die KPCh-Führung wurde stärker, weil die Hungerstreikenden von breiten Teilen der Bevölkerung unterstützt wurden, vor allem auch von Arbeiter:innen, die ihre eigenen Kundgebungen organisierten (siehe den nächsten Unterabschnitt). Am 19. Mai besuchten Generalsekretär Zhao Ziyang und Ministerpräsident Li Peng den Tian'anmen-Platz. Zhao versprach weitere Verhandlungen und die Suche nach Kompromissen. Doch die Hardliner in der KPCh-Führung ergriffen nun die Initiative. Am 20. Mai verhängte Li Peng in Teilen der Hauptstadt den Ausnahmezustand und Zehntausende Soldaten der Volksbefreiungsarmee rückten in die Stadt ein, um die Bewegung zu unterdrücken. Zur Überraschung des Regimes errichteten Zehntausende Einwohner:innen Beijings, darunter wiederum viele Arbeiter:innen, Straßensperren und Barrikaden und hinderten die Truppen daran, ins Stadtzentrum vorzudringen. In der Folge kam es auch in anderen Städten, darunter in Shanghai und Guangzhou, zu großen Demonstrationen, welche die Bewegung unterstützten.

Die Blockade der Armeetruppen durch die Bevölkerung Beijings wurde am 21. Mai fortgesetzt. Zu diesem Zeitpunkt stellten sich einige Kader innerhalb der KPCh-Führung und sogar einige Armeeoffiziere gegen den militärischen Angriff auf die Bewegung. Die Truppen zogen sich vorübergehend auf Stellungen außerhalb der Hauptstadt zurück. Die großen Demonstrationen zur Unterstützung der Student:innen und ihrer Forderungen dauerten bis Ende Mai an. Beijing kam derweil zum Stillstand, weil Transportarbeiter:innen und andere die Arbeit verweigerten und sich der Bewegung anschlossen.

Am 3. Juni machten die Armeeeinheiten einen weiteren Versuch, den Tian'anmen-Platz zu erreichen. Wieder versperrten Menschenmassen ihnen den Weg, und als die Truppen weiter vordrangen, leisteten viele mit Steinen und Flaschen Widerstand. An einzelnen Orten wurden sogar Militärtransporter in Brand gesetzt, und einige Soldaten starben bei den Auseinandersetzungen. Die Zusammenstöße setzten sich die ganze Nacht hindurch fort, als Zehntausende Soldaten ihre Schusswaffen einsetzten, um das Stadtzentrum Beijings zurückzuerobern. Hunderte und möglicherweise Tausende Demonstrant:innen und Unbeteiligte wurden getötet, die meisten von ihnen auf den Straßen, die zum Tian'anmen-Platz führen. Nachdem die Armee den Platz am 4. Juni eingenommen hatte, begannen die Sicherheitskräfte mit der Verhaftung von Studentenanführer:innen und anderen an der Bewegung Beteiligten.

Der Angriff der Armee war ein Schock für viele Chines:innen. Sie hatten nicht damit gerechnet, dass das KPCh-Regime die Armee (erneut) gegen die Bevölkerung einsetzen würde. In den folgenden Tagen kam es in Shanghai, Wuhan, Changsha, Xi'an, Hangzhou, Chengdu und Shenyang zu großen Demonstrationen gegen die Niederschlagung. Das Regime setzte seine Unterdrückungsmaßnahmen jedoch fort, und der Bewegung ging schließlich die Luft aus. Als die Ordnung wiederhergestellt war, bestrafte die KPCh-Führung den Reformer Zhao Ziyang an ihrer Spitze. Am 24. Juni wurde Zhao offiziell von seinem Amt als Generalsekretär der KPCh abgesetzt und durch den Shanghaier Parteichef Jiang Zemin ersetzt.

Die Beteiligung der Arbeiter:innen

Die Arbeiter:innen beteiligten sich auf unterschiedliche Weise an der Bewegung von 1989: Sie organisierten Unterstützung oder Proteste auf der Straße oder in ihren Betrieben, agitierten andere Arbeiter:innen und gründeten unabhängige Gewerkschaften. Sie organisierten sich auch in ihren Stadtvierteln oder anderswo, so zur Verteidigung der Stadt Beijing gegen die Angriffe der Armee in den Tagen des Ausnahmezustands.

In Beijing begannen die Arbeiter:innen bereits in der zweiten Aprilhälfte, die Proteste der Student:innen zu unterstützen. Eine kleine Gruppe junger Arbeiteraktivist:innen traf sich zu informellen Abendgesprächen und diskutierte über ihre Situation in den Betrieben, Probleme mit Kadern, Inflation und Löhne. Am 20. April verteilten sie ein erstes Flugblatt, in dem sie die Polizeigewalt gegen die Student:innen kritisierten. Zu dieser Zeit begannen sie auch, Gongzilian (Autonome Arbeiterföderation Beijing) oder ähnliche Namen zu verwenden.[51] Weitere unabhängige Arbeiterorganisationen, die sich selbst als autonome Arbeiterföderationen bezeichneten, wurden in Changsha, Fuzhou, Guangzhou, Guiyang, Hangzhou, Hohhot, Jinan, Kunming, Lanzhou, Nanjing, Shanghai, Suzhou, Wuhan, Xi'an und Xining gegründet. Zusammensetzung und Größe dieser Gruppen waren unterschiedlich.[52]

In Beijing traten schnell viele Arbeiter:innen Gongzilian bei, und als die Bewegung Anfang Juni unterdrückt wurde, lag ihre Mitgliedschaft bei etwa 20 000.[53] Die meisten Mitglieder waren Arbeiter:innen zwischen zwanzig und vierzig Jahren aus Beijing.[54] Unterstützt wurde Gongzilian auch von älteren Beschäftigten, unteren Kader aus Arbeitseinheiten und Gewerkschafter:innen aus staatlichen Fabriken und sogar vom ACGB selbst, aber die meisten von ihnen hatten zu viel Angst, sich mehr zu engagieren. In Beijing und anderen Städten kamen einige der an der Organisierung und den

Protesten beteiligten Arbeiter:innen aus größeren staatlichen Betrieben – ein Zeichen dafür, dass auch sie die Auswirkungen der Reformen in den 1980er Jahren zu spüren bekommen hatten. Andere verfügten über einen weniger sicheren Status oder Arbeitsplatz. In Chongqing zum Beispiel beteiligten sich Arbeiter:innen aus staatlichen Fabriken, die kurz vorher ihr Arbeitsstelle verloren hatten, entlassene Bauarbeiter:innen mit bäuerlichem Hintergrund und arbeitslose Jugendliche an der Bewegung.[55]

Die Kerngruppe von Gongzilian in Beijing wuchs bis Anfang Juni auf etwa 150 Arbeiter:innen aus verschiedenen Arbeitseinheiten. Die meisten von ihnen hatten sich zuvor nicht an politischen Aktivitäten beteiligt und waren »einfache junge Arbeiter:innen mit geringer Bildung [...] aus Stahlwerken, Eisenbahnbetrieben, Maschinenbaufabriken und Bauunternehmen«.[56] Während die meisten Student:innen und Intellektuellen sich während der Bewegung von 1989 »von den Arbeiter:innen fernhielten«, unterstützten (oder berieten) einige wenige Intellektuelle diesen Kern von Aktivist:innen.[57]

Zu Beginn ihres Engagements teilten viele Arbeiter:innen die Trauer um Hu Yaobang und unterstützten die Student:innen, als diese vom Regime angegriffen wurden. Bald darauf formulierten sie dann ihre eigene Agenda und kritisierten die Privilegien der Kader, die Korruption und die negativen Auswirkungen der Reformen auf das Leben der Arbeiter:innen. Obwohl sich viele der von den autonomen Arbeiterföderationen aufgeworfenen Probleme um die materiellen Interessen der Arbeiter:innen drehten, waren ihre Hauptforderungen politisch. Sie thematisierten den Mangel an betrieblichen und politischen Rechten und hielten es für notwendig, eigene unabhängige Gewerkschaften zu gründen, um für ihre Interessen kämpfen zu können. Schon in früheren Konfrontationen hatten Arbeiter:innen dies gefordert, »1989 wurde diese Forderung jedoch noch stärker hervorgehoben«.[58]

Kurz nach Beginn der dauerhaften Besetzung des Tian'anmen-Platzes am 13. Mai verkündeten die Aktivist:innen der Gongzilian öffentlich die Existenz ihrer Organisation. Mit Zelten, großen Transparenten und einer Lautsprecheranlage waren sie nun ständig auf dem Platz präsent. Bis zu diesem Zeitpunkt hatten die Student:innen die Bewegung dominiert, sowohl zahlenmäßig auf der Straße als auch politisch. Dies änderte sich in der zweiten Maihälfte und insbesondere nach der Verhängung des Ausnahmezustands in Beijing am 20. Mai.[59] Ab diesem Zeitpunkt ging die Beteiligung der Student:innen zurück, während Arbeiter:innen und andere Stadtbewohner:innen in Scharen zu den Demonstrationen kamen, bei denen Gongzilian eine sichtbare Rolle spielte. Die Aktivist:innen kamen mit mehreren Fahrzeugen, die ihnen geliehen worden waren, nachdem sie auf Wandplakaten darum gebeten hatten. Ihr Banner war – inmitten derer der Delegationen verschiedener staatlicher Arbeitseinheiten – deutlich zu sehen.[60]

Während Gongzilian nun eine zunehmend prominentere Rolle in der Bewegung spielte, vertrat sie deutlich konfrontative Positionen gegenüber der KPCh-Führung, der Reformfraktion und auch der Führung der Studentenbewegung. Viele Student:innen und Intellektuelle unterstützten die Reformer in der KPCh-Führung um Generalsekretär Zhao Ziyang, der in den Jahren zuvor die Vermarktlichung der Wirtschaft unterstützt hatte. Die Arbeiter:innen riefen hingegen: »Nieder mit Zhao Ziyang!« oder trugen sogar Porträts von Mao Zedong »als Symbol spartanischer Tugend und egalitärer Ideale gegen ein korruptes und zynisches Deng-Regime«.[61] In Flugblättern warf Gongzilian der KPCh-Führung die Ausbeutung und Unterdrückung der Menschen vor, nicht nur mit Bezug auf die Reformjahre, sondern auch auf die vergangenen vierzig Jahre seit Gründung der Volksrepublik China. In einer Erklärung wies Gongzilian auch darauf hin, dass schon vorher eine Bewegung vom KPCh-Regime und von Deng Xiaoping vereinnahmt worden war: die Fünfter-April-Bewegung 1976. Gongzilian warnte das Regime vor Versuchen, die Bewegung von 1989 ebenfalls zu vereinnahmen und zu benutzen.[62]

Die Zeit des Ausnahmezustands

Die Verhängung des Ausnahmezustands am 20. Mai veränderte das Kräfteverhältnis innerhalb der Bewegung und führte zu neuen Auseinandersetzungen, bei denen die Arbeiter:innen die Initiative übernahmen. Am frühen Morgen des 20. Mai gelang es Arbeiter:innen und anderen Einwohner:innen Beijings, die einrückenden Armeeeinheiten aufzuhalten. »Plötzlich kam es tatsächlich zu massenhaftem Widerstand gegen die Regierung.«[63] Aus Empörung über den Ausnahmezustand und das Vordringen der Armee schlossen sich mehr Arbeiter:innen der Bewegung an. Sie stellten den Kern der Menschen, die sich der Armee entgegenstellten, als diese in das Stadtzentrum von Beijing vorrückten.

> »Die Arbeiter:innen errichteten Barrikaden und bildeten menschliche Mauern. Sie brachten den Soldaten Wasser und Essen, um sich mit ihnen zu verbrüdern und sie davon zu überzeugen, ihre Waffen abzulegen und ihren Vormarsch zu stoppen.«[64]

Ab dem 20. Mai organisierte Gongzilian fast jeden Tag Demonstrationen. Der Einsatz ihres Lautsprechersystems auf dem Tian'anmen-Platz

> »erwies sich als populärste Aktion der Organisation und erregte am meisten Aufmerksamkeit. Gewöhnliche Arbeiter:innen, frustrierte Journalist:innen sowie öffentliche Angestellte und sogar unzufriedene Kader und Soldaten reichten ihre Stellungnahmen ein – oft Enthüllungen über offizielle Doppelzüngigkeit oder Fehlverhalten – und diese wurden jeden Abend von Sprecher:innen vor einem großen und interessierten Publikum verlesen«.[65]

Andere Arbeiterorganisationen wurden gegründet, innerhalb und außerhalb von Betrieben.

> »Arbeiter:innen begannen, selbstbewaffnete Quasi-Milizen zu organisieren, wie zum Beispiel die ›Streikposten-Truppe‹ und die ›Todesmutigen Brigaden‹, welche feststellten, wo sich die Armee aufhielt, und das dann weitermeldeten.«[66]

In vielen Fabriken organisierten Arbeiter:innen auch Bummelstreiks oder Streiks.

All diese Aktivitäten hatten jedoch ihre Grenzen. Zwei Versuche, einen Generalstreik zu organisieren (am 20. Mai und am 28. Mai) scheiterten. Zudem war der Zeitraum zwischen Mitte Mai, als mehr und mehr Arbeiter:innen sich der Bewegung anschlossen, und der Niederschlagung Anfang Juni offensichtlich zu kurz, um zuverlässige Verbindungen und Strukturen zu schaffen, auf deren Grundlage die Arbeiter:innen den Kampf hätten ausdehnen und die (städtische) Wirtschaft längerfristig hätten lahmlegen können.

Die Aktionen der Arbeiter:innen wurden zudem durch

die Student:innen behindert, welche die Beteiligung der Arbeiter:innen ablehnten. Die Studentenanführer:innen dachten, eine starke Beteiligung von Arbeiter:innen führe zur sofortigen Unterdrückung der Bewegung, während das Regime das Recht der Student:innen und Intellektuellen auf Protest respektiere. Weitere Gründe für die mangelnde Bereitschaft vieler Student:innen, die Beteiligung anderer gesellschaftlicher Gruppen an der Bewegung zuzulassen, waren ihre Arroganz und ihre Verachtung für die intellektuellen oder politischen Fähigkeiten von Arbeiter:innen.[67] Die Arbeiter:innen wiederum misstrauten nicht nur der KPCh-Führung, sie erlebten auch das arrogante Verhalten und die Respektlosigkeit von Student:innen ihnen gegenüber und erkannten die Ähnlichkeit im Handeln von KPCh-Führung und studentischer »Elite«: Machtkämpfe, Fraktionierung und Spaltungen, Hierarchien, Geheimhaltungen, Privilegien, Konflikte um Geld sowie Korruption. Student:innen und Arbeiter:innen bildeten deswegen nie eine gemeinsame Front gegen das Regime. Erst in letzter Minute, als die Armee am 3. Juni bereits auf dem Vormarsch war, liefen Student:innen »zum Hauptquartier der Arbeiter:innen und forderten sie auf, einen Generalstreik auszurufen. Aber da war es bereits zu spät«.[68]

Arbeiter:innen waren die Hauptleidtragenden der brutalen Unterdrückung vom 3. und 4. Juni in Beijing. Viele von ihnen stellten sich den Armeeeinheiten in den Weg, als diese auf das Stadtzentrum vorrückten. Nach der Niederschlagung ordnete das KPCh-Regime die Verhaftung zahlreicher Menschen an, die sich an der Bewegung und dem Widerstand auf der Straße beteiligt hatten. Viele Arbeiter:innen wurden abgeführt, gefoltert oder sogar getötet.[69]

Gongzilian und andere autonome Arbeiterföderationen wurden derweil verboten, ebenso wie die Vereinigungen der Student:innen. Unmittelbar nach der Niederschlagung, und trotz der offensichtlichen Gefahr, gingen jedoch viele Arbeiter:innen erneut auf die Straße und protestierten gegen den Armeeeinsatz in Beijing. Weitere autonome Arbeiterföderationen wurden gegründet oder angekündigt, und vielerorts kam es zu massenweisem Absentismus und Streiks, während »Straßen, Brücken und Eisenbahnlinien in Städten in ganz China blockiert wurden«.[70] In einigen Regionen ließ das Regime diese Aktionen einige Tage lang zu, in anderen Regionen wurden sie schnell unterdrückt. Gleichzeitig startete die KPCh-Führung eine Medienkampagne, in der an der Bewegung beteiligte Nichtstudierende als Kriminelle, Arbeitslose oder »herumschweifende Bevölkerung« (ländlicher Wanderarbeiter:innen) dargestellt wurden. Sie machte sich dabei die rassistischen Vorurteile unter Stadtbewohner:innen gegenüber Menschen mit armem oder bäuerlichem Hintergrund zunutze.

Der Versuch scheiterte

Hätten die Arbeiter:innen während der Tian'anmen-Platz-Bewegung 1989 nicht interveniert und hätten sie nicht ihre eigene politische Agenda entwickelt, welche die Legitimität und die Macht der KPCh zu gefährden drohte, wäre es vielleicht nicht (oder nicht auf diese Weise) zur Niederschlagung gekommen. Einige Reformer in der KPCh-Führung um Generalsekretär Zhao Ziyang sympathisierten mit den Forderungen der Student:innen, weil sie hofften, dass eine gewisse Demokratisierung das Land und die Parteiherrschaft stabilisieren würde. Sie verhandelten mit den Student:innen, boten Zugeständnisse an und versuchten, sie zu vereinnahmen. Bis Mitte Mai schienen ein Kompromiss und eine Vereinnahmung der Bewegung durch die Reformfraktion um Zhao möglich. Die Situation änderte sich, als der Mobilisierung der Student:innen die Luft ausging und sich immer mehr Arbeiter:innen der Bewegung anschlossen. Die Beteiligung der Arbeiter:innen und die Bedrohung, die von diesen ausging, schwächte den Teil der Führung, der mit der Bewegung der Student:innen sympathisierte. Die Hardliner hatten in der fraktionellen Auseinandersetzung in der Parteiführung nun die Oberhand.

Deng Xiaoping und die Hardliner um Li Peng, die sich durch die Studentenbewegung gedemütigt fühlten, setzten die militärische Niederschlagung durch. Die oberste Führung »hatte Angst«,[71] immerhin hatte sie schon Erfahrungen mit früheren Arbeiterbewegungen gemacht, zum Beispiel während der Kulturrevolution. Sie wusste auch um die Schwächung der sozialistischen Regime in Osteuropa, vor allem in Polen durch die Bewegung um Solidarność. Die anschließende militärische Niederschlagung sollte eine Eskalation der Arbeiterkämpfe verhindern und das polnische Szenario vermeiden.

Die meisten Berichte über Arbeiteraktionen während der Tian'anmen-Platz-Bewegung im Jahr 1989 beziehen sich auf Beijing und andere Großstädte, aber auch Arbeiter:innen in kleineren Städten nahmen daran teil.[72] Der Staat und die herrschende Klasse waren die eindeutigen Gegner, und die Mobilisierung der Arbeiter:innen sowie die Gründung von autonomen Arbeiterföderationen deuteten darauf hin, dass die besondere Verbindung zwischen den städtischen Arbeiter:innen mit fester Anstellung und der KPCh-Führung aufgrund der Reformauswirkungen am Zerreißen war. Viele Arbeiter:innen hatten durch die Reformen bereits ihren Status verloren oder befürchteten, ihn zu verlieren, nachdem die Betriebsleiter gestärkt worden waren. Letztere hatten begonnen, die soziale Absicherung der »sozialistischen« Arbeiterklasse und deren Arbeitsplatzgarantie infrage zu stellen. Der Zusammenstoß zwischen den städtischen Arbeiter:innen und dem Regime im Jahr 1989 war ein Vorbote der Konfrontationen ab Mitte der 1990er Jahre, als das Regime mit der Umstrukturierung der staatlichen Unternehmen begann und Millionen von Arbeiter:innen entließ.

In den späten 1980er Jahren und insbesondere 1989, als Arbeiter:innen mit Fotos von Mao demonstrierten, begann auch die Neuinterpretation des Bildes von Mao Zedong (und in gewisser Weise auch des Maoismus). Arbeiter:innen schienen »die Erinnerung an den verstorbenen Vorsitzenden nicht deshalb zu pflegen, weil sie seine Doktrin des allgegenwärtigen und ewigen ›Klassenkampfes‹ oder seine Politik während des ›Großen Sprungs nach vorn‹ und der Kulturrevolution mochten. Was sie wirklich vermissten, war eine egalitäre Wertvorstellung«.[73] Die hier angesprochene moralische Ökonomie sollte die Führung daran erinnern, dass die KPCh tatsächlich eine egalitäre Gesellschaft versprochen hatte (auch wenn sie diese nie verwirklichte).

Die Arbeiter:innen ließen sich auch von dem Erfolg der Solidarność inspirieren, die das sozialistische Regime in Polen zu Kompromissen zwang. Die Gründung der autonomen Arbeiterföderationen war seit 1949 der erste vielversprechende Versuch, eine unabhängige Gewerkschaftsbewegung aufzubauen. Hätten der Aufbau unabhängiger Gewerkschaften, die

Selbstorganisation und die Kämpfe auf der Straße sowie in den Betrieben während der Zeit des Ausnahmezustands zwischen dem 20. Mai und dem 4. Juni noch länger angedauert und wären die Beteiligten in der Lage gewesen, ihre eigene politische Agenda zu entwickeln, hätte dies der Beginn eines revolutionären Prozesses sein können. So wie sie war, schien die neue Gewerkschaftsbewegung jedoch keine linke revolutionäre Alternative zu bieten und stand eher für einen linken Reformismus.[74]

Die autonomen Arbeiterföderationen griffen die herrschende Klasse mit klaren Worten an (»Bourgeoisie«); damit standen sie in einer Linie mit streikenden Arbeiter:innen von 1957, Shengwulian von 1967 bis 1968, Li Yi Zhe von 1974, den Arbeiter:innen der Fünfter-April-Bewegung 1976 und den Aktivist:innen der Demokratiemauer-Bewegung 1978 bis 1980.[75]

Genau wie radikale (rebellische) Strömungen während der Kulturrevolution war

> »Gongzilian zutiefst anti-elitär und antibürokratisch. Doch die volksnahe Sprache der Arbeiter:innen im Jahr 1989 war mit neuen politischen Konzepten versetzt: institutionelle Beschränkung der Macht der Betriebsleitungen, gewerkschaftliche Vertretung und Tarifverhandlungen sowie, etwas vager, die Einbeziehung einer unabhängigen Gewerkschaft bei der Formulierung nationaler Politik und das institutionalisierte Recht, die Machtausübung der Kommunistischen Partei zu ›kontrollieren‹.«[76]

Dies waren Konzepte für einen reformierten Sozialismus mit mehr Kontrolle der Arbeiter:innen über Betriebsleitungen und staatliche Verwaltungen – jedoch kein Ausdruck des revolutionären Verlangens, eine andersartige Sozialstruktur und

Gesellschaft aufzubauen. Die Reformen des Sozialismus dauerten schon ein Jahrzehnt an, und im Übergang zum Kapitalismus nahm die neu gestaltete Klassenherrschaft bereits Gestalt an. Deswegen befanden sich die Arbeiter:innen in der Defensive und forderten lediglich bessere Bedingungen und mehr Einfluss.[77]

Schlussfolgerungen: Bewegungen für und gegen die Reformen

In diesem Kapitel habe ich mich mit den besonderen Bedingungen befasst, unter denen soziale Unzufriedenheit und Unruhe entstanden und Oppositionsbewegungen auslösten. Diese Bewegungen setzten auf linke Forderungen und Aktionsformen gegen ein Regime, das sich ab Mitte der 1970er Jahre langsam verändert hatte. Drei Massenmobilisierungen richteten sich gegen die Herrschaft der KPCh-Führung, und die Beteiligten forderten Formen der demokratischen Kontrolle von Betriebsleitern, Parteikadern und Staatsbeamten.

Die Fünfter-April-Bewegung 1976 zeigte, wie wütend und erschöpft viele Arbeiter:innen waren. Dies hing mit den häufigen Kampagnen und Säuberungen zusammen, die von den Linken in der Führung ausgingen, sowie mit drängenden wirtschaftlichen Problemen, welche die Arbeiter:innen auf die Austeritätspolitik des KPCh-Regimes zurückführten. Auslöser war der Umgang mit dem Tod und Betrauern des Ministerpräsidenten Zhou Enlai, den viele für einen Gegenspieler der Linken in der KPCh hielten. Die Massenbewegung wurde bald unterdrückt, aber sie zeigte der KPCh-Führung, dass ein Wandel notwendig war.

Die Unterdrückung und spätere Rehabilitierung von Aktivist:innen der Fünfter-April-Bewegung war ein Auslöser für die Demokratiemauer-Bewegung von 1978 bis 1980. Arbeiter:innen spielten in dieser Bewegung eine führende Rolle. Sie kooperierten mit unzufriedenen Jugendlichen sowie Bäuerinnen und Bauern, trieben Debatten über die ungleiche Verteilung von Reichtum und Macht voran und griffen den Bürokratismus des Regimes an. Die Bewegung war jedoch nicht stark genug, um das KPCh-Regime ernsthaft herauszufordern oder größere Zugeständnisse durchzusetzen. Von Anfang an stand sie unter dem Druck der Behörden. Die Reformer um Deng Xiaoping versuchten, die Bewegung zu benutzen, um den Machtkampf in der Führung zu gewinnen. Sobald sie fest im Sattel saßen, ließen sie die Bewegung mit aller Härte unterdrücken.

Die Tian'anmen-Platz-Bewegung 1989 war für das Regime sicherlich die größte Herausforderung seit der Rebellenbewegung in der Kulturrevolution rund zwanzig Jahre zuvor. In den ersten Wochen im April und Anfang Mai 1989 wurden Bewegung und Mobilisierung von Student:innen dominiert, die politische Reformen forderten. Die Student:innen, unter ihnen viele Kinder von Partei-, Staats- und Armeekadern, forderten demokratische Rechte wie Rede- und Vereinigungsfreiheit. Eine Demokratisierung des Regimes könnte, so hofften sie, bei der Überwindung von Korruption, Vetternwirtschaft und der Aneignung öffentlichen Vermögens durch Kader helfen. Unterstützt wurden die Student:innen von Teilen der politischen Klasse, die mehr Reformen und mehr Einfluss der Intellektuellen (und der wachsenden städtischen Mittelklasse) auf politische Entscheidungen anstrebten. Als sich jedoch Arbeiter:innen in großer Zahl der Bewegung anschlossen, wurde diese für das KPCh-Regime zu einer Bedrohung. Arbeiter:innen stellten nach der Verhängung des Ausnahmezustands den Kern der Massenbewegung, übernahmen die Straßen Beijings, gründeten unabhängige Gewerkschaften und stellten sich dem Vormarsch der Armee entgegen. Es gelang ihnen jedoch nicht, die Niederschlagung zu verhindern. Mit der Neutralisierung des KPCh-Führers Zhao Ziyang, der mit den Student:innen verhandelt und Zugeständnisse versprochen hatte, setzten sich die Hardliner um Ministerpräsident Li Peng durch und befahlen der Armee, die Bewegung endgültig und gewaltsam zu zerschlagen.

In allen drei Bewegungen spielten ehemalige Rotgardist:innen und linke Rebell:innen mit ihren Erfahrungen und Kampfformen eine Rolle. Allerdings hatten sich ihre politischen Perspektiven und Ziele mit der Wandlung des wirtschaftlichen und politischen Systems der Volksrepublik China verändert. In jeder Bewegung kritisierten die Protagonist:innen den autoritären Charakter der KPCh-Herrschaft und forderten mehr politische Freiheit sowie bessere Arbeits- und Lebensbedingungen. Arbeiter:innen hatten einen entscheidenden Anteil an diesen Bewegungen. Was sie mit dem Begriff einer sozialistischen Demokratie verbanden, entsprach nicht dem, was üblicherweise mit diesem Begriff in Ländern mit einer repräsentativen Form der Demokratie und einem kapitalistischen System beschrieben wird.[78] Ihnen ging es schlicht und einfach um die Kontrolle in den Betrieben und im Staat.

Die jeweilige Reaktion der KPCh-Führung auf alle drei Bewegungen zeugt wiederum vom Verhältnis zwischen Bewegungen von unten mit linken Forderungen und Aktionsformen und einem Regime, das versuchte, an der Macht zu bleiben. Dieses Regime wandelte sich von einem linksautoritären in der sozialistischen Periode zu einem immer noch autoritären, aber jetzt rechtsgerichteten in der kapitalistischen Periode, die Ende der 1990er Jahre begann. Gegen alle drei Bewegungen wurde repressiv vorgegangen, im ersten und letzten Fall schneller und brutaler, da die Bewegung von unten und ihre politischen Forderungen die jeweiligen Regime unmittelbar herausforderten. Die Demokratiemauer-Bewegung konnte bis zu einem gewissen Grad von der Reformfraktion um Deng Xiaoping vereinnahmt werden und trug auch zur

Durchsetzung der Wirtschaftsreformen bei (die auch als Zugeständnis verstanden werden können). Die direkte Vereinnahmung der Tian'anmen-Platz-Bewegung durch die Reformer um Zhao Ziyang wurde dagegen verhindert, weil die Hardliner um Li Peng die Reformer neutralisierten.[79]

Die Fünfter-April-Bewegung und die Demokratiemauer-Bewegung wirkten in gewisser Weise als Katalysatoren und stärkten die Reformfraktion, sodass diese in der Lage war, mit den Wirtschaftsreformen zu beginnen. Die Tian'anmen-Platz-Bewegung entstand als Reaktion auf einige Auswirkungen der Marktreformen. Sie war das letzte Aufbegehren der Arbeiterklasse in der Übergangsperiode. Die Niederschlagung der Bewegung von Arbeiter:innen, Student:innen und ihren Anhänger:innen sowie die anschließende Repressionswelle endeten mit einem wichtigen Sieg für die neu zusammengesetzte herrschende Klasse und machten den Weg frei für den Frontalangriff auf die Bedingungen der Arbeiter:innen aus (städtischen) Staatsbetrieben Mitte der 1990er Jahre.

4
Verteidigung und Nostalgie: Soziale Kämpfe als Triebkraft linken Widerstands in den 1990er und 2000er Jahren

In diesem Kapitel konzentriere ich mich auf die Zeit des endgültigen Übergangs zum Kapitalismus in den 1990er und frühen 2000er Jahren und schildere die Kämpfe von Bäuerinnen und Bauern sowie die von Arbeiter:innen der Staatsbetriebe in den Städten. Die Proteste beider Gruppen zielten auf die negativen Auswirkungen der Marktreformen. Sie nahmen unterschiedliche Formen an, von Demonstrationen bis hin zu Krawallen, und waren weitgehend defensiv. Diese Kämpfe und die nun offenkundige Schaffung kapitalistischer Verhältnisse inspirierten (neue) linke Strömungen unter Arbeiter:innen und Intellektuellen. Die an den neuen Versuchen einer linken Organisierung Beteiligten bezogen sich politisch zumeist auf die Hinterlassenschaften des Maoismus, modifizierten diese und passten sie den neuen kapitalistischen Realitäten entsprechend an.

Im *ersten* Abschnitt gehe ich auf die Situation der Bäuerinnen und Bauern ein. Mit den Reformen auf dem Land verbesserten sich ihre Lebensbedingungen in den frühen 1980er Jahren. Das änderte sich im folgenden Jahrzehnt, als sie zunehmend wirtschaftliche Schwierigkeiten hatten und sich mit hohen Steuern, Korruption oder Willkür von Kadern und Landenteignung oder -diebstahl auseinandersetzen mussten. Von der ersten Hälfte der 1990er Jahre bis Mitte der 2000er Jahre führte dies zu mehreren Wellen bäuerlicher Proteste.

Im *zweiten* Abschnitt konzentriere ich mich auf das Schicksal der Arbeiter:innen der Staatsbetriebe in den Städten. Die Reformen der 1980er Jahre hatten bereits ihre Stellung in den Betrieben geschwächt. Mit der systematischen Umstrukturierung des staatlichen Sektors Mitte der 1990er Jahre wurden ihr Sonderstatus und ihre »eiserne Reisschüssel« (*tie fanwan*) aus sozialen Garantien und Leistungen abgeschafft. Millionen von Arbeiter:innen wurden sogar entlassen. Dieser Angriff führte in den späten 1990er und frühen 2000er Jahren zu einer Protestwelle.

Im *dritten* Abschnitt beschreibe ich politische Strömungen, die sich herausbildeten, als die alten sozialistischen Wirtschaftsstrukturen abgebaut wurden und sich der Kapitalismus herausschälte. Am Kampf gegen die kapitalistische Umstrukturierung der Staatsbetriebe beteiligte Arbeitergruppen prangerten das KPCh-Regime mit Parolen und Begriffen an, die an die Rebellenbewegung der 1960er Jahre erinnerten. Linke Intellektuelle, die von der Niederschlagung des Massenaufstands 1989 durch die KPCh-Führung desillusioniert waren oder die der vom Regime eingeschlagene Weg Richtung Kapitalismus enttäuscht hatte, kritisierten unterdessen die Reformen, den Neoliberalismus und die Umstrukturierung des Staatssektors.

Bäuerliche Kämpfe gegen die Auswirkungen der Reformen

»Nieder mit den neuen Grundbesitzern der 1990er Jahre!«
(Protestierende Bauern in Anhui, 1993)[1]

In diesem Abschnitt konzentriere ich mich auf die bäuerlichen Proteste in den 1990er und 2000er Jahren. Die Veränderungen, welche die Wirtschaftsreformen nach 1978 den ländlichen Haushalten gebracht hatten, waren von vielen Bäuerinnen und Bauern noch begrüßt worden. In den späten 1980er und frühen 1990er Jahren änderte sich jedoch die Situation. Angesichts zunehmender Probleme wuchs ihre Unzufriedenheit. Sie kritisierten die Steuerlast oder den Machtmissbrauch der Kader und begannen, Proteste zu organisieren.

Vor 1949 hatten Bäuerinnen und Bauern im Zentrum der revolutionären Umtriebe gestanden. Im kaiserlichen und im republikanischen China hatten sie enorm unter der Ausbeutung durch die Grundbesitzerklasse gelitten. Deswegen überrascht es nicht, dass die KPCh, nachdem sie Ende der 1920er Jahre von der KMT aus den Städten verdrängt worden war und sich in den 1930er und 1940er Jahren auf dem Land neuformierte, die Unterstützung vieler Bäuerinnen und Bauern genoss. Diese hofften auf eine bessere Zukunft, und nach der Befreiung 1949 schien sich ihr Engagement zunächst auch auszuzahlen. In den 1950er Jahren wurde die Grundbesitzerklasse durch die von der KPCh durchgeführte Landreform und die Kollektivierung eliminiert, und die Lebensbedingungen der Landbevölkerung verbesserten sich.

Die meisten Bäuerinnen und Bauern sollten jedoch relativ arm bleiben. Sie trugen die Hauptlast des Industrialisierungsprojekts der 1950er Jahre. Durch Preis- und Steuervorschriften –

sowie die Regulierung der Agrarmärkte durch die »einheitliche Beschaffung und Vermarktung« (*tonggou tongxiao*) – wurden ländliche Überschüsse in die städtischen Sektoren gelenkt. Die Lebensbedingungen der meisten Bäuerinnen und Bauern waren weitaus schlechter als die der meisten städtischen Arbeiter:innen. Aufgrund der Beschränkung der Migration vom Land in die Städte durch das berüchtigte *hukou*-System (zur Haushaltsregistrierung) hatten die Landbewohner:innen kaum Chancen, das Dorf zu verlassen, um in der Stadt ein besseres Leben zu suchen.[2]

Der Große Sprung in den Jahren 1958 bis 1961 scheiterte und führte zu einer massiven Hungersnot. Während in den Dörfern Millionen von Menschen starben, wurde die Versorgung der städtischen Bevölkerung mit Lebensmitteln weitgehend aufrechterhalten. Aufgrund ihrer verzweifelten Lage begannen Bäuerinnen und Bauern, landwirtschaftliche Erzeugnisse zu verstecken oder zu stehlen, und gerieten mit lokalen Kadern aneinander. Die Erfahrung des Großen Sprungs zerstörte (teilweise) das Vertrauen der Bäuerinnen und Bauern in die KPCh-Führung.

In den frühen 1980er Jahren stiegen die Einkommen vieler bäuerlicher Haushalte infolge der Reformen. Die ländlichen Kollektive wurden weitgehend aufgelöst. Die bäuerlichen Haushalte pachteten das (immer noch in Kollektivbesitz befindliche) Land und waren im Rahmen des 1982 offiziell eingeführten ländlichen Vertragssystems zur Verantwortlichkeit der Haushalte (*jiating lianchan chengbao zeren zhi*) für Produktion, Gewinne und Verluste verantwortlich.[3] Mitte und Ende der 1980er Jahre profitierten die Bäuerinnen und Bauern (vor allem die in der Nähe der städtischen Zentren im Osten und

Südosten lebenden) vom Zugang zu städtischen Märkten. Derweil fanden ländliche (überschüssige) Arbeitskräfte Anstellung in den neuen, mit in- und ausländischem Kapital aufgebauten städtischen Industrien sowie dem (angegliederten) wachsenden ländlichen Industriesektor der Kleinstadt- und Dorfunternehmen (englisch: *town and village enterprises*, TVEs).[4]

In den späten 1980er Jahren waren die Bäuerinnen und Bauern von den wirtschaftlichen Problemen im Vorfeld der Tian'anmen-Platz-Bewegung weniger betroffen. Die meisten von ihnen hielten sich aus der Konfrontation heraus, und die Bewegung fand vor allem in den Städten statt. Just in jener Zeit begannen sich jedoch neue Probleme abzuzeichnen.

Berechtigter Widerstand

Die Bäuerinnen und Bauern waren Ende der 1980er und in den 1990er Jahren vor allem Belastungen ausgesetzt, die direkt mit der staatlichen Politik zusammenhingen.[5] Nachdem frühere Steuerreformen einen Teil der staatlichen Einnahmen von Dörfern und Kreisen zum Zentralstaat umgelenkt hatten, mussten Bäuerinnen und Bauern fortan hohe Steuern an den Staat sowie weitere Abgaben an Dorf- und Gemeindeverwaltungen zahlen. Die Bäuerinnen und Bauern hielten die von lokalen und regionalen Kadern auferlegten Steuern und Gebühren für »willkürlich, unberechenbar und uferlos«.[6] Auf der Einkommensseite sah es nicht viel besser aus, da der Staat niedrige Beschaffungspreise für Getreide zahlte und die Inflation die Einkünfte der Bäuerinnen und Bauern entwertete. Ab Mitte der 1980er Jahre wurde die Landwirtschaft »zunehmend unrentabel«, und der Staat zahlte oft in Schuldscheinen statt in bar.[7] In Reaktion auf die Unzufriedenheit der Bäuerinnen und Bauern, hob der Staat die Beschaffungspreise mehrmals an. Mitte der 1990er Jahre zwang er sie jedoch »mit dem ›System der Verantwortlichkeit des Gouverneurs für die Versorgung mit Getreide‹ zum Anbau von billigem Getreide«.[8] Die Umstrukturierung der staatlichen Industrien hatte gerade begonnen und führte zu Massenentlassungen von Arbeiter:innen (siehe den nächsten Abschnitt »Arbeiter:innen staatlicher Betriebe gegen die Zerschlagung der eisernen Reisschüssel«). Das Regime befürchtete nun, dass hohe Getreidepreise den Ausbruch von Unruhen in den Städten wahrscheinlicher machten. »Der Staat wollte weiterhin die Auswirkungen städtischer Probleme und die Kosten in den ländlichen Raum verlagern.«[9]

Um die in den 1980er Jahren begonnene und in den 1990er Jahren fortgesetzte Industrialisierung des ländlichen Raums zu fördern, beschlagnahmten die lokalen Behörden auch Land von Bäuerinnen und Bauern. Dies geschah vor allem in den östlichen und südöstlichen Provinzen sowie in den stadtnahen Gebieten. Das Problem war nicht nur, dass die Bäuerinnen und Bauern ihr Land verloren, sondern auch, dass sie oft nicht (angemessen) entschädigt wurden. Auch die Durchsetzung von Geburtenkontrollmaßnahmen und der Ein-Kind-Politik (*dusheng zinü zhengce*) durch die lokalen Kader führte zu Konflikten, vor allem wenn die Kader bei der Verteilung der Geburtenquoten ungerecht vorgingen.[10]

Als Mitte der 1990er Jahre die Wirtschaft auf dem Land stagnierte und sich die Probleme häuften, eskalierten die Proteste. Auslöser waren Konflikte um die Lebensbedingungen auf dem Land, die staatliche Aneignung landwirtschaftlicher Erzeugnisse, die Erhebung von Steuern und das Gefühl der Bäuerinnen und Bauern, ausgebeutet zu werden. Die Proteste nahmen verschiedene individuelle und kollektive Formen an, darunter »Demonstrationen; gewalttätige Auseinandersetzungen zwischen einzelnen Bäuerinnen oder Bauern und Kadern; Krawalle; Zerstörung von Partei- und Regierungsgebäuden; Errichtung von Straßensperren; Sitzblockaden; das zeitweise Festhalten von Beamten; die Blockade von Eisenbahnstrecken; das Anzünden von Autos; und die Tötung von Kadern oder Polizisten«.[11] Bei den anschließenden Zusammenstößen mit Sicherheitskräften gab es Verletzte und Tote.

Die meisten Proteste waren »lokal begrenzt und klein«.[12]
Sie entstanden oft unmittelbar als Reaktion zum Beispiel auf die Ankunft von Regierungsbeamten in einem Dorf, wo diese Steuern eintreiben wollten. Andere gingen von organisierten Initiativen aus wie kollektiven Petitionen (*jiti shangfang*) oder geplanten Demonstrationen. Informelle Anführer:innen spielten mitunter eine Schlüsselrolle, und die Demonstrationen konnten eskalieren und zu gewaltsamen Zusammenstößen führen, wenn Beamte den Forderungen der Bäuerinnen und Bauern nicht nachkamen. Bei einigen Protesten gründeten Bäuerinnen und Bauern sogar Komitees oder Räte, ein Beleg für ihren Wunsch nach eigenen unabhängigen Organisationen.[13] Zwischen 1993 und 1997 kam es zu Protestwellen. Dazu gehörten die großen Krawalle im Bezirk Renshou in Sichuan im Januar, Mai und Juni 1993 und eine große Protestwelle in Hunan, Hubei, Anhui und Jiangxi im Mai und Juni 1997.[14]

Der Kampf der Bäuerinnen und Bauern gegen unzumutbare Belastungen wie hohe Steuern hat im ländlichen China eine lange Tradition, und der Widerstand gegen ungerechtfertigte Forderungen von Staatsbeamten wurde lange als »berechtigt« angesehen.[15] Dies war auch in den 1990er Jahren der

Fall. Der Widerstand richtete sich meist gegen *lokale* Beamte, die nach Meinung der Bäuerinnen und Bauern direkt verantwortlich waren für ihre miserable Lage, während *regionale* oder *zentrale* Behörden oft aufgefordert wurden, die Forderungen der Bäuerinnen und Bauern zu unterstützen.

In anderen Fällen stellten sich lokale Kader hinter die Bäuerinnen und Bauern. Das passierte beispielsweise 1993 bei den Protesten in Anhui, die Bezug nahmen auf die sozialistische Ideologie und Hinterlassenschaft durch Parolen wie »Alle Macht den Bauern« oder »Nieder mit den neuen Grundbesitzern der 1990er Jahre«.[16] Dasselbe gilt für die Proteste in Shanxi, Henan und Hunan im Jahr 1995, als Parteikader Parolen wie »Schluss mit der Ausbeutung und Unterdrückung der Bauernklasse« propagierten, und in Jiangxi im Jahr 1997 mit Parolen wie »Nieder mit der städtischen Ausbeuterklasse« und »Teilt den Reichtum der neuen ländlichen Despoten«.[17]

Die Kämpfe von Bäuerinnen und Bauern in den 1990er Jahren benutzten also die Klassenkampfrhetorik der sozialistischen Periode und bezogen sich auf die Kulturrevolution. Das zeigt die Wiederentdeckung oder »verbreitete Gegenerinnerung an die maoistische Zeit« als Phase, in der Bäuerinnen, Bauern und Arbeiter:innen sozial besser abgesichert waren und einen größeren politischen Einfluss hatten.[18] Vor allem einfache und ältere Dorfbewohner:innen dachten nostalgisch an Massenkampagnen gegen Kaderkorruption als ein wirksames Mittel, mit dem sie »Kader wenigstens regelmäßig für ihre Missetaten zur Rechenschaft ziehen konnten«.[19]

Bäuerinnen und Bauern forderten neue regelmäßige Korrekturkampagnen, um ländliche Kader wieder auf Linie zu bringen und die vier »großen Freiheiten« wiederzuerlangen (sich öffentlich äußern, Debatten führen, Plakate schreiben, Verbindungen aufbauen).[20] »Die Nostalgiker auf dem Land [...] behaupten, dass Mao streng mit den Kadern war und die heutige Führung nicht, und dass Mao Vertrauen in die Massen hatte und die heutige Führung nicht.«[21] Auf diese Weise bezogen sich die protestierenden Bäuerinnen und Bauern auf die Macht von unten und eine linke Agenda, die sie dem KPCh-Regime für die Zeit vor den Reformen zuschrieben.

Ab Ende der 1990er Jahre ging es in den ländlichen Protesten vor allem um Land und Landenteignungen. Auf der Suche nach neuen Einnahmequellen hatten lokale Behörden begonnen, Land oder Landnutzungsrechte zu verkaufen, damit kommerzielle Vorhaben oder Infrastrukturprojekte realisiert werden konnten. Bäuerinnen und Bauern wurden gezwungen, ihr Land aufzugeben, und erhielten oft nicht einmal die gesetzmäßig vorgeschriebene Entschädigung. Da Landenteignungen »die Lebens- und Überlebensgrundlage der Bäuerinnen und Bauern zerstören, hatten sie tiefgreifendere Auswirkungen als willkürliche Steuern und Gebühren und waren somit die Ursache für die eskalierende Spirale von Gewalt und Widerstand«. Viele Kämpfe von Bäuerinnen und Bauern zur Verteidigung ihrer Landnutzungsrechte scheiterten jedoch letztendlich, was zu einer wachsenden Zahl »landloser« Bäuerinnen und Bauern führte.[22]

Unterdrückung und Verbesserungen

Der Staat reagierte auf Demonstrationen und andere Formen des kollektiven bäuerlichen Widerstands in der Regel unmittelbar mit scharfen Unterdrückungsmaßnahmen. Er unternahm jedoch auch Versuche, die Belastung für Bäuerinnen und Bauern durch Zugeständnisse und Reformen zu verringern.[23] In den Jahren 1992 und 1993 erließ er gesetzliche Vorschriften, welche die von den lokalen Behörden auferlegten Gebühren und Steuern begrenzten und den Bäuerinnen und Bauern das Recht gaben, die Zahlung überhöhter Gebühren und Steuern zu verweigern. Außerdem änderte er wiederholt das städtische Getreidepreissystem, um die Einkommen der Bäuerinnen und Bauern zu erhöhen, und er versuchte, Schuldscheine als Zahlungsmittel abzuschaffen.[24]

Angesichts der fortgesetzten Proteste auf dem Land erkannte die zentrale Führung Anfang der 2000er Jahre, dass sie immer mehr an Glaubwürdigkeit verlor. Sie erklärte öffentlich, dass die sozialen Proteste auf dem Land eine Bedrohung für ihre Herrschaft seien. In der Folge ergriff sie weitere Maßnahmen zur Entlastung der Bäuerinnen und Bauern, um die Situation zu entschärfen. Von 2003 bis 2007, also in den ersten Jahren der Parteiführung von Hu Jintao, verlangsamte das KPCh-Regime das Tempo der Modernisierungsreformen. »Es wollte mit den zunehmenden Spannungen zurechtkommen, die im Zusammenhang standen mit dem Einkommen und Wohlergehen der Bäuerinnen und Bauern sowie mit der wachsenden Einkommensungleichheit zwischen Stadt und Land.«[25] Nachdem das Regime mit einer Steuerreform 2002 bereits die meisten lokalen Gebühren eliminiert hatte, schaffte es 2006 auch die Agrarsteuer ab. Das war die wichtigste Maßnahme zur Entlastung der Bäuerinnen und Bauern. Im Rahmen des Elften Fünfjahresplans (2006–2010) wurden unter der Bezeichnung »Aufbau des neuen sozialistischen ländlichen Raums« (*jianshe shehuizhuyi xin nongcun*) weitere politische Maßnahmen eingeleitet. Diese sahen unter anderem finanzielle Hilfen der Zentralregierung für die ländlichen Behörden vor (als Ausgleich für die Steuerausfälle), außerdem den Bau ländlicher Infrastruktur und weitere Mittel für die Verbesserung des Bildungswesens, der medizinischen Versorgung und der Umsiedlung von Bäuerinnen und Bauern in bessere Wohnungen.[26]

Gegen Landraub

2008 änderte das Regime jedoch erneut seine Ziele. »Die globale Nahrungsmittelkrise von 2007 und 2008 sowie die globale Finanzkrise oder Große Rezession von 2008 machten Reformen für die Modernisierung der Landwirtschaft und für Urbanisierung noch dringlicher.«[27] Das Regime sah in der zunehmenden Modernisierung der Landwirtschaft eine Voraussetzung für die weitere wirtschaftliche Entwicklung des Landes, und Modernisierung bedeutete die Steigerung der Effizienz und des Produktionsvolumens, die weitere Spezialisierung und die verstärkte vertikale Integration des Sektors.

Reformen des *hukou*-Systems und andere politische Maßnahmen zielten nun darauf ab, die Land-Stadt-Migration zu erleichtern und die Urbanisierungsrate weiter zu steigern.[28] Das Regime zog engere »rote Linien« bei Vorschriften für die Selbstversorgung mit Getreide und für das Minimum an verfügbarem Ackerland. Es lockerte die Vorschriften für die Übertragung von Land, was zu einer Konzentration von Landflächen und dem Aufstieg größerer kommerzieller Betriebe führte. Es unterstützte auch die größere vertikale Integration durch spezialisierte Kooperativen und sogenannte Drachenkopf-Firmen. Diese sollen »die chinesischen Bäuerinnen und Bauern an die landwirtschaftliche Modernisierung und Industrialisierung heranführen, indem sie Familienhöfe – meist in Form von Vertragslandwirtschaft – vertikal zusammenführen mit Verarbeitung und Produktmärkten, Materiallieferung und landwirtschaftlicher Technologie«.[29]

All dies erhöhte den Druck auf die Bäuerinnen und Bauern. Die Zahl der Proteste gegen Landenteignungen stieg weiter an und erreichte zwischen 2013 und 2015 einen Höhepunkt.[30] Nach 2015 ging ihre Zahl zurück. Die schärfere Repression scheint der Hauptgrund dafür zu sein. Der Einsatz von Polizeigewalt gegen Proteste auf dem Land hatte bereits seit dem Jahr 2000 zugenommen. Nachdem Xi Jinping 2012 Generalsekretär der KPCh geworden war, »ergriffen lokale Behörden, die mit Protesten gegen kollektive Landnahme konfrontiert waren, härtere Gegenmaßnahmen als unter vorherigen Regierungen. Häufiger als früher setzte die chinesische Regierung auf Repression.«[31] Ein weiterer Grund war die Verlangsamung des Wirtschaftswachstums in den 2010er Jahren, die auch den »Landerwerb für öffentliche Infrastruktur und Stadtentwicklung« bremste.[32] Und auch Zugeständnisse der lokalen Behörden spielten eine Rolle. Diese wollten »den wirtschaftlichen Forderungen der Bäuerinnen und Bauern, die Opfer von Landenteignungen waren, entgegenkommen« und die Situation stabilisieren, »bevor wütende Bäuerinnen und Bauern auf die Straße gingen«.[33]

Kurzum, die Lebensbedingungen der Bäuerinnen und Bauern, die zu Beginn der 1980er Jahre bis zu einem gewissen Grad von den Marktreformen profitiert hatten, verschlechterten sich Ende der 1980er und in den 1990er Jahren. Das führte zu Protestwellen auf dem Land, die auch im neuen Jahrtausend anhielten. Die Bäuerinnen und Bauern wehrten sich mit

Petitionen, Demonstrationen, Blockaden oder sogar Krawallen gegen die von ihnen ausgemachten Auswirkungen der Marktreformen: hohe Steuern, Kaderkorruption und Landraub. Einige Bäuerinnen und Bauern bezogen sich direkt auf die sozialistische Vergangenheit vor 1978 und benutzten maoistische Parolen, wenn sie ihre Forderungen vortrugen.

Diese Forderungen betrafen sowohl materielle Verbesserungen als auch Fragen der Macht und Kontrolle über soziale, wirtschaftliche und politische Bereiche, also beide Dimensionen linker Politik. In diesen meist kleinen und lokal begrenzten Protesten entstanden keine dauerhaften Organisationsstrukturen. Das Regime reagierte auf die Proteste unmittelbar mit selektiver Repression; langfristig machte es jedoch auch Zugeständnisse, indem es die materielle Belastung der Bäuerinnen und Bauern minderte, zum Beispiel durch die Senkung der Agrarsteuern und die Maßnahmen zum »Aufbau des neuen sozialistischen ländlichen Raums« Mitte der 2000er Jahre. Dennoch standen die Bäuerinnen und Bauern auch in den folgenden Jahren erheblich unter Druck, vor allem wegen der schrittweisen Kapitalisierung der Landwirtschaft und wegen der Landenteignungen, durch die viele Bauern ihr Land verloren.

In den nächsten beiden Abschnitten werden wir sehen, wie sich auch Arbeiter:innen nostalgisch auf die Mao-Ära bezogen – das heißt auf die (imaginierte) größere soziale Gleichheit und Kontrolle von unten während der sozialistischen Periode – und wie dies von neuen maoistischen Gruppierungen sowie den Akademiker:innen der Neuen Linken aufgegriffen wurde.

Arbeiter:innen der Staatsbetriebe gegen die Zerschlagung der eisernen Reisschüssel

»Nein zum Kapitalismus, ja zum Sozialismus!« (Arbeiter:innen eines städtischen Staatsbetriebs während einer Protestaktion in den 1990er Jahren)[34]

In diesem Abschnitt befasse ich mich mit den Protesten von städtischen Arbeiter:innen. Diese fanden in den späten 1990er und 2000er Jahren im Rostgürtel der Schwerindustrie in den

zentralen und nordöstlichen Provinzen der Volksrepublik China statt. Ausgelöst wurden sie durch die Umstrukturierung des staatlichen Sektors und deren Auswirkungen auf die Lebensgrundlagen der Arbeiter:innen.

Neben den Bäuerinnen und Bauern spielten auch die Arbeiter:innen der Staatsbetriebe in den Städten eine entscheidende Rolle für das sozialistische Entwicklungsprojekt nach 1949. Von der Einführung der sozialistischen Planwirtschaft Mitte der 1950er Jahre bis zu den ersten Reformjahren Mitte der 1980er Jahre galten sie als die »Herren der Fabriken« und genossen im Vergleich zu befristeten Beschäftigten, Wanderarbeiter:innen sowie Bäuerinnen und Bauern relativ gute Bedingungen. Dann änderte sich ihre Lage.

Wie in Kapitel 2 beschrieben, zogen die Marktreformen wirtschaftliche Probleme nach sich. So fielen zum Beispiel aufgrund der Inflation in der zweiten Hälfte der 1980er Jahre die Reallöhne der Arbeiter:innen. Im gleichen Zeitraum schienen ihre Arbeitsplätze zunehmend gefährdet, nachdem Arbeitsverträge eingeführt worden waren und Unternehmen in Konkurs gehen konnten. Ihre Position gegenüber den Betriebsleitern der Arbeitseinheit wurde geschwächt, und gleichzeitig mussten sie zusehen, wie Kader zunehmend korrupt wurden und sich Staatsvermögen aneigneten.

Aufgrund dieser wachsenden Probleme wurden die Arbeiter:innen der Staatsbetriebe immer unzufriedener. 1988 organisierten sie eine Reihe von Streiks. Wie wir gesehen haben, spielten sie auch in der letzten Phase der Tian'anmen-Platz-Bewegung 1989 eine wichtige Rolle und forderten bessere Bedingungen, die Möglichkeit, sich unabhängig zu organisieren, und mehr demokratische Rechte in Gesellschaft und Wirtschaft. Als die Bewegung niedergeschlagen wurde, griff das Regime besonders hart gegen die beteiligten Arbeiter:innen durch. Ihre Vision vom Aufbau eines demokratischen Sozialismus wurde damit zerstört, und die Niederschlagung der Bewegung und die anschließende Unterdrückung oppositioneller Arbeiter:innen ebneten den Weg für weitere Reformangriffe auf die Bedingungen aller städtischen Arbeiter:innen.

Defensiver Kampf

Der Angriff des KPCh-Regimes auf den staatlichen Sektor, den Kern der nun umstrukturierten Planwirtschaft, markiert das Ende der Übergangsperiode. Diese Reform verwandelte die staatlichen Unternehmen schlussendlich in kapitalistische Einheiten (in staatlichem oder privatem Eigentum) und etablierte kapitalistische Arbeitsverhältnisse für die Mehrheit der Arbeiter:innen. Die Kämpfe der städtischen Arbeiter:innen im Staatssektor gegen diese Angriffe markierten wiederum den Beginn der kapitalistischen Periode.[35]

1992 erklärte KPCh-Generalsekretär Jiang Zemin, dass die Reformen des Regimes auf die Schaffung einer »sozialistischen Marktwirtschaft« abzielten. 1995 begann das KPCh-Regime mit der Privatisierung, Schließung und Konkurserklärung kleiner staatlicher Arbeitseinheiten und Kooperativen. 1997 sprach sie sich offiziell für die Privatisierung kleiner staatlicher Arbeitseinheiten im ganzen Land aus, und ab 1999 forderte sie dies auch für mittlere und einige große Arbeitseinheiten.[36] Somit waren die Voraussetzungen geschaffen für die rasante Umstrukturierung und Verkleinerung des staatlichen Sektors und den massiven (Abwehr-)Kampf der städtischen Arbeiter:innen, die ihre Arbeitsbedingungen und sozialen Absicherungen verteidigen wollten.

Im Zuge der Umstrukturierung des Staatssektors wurden von Mitte der 1990er bis Anfang der 2000er Jahre mehrere Millionen Arbeiter:innen der staatlichen Betriebe entlassen.[37] Viele von ihnen wurden sogenannte *xiagang*, die zwar ihre Beschäftigung verloren, aber mit ihrer Arbeitseinheit verbunden blieben.[38] Während jüngere und qualifizierte Arbeiter:innen aus Staatsbetrieben oft eine neue Beschäftigung in der wachsenden Privatwirtschaft finden konnten, blieben viele Ältere und Ungelernte jahrelang arbeitslos oder mussten in ihren Städten eine informelle und schlecht bezahlte Beschäftigung annehmen. Der Anteil von Frauen* unter den ungelernten Arbeitskräften war hoch, dementsprechend waren sie von den Entlassungen besonders stark betroffen.

Im Zuge der Umstrukturierung und Privatisierung der staatlichen Arbeitseinheiten verloren entlassene wie verbleibende Arbeiter:innen ihren früheren Status und einen großen Teil der Zusatzleistungen, die »eiserne Reisschüssel«, die ihnen die Arbeitseinheiten gewährt hatten: Gesundheitsversorgung, Kinderbetreuung, Rente und mehr. Das neue städtische soziale Sicherheitsnetz, das die Leistungen der Arbeitseinheiten ersetzen sollte, »versprach auf dem Papier mehr, als es in der Realität bot«. Die Unterstützungsleistungen für *xiagang* und Rentner:innen waren niedrig und wurden unregelmäßig oder gar nicht gezahlt, was auch an der weit verbreiteten Korruption lag. »Infolgedessen mussten viele Arbeiter:innen starke Einkommenseinbußen hinnehmen.«[39] *Xiagang* und Rentner:innen waren von Armut bedroht, während diejenigen, die noch arbeiteten, »ständig mit Entlassung rechnen mussten, ein immer gefährlicheres Arbeitsumfeld hatten und niedrige Löhnen bekamen«.[40]

Die Auswirkungen der Umstrukturierung riefen unterschiedliche Reaktionen hervor. Viele Arbeiter:innen akzeptierten die Veränderungen.[41] Andere reagierten mit Formen alltäglichen Widerstands,[42] und einige leisteten offenen Widerstand oder organisierten Kämpfe. Zwischen 1998 und 2002 gab es etwa 100 000 Demonstrationen entlassener Arbeiter:innen aus Staatsbetrieben pro Jahr.[43] Die meisten waren von kurzer Dauer, hatten eine begrenzte Zahl von Teilnehmer:innen und standen nicht in direkter Beziehung zueinander. In vielen Fällen demonstrierten Rentner:innen oder *xiagang*, die jeweils ihre Unterstützungsleistungen nicht erhalten hatten, weniger jedoch diejenigen, die noch Arbeit hatten.

Die Demonstrationen und Proteste waren organisiert, häufig von »Anführer:innen«, die Betriebs- oder Gewerkschaftskader gewesen waren und ihre sozialen Netzwerke unter Beschäftigten eines bestimmten Betriebs nutzten. Zur Rechtfertigung ihrer Forderungen und Proteste verwiesen die Arbeiter:innen häufig auf ihre (vermeintliche) Position und ihren Status als »Herren« der Arbeitseinheiten im sozialistischen Staat. Oft »bezogen sie sich auf die Gesetze und betonten wiederholt ihre eigene Verbundenheit mit dem Regime. Sie vermieden also, ihre Aktionen in einer konfrontativen Sprache zu beschreiben«.[44] Bei Demonstrationen griffen die Arbeiter:innen auf das »ideologische Arsenal des Sozialismus« zurück und verliehen ihren Forderungen Nachdruck, indem sie Begriffe wie »Arbeiterklasse«, »Proletariat« und »Sozialismus« verwendeten. Zu den Parolen gehörten »Lang lebe die Arbeiterklasse!« und »Nein zum Kapitalismus, ja zum Sozialismus!«[45] Die pensionierten Arbeiter:innen aus Staatsbetrieben betrachteten die Verweigerung, Kürzung, Verzögerung oder Streichung ihrer Rente als Verletzung ihres rechtmäßigen politischen Status und als Versäumnis des Staates, seinen Verpflichtungen nachzukommen.[46]

Der Kampfzyklus der Arbeiter:innen im Staatsektor erreichte 2002 seinen Höhepunkt, als es in mehreren Städten im Nordosten der Volksrepublik China zu großen, organisierten Demonstrationen kam. Diese »Serie von Arbeiterprotesten [...] zeigte, dass die lokal begrenzten und verstreuten Aktionen sich zu koordinierten Protesten entwickeln konnten«.[47] Um nur ein paar Beispiele zu nennen: In Liaoyang, Provinz Liaoning, demonstrierten Metallarbeiter:innen eines großen Staatsunternehmens nach jahrelangen Konflikten um Korruption und Kürzungen mehrmals über einen Zeitraum von zehn Wochen. Sie protestierten gegen Lohnrückstände, das Ausbleiben von Zahlungen für *xiagang*-Arbeiter:innen und andere wirtschaftliche Verschlechterungen sowie gegen die Verhaftung einiger ihrer Anführer:innen durch die Polizei. In Daqing, Provinz Heilongjiang, demonstrierten entlassene Ölarbeiter:innen drei Monate lang gegen Änderungen der Abfindungsvereinbarungen. Polizei- und Armeeeinheiten wurden eingesetzt, um die Aktionen zu beenden. Die Proteste weiteten sich auf Ölfelder in den Provinzen Xinjiang, Liaoning und Hebei aus. Und in Fushun blockierten entlassene Bergleute und Arbeiter:innen aus Zement-, Stahl- und Petrochemiewerken wiederholt Bahnlinien und Straßen, um gegen Probleme mit ihren Abfindungszahlungen zu protestieren.[48]

In Anbetracht der massiven Auswirkungen auf die Lebensgrundlagen von Millionen von Arbeiter:innen scheint der Widerstand dennoch eher verhalten gewesen zu sein, zumal viele Arbeiter:innen nicht an den Protesten teilnahmen. Hauptgrund dafür war, dass die Regierung in der Tat auf die Kämpfe der Arbeiter:innen aus Staatsbetrieben vorbereitet war und Maßnahmen ergriffen hatte, um die Auswirkungen der Umstrukturierung abzumildern und Unzufriedenheit abzulenken. Sie zeigte relative Toleranz gegenüber den Kämpfen von Arbeiter:innen und nutzte die von ihr neu eingeführten Verfahren zum Einbringen von Beschwerden und zur Konfliktlösung. Dazu gehörte der juristische Rahmen aus dem Gewerkschaftsgesetz (von 1992), dem Arbeitsgesetz und dem Schlichtungsgesetz (beide von 1995). Die Bereitstellung von Entschädigungen und die Beschäftigungsprogramme für *xiagang* federten die Folgen der Umstrukturierung ab. Die Beschäftigungsprojekte, die den *xiagang* neue Arbeitsplätze verschaffen sollten, waren unzureichend, wurden schlecht umgesetzt und litten unter Geldmangel und der Korruption lokaler Kader und der Leiter von Arbeitseinheiten.[49] Dennoch gelang es dadurch, die Arbeiter:innen zu spalten, die Kritik auf verschiedene Behörden zu verteilen und Versprechungen für eine bessere Zukunft anzubieten. Daneben wurden auch repressive Mittel gegen die Mobilisierungen von

Arbeiter:innen eingesetzt, vor allem wenn andere Maßnahmen nicht funktionierten: Polizeieinsätze, Verhaftungen und Bestrafungen. Solche Maßnahmen wurden meist gegen Aktivist:innen oder »Anführer:innen« von Protesten eingesetzt, wirkten jedoch auch abschreckend auf die Gruppe von Arbeiter:innen, die ansonsten aller Wahrscheinlichkeit nach Widerstand leisten würde.[50]

Das KPCh-Regime fürchtete den Verlust von Legitimität, zumal die sozialistische Arbeiterklasse, die frühere gesellschaftliche Avantgarde, betroffen war. Wie wir im nächsten Abschnitt sehen werden, verbreiteten sich in den 1990er Jahren nostalgische Reminiszenzen an die maoistische Vergangenheit, und die Arbeiter:innen aus Staatsbetrieben nutzten diese, um Forderungen zu stellen. Als Reaktion darauf und mithilfe von Liberalen und Reformern setzte die KPCh-Führung die Massenmedien ein, um Bilder von »sozialistisch« denkenden Arbeiter:innen aus Staatsbetrieben als »rückständig«, »ineffizient« und »träge« zu verbreiten – Adjektive, mit denen auch der staatliche Sektor als Ganzes beschrieben wurde, um die Umstrukturierung zu rechtfertigen.[51]

Die Umstrukturierung geht weiter

Kurzum, das KPCh-Regime unter Jiang Zemin intensivierte Mitte der 1990er Jahre die Umstrukturierung der staatlichen Arbeitseinheiten in Form von Schließungen, Fusionen und Privatisierungen. Das war der entscheidende Angriff auf die sozialistische Arbeiterklasse. Millionen von städtischen Arbeiter:innen aus Staatsbetrieben verloren das als »eiserne Reisschüssel« bezeichnete Paket von Löhnen, Zusatzleistungen und Vergünstigungen, weil sie entweder unter anderen

Bedingungen weiter beschäftigt wurden oder ihren Arbeitsplatz ganz verloren.

Die größeren Kämpfe dieser Arbeiter:innen fanden vor allem in Regionen mit einer hohen Konzentration großer Staatsbetriebe wie dem Nordosten statt. Die Konfrontation zwischen dem Regime und den Arbeiter:innen unterschied sich von den früheren Kampfzyklen von 1967 oder 1989. Weder begannen sie in einer Zeit, in der sich das Regime bereits in einer Krise befand, noch riefen sie eine neue Krise hervor. Auch wenn das Regime weiterhin sozialistische Begrifflichkeiten verwendete, war es offensichtlich, dass sich der Charakter des Wirtschaftssystems geändert hatte. Während in den 1950er, 1960er und 1970er Jahren (diskriminierte) Arbeiter:innen für die Einhaltung der Versprechen durch das Regime kämpften, wandten sich in den 1990er Jahren die (ehemals privilegierten) Arbeiter:innen gegen die Abschaffung von Bedingungen, die sie im Sozialismus genossen hatten. In ihrem Kampf gegen diese Auswirkungen bedienten sich einige Arbeiter:innen auch einer maoistischen Rhetorik. Damit wollten sie ihre materiellen Vorteile und ihre soziale Stellung verteidigen, die sie zuvor aufgrund ihrer relativen Privilegien als »Herren« der Arbeitseinheiten im real existierenden Sozialismus genossen hatten.

Jüngere und qualifizierte Arbeiter:innen hatten bessere Chancen, ihren Arbeitsplatz zu behalten, und, sofern sie entlassen wurden, fanden sie auch eher einen neuen Arbeitsplatz. Ältere und ungelernte Arbeiter:innen, und vor allem Frauen* unter ihnen, hatten am meisten zu leiden. Diejenigen, die in der Lage waren, Kämpfe zu organisieren, beriefen sich auf eine Art »moralische Ökonomie«, forderten den Lohn, die Leistungen oder Renten, die ihnen garantiert worden waren. Sie nutzten auch die neuen offiziellen Beschwerde- und Vermittlungsverfahren und beriefen sich auf die Arbeitsgesetze, um ihre Forderungen durchzusetzen.

Auch wenn es insgesamt viele Kämpfe gab und einige Proteste groß ausfielen, konnten sie nicht genügend Druck erzeugen, um die Reformen aufzuhalten. Zunächst reagierte das Regime in vielen Fällen gleichgültig, blieb untätig oder überließ es den Unternehmen, Lösungen zu finden. Es ging mit Gewalt und juristischen Maßnahmen gegen Anführer:innen von Protesten vor, um die Arbeiterkämpfe zu schwächen, machte jedoch auch Zugeständnisse in Form von Sozialprogrammen und der Abbremsung der Umstrukturierung.

In jedem Fall waren die Proteste ein wichtiges Zeichen im Kampf um Reichtum und Macht. Sie hatten Auswirkungen auf die staatliche Politik, indem sie (und die im nächsten Kapitel erörterten Kämpfe von Wanderarbeiter:innen) das Regime veranlassten, Mitte der 2000er Jahre die Kampagne für die »Harmonische Gesellschaft« (*hexie shehui*) zu beginnen.[52] Diese Kampagne zeigte, dass das Regime die wirtschaftlichen Probleme der Arbeiter:innen und Migrant:innen zunehmend anerkannte und Mitte bis Ende der 2000er Jahre versuchte, die soziale Unzufriedenheit unter anderem durch eine Reihe von Sozialmaßnahmen, Mindestlohnerhöhungen und verbesserte Arbeitsrechte zu entschärfen.

Die Kämpfe der Arbeiter:innen aus den Staatsbetrieben in den Städten (und die der Bäuerinnen und Bauern) trugen auch zur Wiederbelebung des Maoismus bei und führten zu neuen Organisierungsversuchen. Auf diese gehe ich im nächsten Abschnitt ein.

Maoistische Organisierung und die Neue Linke

»Viele Beamte sind sehr reich geworden, während die meisten Menschen immer noch einfach und bescheiden leben müssen. Die Kluft zwischen Arm und Reich ist unbeschreiblich groß geworden. Viele Menschen in Beijing sagen, ›korrupte Beamte sollten liquidiert werden‹. Zu Maos Zeiten gab es so etwas nicht.« (Busfahrer in Beijing, Mai 1989)[53]

In den 1990er Jahren erlebten linke Debatten einen Aufschwung, besonders die vom Maoismus geprägten. Zu den Auslösern gehörten die neuen kapitalistischen Verhältnisse, die Kämpfe der Bäuerinnen und Bauern sowie der Arbeiter:innen gegen die Auswirkungen der Reformen und die Transformation der korrupten herrschenden Klasse aus Partei- und Staatskadern. Arbeiter:innen, Bäuerinnen und Bauern bezogen sich in ihren Kämpfen und Organisierungsversuchen auf linke Diskurse, den Maoismus und die vergangene sozialistische Periode. Intellektuelle, wie die der sogenannten Neuen Linken, wurden wiederum vom Übergang zum Kapitalismus und den neuen sozialen Kämpfen inspiriert und initiierten neue Diskussionen über linke politische Positionen.

Die Wiederzunahme linker Bezüge und Diskurse in der Volksrepublik China in den 1990er Jahren und danach hängt mit den innenpolitischen Veränderungen zusammen, die durch die Marktreformen seit 1978 sowie durch die globalen Umwälzungen in den späten 1980er und frühen 1990er Jahren ausgelöst wurden. Nach der Niederschlagung der Tian'anmen-Platz-Bewegung 1989 säuberte das KPCh-Regime die Führungsstrukturen in Partei und Staat von Elementen, die Zhao

Ziyangs Reformfraktion oder sogar die Bewegung selbst unterstützt hatten. Die KPCh-Führung unter Jiang Zemin versuchte (mit Deng Xiaoping im Hintergrund, der immer noch die Fäden in der Hand hielt), die Herrschaft der Partei zu konsolidieren und organisierte Kampagnen und Säuberungsaktionen, die auf »bürgerliche Tendenzen« abzielten. Dies war keine Rückkehr zur sozialistischen oder maoistischen Politik der 1970er Jahre und davor, auch wenn sich einige Linke genau diese erhofften.

Das KPCh-Regime hatte seine Klassenpolitik bereits in den späten 1970er und 1980er Jahren geändert. Das System der Klassenkategorien war abgeschafft worden, und das Regime gab die für die sozialistische Periode charakteristische Klassenkampfrhetorik auf. Unter Sozialismus verstand sie fortan hauptsächlich die Entwicklung der Produktivkräfte der Volksrepublik China unter der Herrschaft der KPCh. Die Partei verwendete zwar weiterhin eine veränderte Version des »Marxismus«, um ihre Politik zu erklären und zu rechtfertigen. Angesichts der sozialen und wirtschaftlichen Veränderungen, die diese Politik mit sich brachte, erwies sich dieser »Marxismus« jedoch als zunehmend hohl. Der Abschied der KPCh vom Klassenkampf veränderte die Sichtweise linker Aktivist:innen in Kämpfen von unten sowie linker Intellektueller auf die KPCh und das wirtschaftliche und politische System der Volksrepublik China.

Die KPCh-Führung sowie alte und neue Linke beobachteten zudem aufmerksam die wirtschaftliche und politische Krise in den Ländern des »sozialistischen Ostblocks«. Diese hatte sich im Laufe der 1980er Jahre verschärft und Massenbewegungen hervorgebracht, die grundlegende Veränderungen und Verbesserungen forderten. Der Großteil der von kommunistischen Parteien kontrollierten Regime geriet 1989 und 1990 unter Druck. Neue Regierungen übernahmen die Macht, die in den meisten Fällen eine Art »westlich-demokratisches«, nationalistisches Regime errichteten und (mehr oder weniger intensive) wirtschaftliche Schocktherapien einleiteten. Diese Schocktherapien ermöglichten die Integration dieser Länder in den globalen Kapitalismus als halbperiphere Volkswirtschaften und führten zum Abstieg und zur Verarmung großer Teile der Bevölkerung.

Die Auswirkungen der Marktreformen in der Volksrepublik China auf die Lebensgrundlagen der Menschen – insbesondere die geringere Arbeitsplatzsicherheit und soziale Absicherung, die weiter zunehmende soziale Ungleichheit, die grassierende Korruption von Kadern und die Aneignung oder Privatisierung öffentlicher Vermögen durch die herrschende Klasse – führten in den 1980er Jahren und mehr noch in den 1990er Jahren zu Unzufriedenheit und Wut unter Arbeiter:innen, Bäuerinnen und Bauern (wie in den beiden vorangegangenen Abschnitten beschrieben). Unzufriedenheit und Wut zeigten sich auch in den Forderungen sozialer Kämpfe und wurde in Debatten unter alten und neuen Linken aufgegriffen.

Die Wiederbelebung des Maoismus

Die Wiederbelebung maoistischer Ideen und Konzepte begann in den späten 1980er Jahren und setzte sich in den 1990er Jahren fort. Arbeiter:innen, Bäuerinnen und Bauern, Akademiker:innen und andere – einige mit Erfahrungen in der Rebellenbewegung der späten 1960er Jahre, in den Demokratiebewegungen der 1970er Jahre und in der Mobilisierung von

1989 – bezogen sich wieder auf maoistische Diskurse und interpretierten sie neu. Ab den 1990er Jahren wurden diese Diskurse sowohl in sozialen Auseinandersetzungen und Kämpfen als auch im Rahmen neuer Organisierungsversuche linker Aktivist:innen eingesetzt.[54]

In den späten 1980er Jahren begann die Nostalgie in Bezug auf die sozialistische Periode oder auf Teile des maoistischen Denkens als »neues ›Mao-Zedong-Fieber‹ unter chinesischen Arbeiter:innen«.[55] Seither hat die Verwendung des

Maoismus oder die Bezugnahme auf Mao verschiedene Formen angenommen. Ein kultureller »Mao-Wahn«, »der fast vollständig die ursprünglichen klassenbezogenen, ethischen und politischen Dimensionen getilgt hatte«,[56] führte zur kommerziellen Verwendung von Mao-Memorabilia oder Kulturrevolutionsandenken (wie Mao-Büchern oder -Abzeichen).[57] Unter Student:innen wurde die Lektüre von Maos Werken und das Tragen von Mao-Abzeichen in den frühen 1990er Jahren zur Mode, insbesondere um Maos hundertsten Geburtstag Ende 1993 herum.[58] Eine Reihe von Museumsausstellungen in den frühen 1990er Jahren über die Geschichte der Landverschickungsbewegung,[59] also die Generation der Roten Garden oder die städtische »gebildete Jugend« (*zhiqing*), die in den 1960er und 1970er Jahren auf dem Land war, standen für den Beginn einer kollektiven Nostalgie in Bezug auf die erinnerten Erfahrungen während der sozialistischen Periode vor 1978. Es folgten die Wiederveröffentlichung von Liedern aus den 1960er und 1970er Jahren, die Herausgabe von Büchern über das Schicksal jener Generation in dieser Zeit und sogar »Heimkehr«-Reisen in die Dörfer, in die sie geschickt worden waren.[60] Ausstellungen, Buchprojekte und soziale Zusammenkünfte brachten Mitglieder dieser Generation zusammen, die ihre Geschichten und Emotionen zu Erfahrungen während der Landverschickungen teilten.

Für viele Menschen waren der Maoismus, Mao selbst und die sozialistische Periode Bestandteile einer mystifizierten Alternative zum reformierten System mit seiner zunehmenden Ungleichheit, den Klassenunterschieden, der Kaderkorruption und anderen Problemen. Nostalgie in Form von Ausstellungen, Dokumentarfilmen und sozialen Zusammenkünften wurde zu einer Form des »kulturellen Widerstands«. Die Erfahrungen der Gegenwart (der 1990er Jahre) waren »typischerweise durch Materialismus, übermäßige Rationalisierung und einen Mangel an Sinn und Zweck im Leben gekennzeichnet«[61] – im Gegensatz zur Vergangenheit, in der eine ganze Generation für eine größere Sache Entbehrungen hingenommen und so ein Gefühl von Sinnhaftigkeit erlebt hatte. Es gab unterschiedliche Formen der Nostalgie, vom Sehnen nach besseren materiellen Bedingungen wie während der sozialistischen Periode bis hin zur Unterstützung des politischen Programms hinter dem KPCh-Sozialismus.

Debatten und Netzwerke

Die Wiederentdeckung Maos in den 1990er Jahren unter den Arbeiter:innen sowie Bäuerinnen und Bauern wurde von neuen linken politischen Debatten und Organisierungsbemühungen begleitet. In der zweiten Hälfte der 1980er Jahre hatten noch liberale Ideen die Diskussionen unter Intellektuellen beherrscht und erheblichen Einfluss auf die KPCh-Führung gehabt. Das änderte sich nach der Niederschlagung der Bewegung von 1989. Die KPCh benutzte wieder sozialistische Begriffe und Konzepte in ihren offiziellen Erklärungen, und Deng Xiaoping beschuldigte den »ausufernden bürgerlichen Liberalismus«, für die Tian'anmen-Platz-Bewegung verantwortlich zu sein. Linke erkannten nunmehr ihre Chance. Innerhalb eines Jahres nach der Niederschlagung »erschienen in Beijing drei linke Zeitschriften, deren erklärtes Ziel es war, den bürgerlichen Liberalismus zu bekämpfen und den Sozialismus zu verteidigen«.[62]

Die KPCh-Führung war jedoch alarmiert und versuchte, die Verbreitung linker Kritik an den Wirtschaftsreformen zu verhindern. Während seiner berühmten Reise in den Süden 1992 rief Deng Xiaoping dazu auf, »die ideologischen Verstrickungen der ›-ismen‹ loszuwerden und die Reformen zu beschleunigen«.[63] Dazu gehörten auch das »Blockieren der Linken« (*fang zuo*) oder das »Vorgehen gegen Linke« (*fan zuo*).

Zu diesem Zeitpunkt stimmten Linke, die der KPCh nahestanden oder ihr angehörten, meist mit der Führung überein, was die Politik eines starken Staates, die Herrschaft der KPCh und die ideologische Kontrolle der Massen betraf. Zu den Marktreformen (und ihrem Neustart) hatten sie allerdings eine andere Meinung.[64] Diese Reformen wurden Mitte der 1990er Jahre noch verschärft mit der Umstrukturierung des Staatssektors und Entlassungen sowie Lohn- und Sozialkürzungen für die städtischen Arbeiter:innen aus Staatsbetrieben (siehe den vorherigen Abschnitt »Arbeiter:innen der Staatsbetriebe gegen die Zerschlagung der eisernen Reisschüssel«).

Während Arbeiter:innen (sowie Bäuerinnen und Bauern) protestierten und mit Bezug auf die sozialistische Vergangenheit Ansprüche erhoben, begannen linke Kreise innerhalb und außerhalb der KPCh, die Marktreformen zu kritisieren und gleichzeitig die maoistische Hinterlassenschaft neu zu bewerten. Ein Beispiel dafür sind die vier sogenannten *wanyanshu* (wörtlich »Artikel mit zehntausend Worten«), die zwischen Ende 1995 und 1997 in Beijing kursierten. Die Autor:innen »griffen die Marktreformen an, stellten die aktuelle politische Richtung der KPCh infrage und äußerten die kühnsten Positionen zu einer Entdengisierung« seit Beginn der Reformen.[65] Die Artikel wurden von Personen verfasst, die enge Verbindungen zur Parteiführung hatten. Einer von ihnen war Deng Liqun, ehemals enger Verbündeter Deng Xiaopings, der dem Reformkurs jedoch zunehmend kritisch gegenüberstand.[66] In den Artikeln wurde die Beibehaltung der staatlich kontrollierten Wirtschaft gefordert und gewarnt,

> »dass der Niedergang der staatlichen Industrien dem Kapitalismus zum Sieg über den Sozialismus verhelfen und die Arbeiter:innen verarmen lassen würde. Im Gegensatz zu Dengs unideologischem Ansatz wurde weiterhin der andauernde Kampf zwischen Kapitalismus und Sozialismus betont.«[67]

Die beteiligten Linken beriefen sich auf antikapitalistische Diskurse, welche die KPCh vor der Reform selbst eingesetzt hatte. Da die KPCh-Führung weiterhin darauf bestand, immer noch dem sozialistischen Weg zu folgen und die Reformen im Namen des Sozialismus durchzuführen, schien die linke Kritik an den prokapitalistischen Reformen sogar »gerechtfertigt«. Ironischerweise »wurde Deng Xiaoping häufiger als jede andere Person in den linken Schriften zitiert, und der ›orthodoxe‹ Teil seiner Worte wurde häufig gegen viele aktuelle Maßnahmen ins Feld geführt«.[68]

Ein weiteres Beispiel sind die Debatten, die durch das Theaterstück *Che Guevara* ausgelöst wurden. Das Stück wurde in den Jahren 2000 und 2001 in diversen Theatern aufgeführt und zog Tausende Zuschauer:innen an – Student:innen, Arbeiter:innen, KPCh-Mitglieder und Intellektuelle.[69] Die Autor:innen des Stücks »interpretieren das heutige China und die Welt aus einer makrohistorischen Perspektive, in deren Mittelpunkt der Gegensatz zwischen Reich und Arm steht«. Sie kritisierten den US-Imperialismus, wandten sich gegen die Globalisierung, die sie als »gravierendes Eindringen ausländischen Kapitals und Tarnung für eine westliche wirtschaftliche und kulturelle Hegemonie« verstanden, und prangerten »den westlichen liberalen oder neoliberalen Diskurs« an, der nichts anderes sei, als eine Rechtfertigung von Ausbeutung und Unterdrückung.[70] In den lebhaften Diskussionen rund um das Stück vermieden die Beteiligten meist, die KPCh oder den Staat in der Volksrepublik China direkt zu kritisieren. Sie thematisierten jedoch die Märkte, die Globalisierung, den von den USA dominierten Weltkapitalismus und die Aktualität der Revolution.[71]

Die Debatten um *Che Guevara* wurden nicht nur von den Argumenten der Intellektuellen um die Neue Linke beeinflusst (siehe den nächsten Unterabschnitt), sondern auch von neuen Debatten unter Maoist:innen an der Basis. Letztere veranstalteten Anfang der 2000er Jahre größere Konferenzen und diskutierten darüber, ob sie sich an der Politik der KPCh beteiligen sollten, um das System von innen heraus zu verändern (es also wieder auf eine linke Linie zu bringen), oder ob sie neue Organisationen oder Parteien gründen sollten. Anstatt die maoistische Linke zu vereinen, führten die

Debatten zu einer Reihe von Spaltungen und unterschiedlichen Vorgehensweisen.

Linke Arbeiteraktivist:innen trieben derweil die Kämpfe von Arbeiter:innen aus Staatsbetrieben voran, die im Laufe der 2000er Jahre weiterhin ausbrachen. Ein Beispiel dafür ist der Fall der »Zhengzhou Vier«. Während eines Kampfes in einer Papierfabrik in Zhengzhou, Provinz Henan, der im Jahr 2000 begann, »wendeten die Arbeiter:innen einem Aktivisten zufolge Methoden aus der ›Kulturrevolution‹ an, als sie die Betriebsleiter vertrieben, die Fabrik besetzten, den Abtransport von Anlagen verhinderten und die Arbeiterkontrolle einführten«. Während eines weiteren Kampfes in einer Elektrogerätefabrik hängten Arbeiter:innen ein Transparent auf mit der Parole »Haltet weiter die Mao-Zedong-Lehre hoch!«[72] Im September 2004 schrieben, druckten und verteilten vier Maoisten – Zhang Zhengyao, Zhang Ruquan, Ge Liying und Wang Zhanqing – dort ein Flugblatt, in dem sie die KPCh-Führung wegen Korruption, Vernachlässigung der Interessen der Arbeiterklasse und der Wiederherstellung des Kapitalismus in der Volksrepublik China anprangerten. Das Flugblatt forderte eine Rückkehr zu Maos »sozialistischem Weg«. Die beiden Zhangs wurden zu drei Jahren Gefängnis verurteilt. Der Prozess erregte landesweit die Aufmerksamkeit von Linken, die nach Zhengzhou kamen, um zu protestieren.[73]

Ein weiteres Beispiel waren die Arbeiterproteste in Xi'an, Provinz Shaanxi, einer Stadt, die wie Zhengzhou von der Umstrukturierung staatlicher Unternehmen und Massenentlassungen betroffen war. Seit Anfang der 2000er Jahre machten dort Arbeiter:innen mit Protestaufmärschen und Verkehrsblockaden auf sich aufmerksam. Im Jahr 2008 gründeten Arbeiter:innen aus Staatsbetrieben, von denen die meisten älter als vierzig Jahre waren, die »Shaanxi Studiengruppe der Mao-Zedong-Lehre« und im selben Jahr den »Kongress zur Verteidigung gewerkschaftlicher Rechte Shaanxi«.[74] Sie kamen aus mehreren Unternehmen in Xi'an und nutzten sowohl konventionelle Organisationsmethoden als auch Online-Ressourcen wie linke Blogs, Diskussionsforen und maoistische Webseiten, um für ihre Ziele zu werben.

In den 2000er Jahren fanden linke Debatten im Internet neue Plattformen und Multiplikatoren, die es viel mehr Menschen ermöglichten, direkt zu interagieren und diese Debatten voranzutreiben. Zu den bekanntesten Webseiten gehörten Utopia (*wu you zhi xiang*, gegründet 2003)[75] und Rotes China (*hongse zhongguo*, gegründet 2005). Der Online-Austausch trug maßgeblich dazu bei, dass in der Volksrepublik China eine neue Zusammensetzung der Linken entstand. Ein Teil der maoistischen »alten« Linken innerhalb und im Umfeld der KPCh lehnte den Reformkurs weiterhin ab und war insbesondere über die Aufnahme von Kapitalisten in die Partei verärgert, die im Jahr 2001, am Ende der Parteiführung unter Jiang Zemin, ermöglicht wurde. Viele dieser Maoist:innen waren städtische Student:innen und Arbeiter:innen gewesen, die sich während und nach der Kulturrevolution politisiert hatten. Sie kritisierten die Reformen, die von den ihrer Meinung nach Rechten oder »Prokapitalisten« wie Deng Xiaoping eingeleitet wurden; sie griffen die KPCh an, weil sie den Klassenkampfdiskurs in den 1980er Jahren aufgegeben hatte; und sie stellten sich hinter Aktionen der Arbeiterklasse wie hinter die Bewegung der Arbeiter:innen des Staatssektors in den 1990er Jahren und danach. Sie unterstützten – zumindest mit Worten – auch Streiks von Wanderarbeiter:innen sowohl gegen den Staat als auch gegen das Privatkapital (siehe Kapitel 5).

Neben diesem Teil der alten Linken, der sich auf die sozialistische Geschichte und Ideologie der KPCh stützte und sowohl innerhalb als auch außerhalb der Partei aktiv wurde, entwickelte sich aus den politischen Debatten nach 1989 eine weitere linke Strömung, die sowohl von der Ideologie der KPCh als auch von anderen linken Strömungen beeinflusst wurde: die sogenannte Neue Linke.

Die Neue Linke

Der Begriff Neue Linke (*xin zuopai* oder *xin zuoyi*) wurde Mitte der 1990er Jahre von liberalen Gegnern verwendet, um eine lose und »heterogene Gruppe von Wissenschaftler:innen und Intellektuellen« zu bezeichnen, »von denen sich einige gegen die Bezeichnung wehrten«.[76] In den 1980er Jahren hatten meist noch liberale (und rechte, neo-autoritäre) Diskurse die politischen, öffentlichen und intellektuellen Debatten dominiert. Anfang der 1990er Jahre war eine Reihe von Intellektuellen immer noch an verschiedenen liberalen Diskursen über wirtschaftliche und politische Reformen beteiligt. Sie unterstützten die Marktwirtschaft, kapitalistische Verhältnisse und westliche Demokratie.[77] Intellektuelle der Neuen Linken formulierten eine Kritik an diesen liberalen Positionen. Die heftigen Auseinandersetzungen zwischen den beiden Seiten führten zur Herausbildung gegensätzlicher Strömungen, auch wenn diese nie klar voneinander abgegrenzt werden konnten und einige der an den Debatten Beteiligten eine Einordnung in die eine oder andere Strömung ablehnten.

Ende der 1990er Jahre galten Wang Hui, Cui Zhiyuan, Wang Shaoguang und Gan Yang als die »großen Vier« der Neuen Linken, aber viele andere waren ebenfalls beteiligt oder einbezogen.[78] Das »Neue« in der Neuen Linken bezog sich auf die Unterschiede zur alten Linken. »Alt« beschrieb ältere Maoist:innen, die noch immer rebellische Positionen aus der Zeit der Kulturrevolution vertraten, aber auch die KPCh-Führung selbst, die von vielen Beobachter:innen in der Volksrepublik China und anderswo als Teil der (alten) Linken angesehen wurde (und bis heute wird).

Mehrere Vertreter:innen der Neuen Linken waren in den 1980er Jahren reformistische oder liberale Intellektuelle gewesen, und einige hatten mit der Tian'anmen-Platz-Bewegung 1989 sympathisiert oder daran teilgenommen.[79] Nach 1989 änderten sie ihre Positionen und entwickelten sowohl »antiliberale« als auch linke Positionen, die von »sozialdemokratisch über wirtschaftsnationalistisch bis maoistisch« reichten.[80] Einige hatten in den USA oder anderen westlichen Ländern studiert und nutzten ihre Versionen der Kritischen Theorie und bestimmter akademischer Strömungen, die zu dieser Zeit en vogue waren (wie Postmodernismus, Postkolonialismus oder Poststrukturalismus), für ihre Analyse der Situation in der Volksrepublik China.

In den 1990er Jahren und bis in die 2000er Jahre hinein wurden die ideologischen Positionen und zentralen Argumente der Neuen Linken in Debatten und Auseinandersetzungen mit liberalen Intellektuellen weiterentwickelt.[81] Dazu gehörten das Festhalten am sozialistischen Erbe der KPCh, am Maoismus und am Sozialismus als politischem Projekt; die Kritik am Neoliberalismus (also der Förderung von freien Märkten oder Privatisierungen), an der westlichen »Moderne«, der kapitalistischen Globalisierung und dem globalen Diskurs über das »Ende der Geschichte« nach 1989; die Kritik an der Vermarktlichung der ländlichen Wirtschaft; die Förderung eines starken Staates, der in der Lage ist, die Auswirkungen der Vermarktlichung zu kontrollieren und Stabilität zu garantieren; die Kritik an der westlichen liberalen Demokratie und am Parlamentarismus als Form kapitalistischer Herrschaft; die Anprangerung von Entwicklungen in der Volksrepublik China, die der sozialistischen Sache widersprechen und als charakteristisch für kapitalistische Gesellschaften angesehen werden, wie zum Beispiel Habgier, Korruption oder soziale Ungleichheit; und die Unterstützung einer demokratischen Wirtschaftsordnung, sozialer Gleichheit sowie der Forderung nach besseren Arbeitsbedingungen, Bildung und Zusatzleistungen durch einen (starken) Staat.

Einige Protagonist:innen der Neuen Linken engagierten sich in sozialen Kämpfen, wie den oben beschriebenen Kämpfen der Bäuerinnen und Bauern sowie der Arbeiter:innen aus Staatsbetrieben in den Städten in den 1990er und 2000er Jahren. Andere taten dies nicht und beschränkten sich stattdessen hauptsächlich auf intellektuell-politische Angriffe auf ihre Gegenspieler:innen, die Liberalen, und in geringerem Maße auf andere Linke innerhalb und außerhalb der KPCh. In den späten 2000er und 2010er Jahren rückten viele Mitglieder der Neuen Linken näher an linke, nationalistische Kreise innerhalb der KPCh heran (also an die »alten« Linken). Einige aus der Neuen Linken (sowie manche maoistische Aktivist:innen) unterstützten sogar KPCh-Führer, zunächst Bo Xilai und seine Version einer, mit maoistischer Folklore aufgehübschten neoliberalen Politik, und später Xi Jinping und seine vulgarisierte und entpolitisierte Form des Marxismus (siehe Kapitel 5).

Die Neue Linke war und ist »streng genommen, keine oppositionelle Kraft«.[82] Sie war und ist »nationalistisch ausgerichtet und identifiziert sich mit den staatlichen Zielen der nationalen Erneuerung und der Selbstbestimmung in einem geopolitischen Umfeld, in dem die Souveränität Chinas immer noch durch die Hegemonialmacht USA bedroht wird«.[83] Die Haltung der Neuen Linken zur Stellung der Volksrepublik China in der Welt ähnelt inzwischen der durchweg äußerst nationalistischen Haltung der »alten« Linken.[84]

Gegen die linke Herausforderung

Während der gesamten sozialistischen Periode und auch danach nutzten die KPCh-Führungen eine linke Sprache und Begrifflichkeit. Gleichzeitig kritisierten sie linke Abweichungen und linke Opposition innerhalb und außerhalb der Partei, und Linke fielen häufig Säuberungen zum Opfer und wurden bestraft. Der Grund dafür ist einfach: Linke, insbesondere solche, die in sozialen Bewegungen verwurzelt sind, können die Unzufriedenheit von Arbeiter:innen sowie Bäuerinnen und Bauern politisch zum Ausdruck bringen und nutzen. Sie taten dies beispielsweise in der Kulturrevolution und während der Tian'anmen-Platz-Bewegung, als die Herrschaft der KPCh jeweils ernsthaft bedroht schien.

Die Wiederentdeckung Maos und die Folklore um seine Person in den 1990er Jahren und danach stellten keine solche Bedrohung für das KPCh-Regime dar, solange die Bezugnahme auf die sozialistische Vergangenheit und Mao eher nostalgisch blieb und die zentrale Rolle der Partei nicht infrage stellte. Das Regime reagierte empfindlich, wenn Arbeiter:innen oder Bäuerinnen und Bauern in ihren Kämpfen auf die sozialistische Vergangenheit Bezug nahmen. Es machte oft begrenzte Zugeständnisse bei materiellen Forderungen, ging jedoch repressiv gegen Aktivist:innen oder Anführer:innen vor.

Das Regime beobachtete linke Aktivitäten nach wie vor genau und war alarmiert, wenn sich Linke (innerhalb und außerhalb der Partei) auf eine Form des klassenkämpferischen Maoismus bezogen, um den Reformkurs, die Schaffung kapitalistischer Gesellschaftsverhältnisse oder die Partei und ihren arbeiterfeindlichen Kurs anzugreifen. Es setzte seine Sicherheitskräfte ein, um beispielsweise die wenigen Initiativen zur Gründung alternativer kommunistischer Parteien zu kriminalisieren und zu unterdrücken. Anführer:innen wurden dabei zu langen Haftstrafen verurteilt.[85] In ähnlicher Weise bestrafte das Regime Arbeiteraktivist:innen, die versuchten, Arbeiter:innen zu mobilisieren und in unabhängigen Gewerkschaftsgruppen zu organisieren.

Überwachung und Zensur kam in den 2000er Jahren noch größere Bedeutung zu, als die Linke begann, das Internet zur Diskussion und Mobilisierung zu nutzen. Webseiten wie Utopia wurden wiederholt geschlossen. Viele Linke, auch die der Neuen Linken, wussten, wo die Grenzen lagen, und griffen weder die KPCh-Führung offen an, noch gründeten sie (öffentlich) neue politische oder gewerkschaftliche Organisationen. Sie kritisierten die Wirtschaftsreformen, die Vermarktlichung oder die Ausbeutung oft in einer Form, die keine direkte Regimekritik beinhaltete. Und etliche Positionen, die von vielen in der Neuen Linken geteilt wurden, standen nicht im Widerspruch zur offiziellen Linie der KPCh: die Unterstützung für einen starken Staat und für die Verteidigung nationaler Interessen, die Forderung nach dem Aufbau eines Wohlfahrtsstaats und ihr Einsatz für die Sicherung sozialer Stabilität.

Bezugnahme auf die sozialistische Hinterlassenschaft

Kurzum, in den späten 1980er Jahren tauchten linke Themen und Debatten wieder auf. Die Vermarktlichung der Wirtschaft hatte verheerende Auswirkungen auf die städtischen Arbeiter:innen aus Staatsbetrieben und brachte schlechte Bedingungen für Wanderarbeiter:innen im expandierenden Privatsektor mit sich.[86] Die aufkommende Mao-Nostalgie geht teilweise auf die Sehnsucht der Bevölkerung nach den besseren sozialistischen Zeiten zurück, welche diese angesichts neuer sozialer Herausforderungen wie Unsicherheit, Ungleichheit und Korruption spürten. Arbeiter:innen (wie auch Bäuerinnen und Bauern) griffen in sozialen Konflikten auf maoistische Parolen und Erinnerungen an die sozialistische Zeit zurück. Sie gingen davon aus, dass sie damit ihrer Verteidigung erreichter Standards und ihren Forderungen nach Verbesserungen mehr Nachdruck verleihen könnten. Ihre Kämpfe thematisierten wiederum beide Dimensionen linker Politik: die Verteilung des Reichtums (hier die Verteidigung der »eisernen Reisschüssel«, die Forderung nach Entschädigungen für jene, die ihre Arbeitsstelle wegen der Umstrukturierung verloren hatten, oder der Protest gegen Steuern) und die Verteilung der Macht (hier die Verteidigung ihres Status und ihrer Position im Betrieb sowie ihre Kritik der Autorität, Willkür und Korruption von Kadern).

Linke Aktivist:innen, unter ihnen Intellektuelle und Arbeiter:innen mit Erfahrungen aus früheren Bewegungen in den 1960er, 1970er und 1980er Jahren, organisierten sich Ende der 1990er und Anfang der 2000er Jahre neu. Sie nutzten den Schwung der Wiederentdeckung Maos und der Kämpfe von Arbeiter:innen aus Staatsbetrieben, Bäuerinnen und Bauern und trieben Debatten über Marktreformen, kapitalistische Verhältnisse und eine mögliche Rückkehr zur Planwirtschaft voran. Versammlungen, gedruckte Literatur und später auch das Internet waren Plattformen, auf denen die aktuelle Realität kapitalistischer Ausbeutung sowie die politischen Bewegungen und Erfahrungen der sozialistischen Vergangenheit diskutiert werden konnten. Einige Maoist:innen kamen aus den Kämpfen der (städtischen) Arbeiter:innen aus Staatsbetrieben oder hatten sich an ihnen beteiligt, und wenige von ihnen hatten versucht, alternative Parteien aufzubauen. In den 2000er Jahren wurden neue Diskussionsplattformen und Netzwerke geschaffen, als große Teile der Bevölkerung Zugang zum Internet erhielten. Die Verlagerung von Debatten ins Internet half, linke Positionen zu verbreiten und mehr Menschen einzubeziehen. Dies geschah, bevor das Regime schnelle und wirksame Zensurmethoden eingeführt hatte.

Eine besondere Gruppe war die Neue Linke, ein loser Kreis linker Intellektueller, der nie eine homogene Gruppe bildete, aber zu einem Bezugspunkt für linke Debatten und Kritik in der Volksrepublik China wurde. Die Neue Linke kritisierte die globale neoliberale Wende und ihre zunehmenden Auswirkungen auf die Volksrepublik China, die Auswirkungen der Marktreformen und die Umstrukturierung der staatlichen Wirtschaft. Sie trat für die Verteidigung oder Wiederbelebung des chinesischen Sozialismus oder Maoismus ein. Auch wenn sie vor allem in akademischen Kreisen Anklang fand und sich weitgehend aus den realen sozialen Kämpfen heraushielt, hatte sie Einfluss auf die Linke innerhalb der KPCh und beteiligte sich an Debatten mit Linken im Ausland. Auf der einen Seite vertrat sie eine linke Agenda in Bezug auf die Verteilung des Reichtums, auf der anderen Seite förderte sie (rechts-)autoritäre Positionen in Bezug auf einen starken Staat, den chinesischen Nationalismus, die Herrschaft der Partei, die ideologische Kontrolle und die Regulierung der Gesellschaft von oben.

Die Positionen und Debatten der maoistischen Strömung unter Arbeiter:innen und die der Neuen Linken überschnitten sich und führten später zur Herausbildung mehrerer linker (und meist maoistischer) Strömungen, die sich beispielsweise in ihrer loyalen oder kritischen Haltung gegenüber der KPCh und ihrer nationalistischen oder antinationalistischen Haltung in Bezug auf die Volksrepublik China unterschieden.

Auch wenn ein großer Teil dieser Linken nicht gegen das Regime wirkte (und manchmal sogar seine Legitimität stärkte), war Letzteres trotzdem beunruhigt, weil es in den vorangegangenen Jahrzehnten ernsthafte Herausforderungen durch oppositionelle Linke erlebt hatte. Aus diesem Grund behielt das Regime Linke und mögliche linke Mobilisierungen genau im Auge, insbesondere wenn sie mit sozialen Protesten (von Arbeiter:innen oder Bäuerinnen und Bauern) in Verbindung standen. Es reagierte mit harter Repression, wenn die Protagonist:innen versuchten, Organisationen oder größere Netzwerke zu gründen. Es war jedoch auch zu Zugeständnissen bereit, wenn materielle Forderungen gestellt wurden. Wie das

Regime linke Akteure und Forderungen auch vereinnahmte, wird im nächsten Kapitel beschrieben.

Schlussfolgerungen: Alte Klassenzusammensetzung, neue linke Mobilisierung

In diesem Kapitel habe ich untersucht, wie in der veränderten ökonomischen und politischen Landschaft der 1990er und frühen 2000er Jahre neue soziale Kämpfe mit linken Forderungen ausbrachen und neue linke Strömungen inspirierten. Nach einer kurzen Konsolidierungsphase von 1989 bis 1992 beschleunigte das KPCh-Regime die Marktreformen und bemühte sich bis zum Ende des Jahrzehnts verstärkt, die Wirtschaft umzustrukturieren. Die Reformen und ihre Auswirkungen veränderten die Klassenzusammensetzung und die Bedingungen sowohl auf dem Land als auch in den Städten.

Bäuerinnen und Bauern waren zunehmend mit wirtschaftlichen Problemen konfrontiert, einschließlich der Steuer- und Abgabenlast. Die Beziehungen zwischen lokalen Kadern sowie Bäuerinnen und Bauern verschlechterten sich, weil Letztere die Korruption und den Machtmissbrauch der Kader nicht mehr ertragen konnten. Mitte der 1990er Jahre eskalierten die Konflikte auf dem Land. Der bäuerliche Widerstand nahm zu und umfasste Demonstrationen und sogar Krawalle, die zu Zusammenstößen mit der Polizei führten. Bäuerinnen und Bauern beriefen sich auf die sozialistische Periode und maoistische Begrifflichkeiten, um ihren Widerstand zu rechtfertigen. Das KPCh-Regime unterdrückte die Proteste, führte jedoch auch Reformen durch, um die Belastung der Bäuerinnen und Bauern zu verringern und die wirtschaftliche Lage auf dem Land zu verbessern. Konflikte um Landraub hielten jedoch an und nahmen in den späten 2000er und frühen 2010er Jahren sogar noch zu, weil das Regime die Reform und Vermarktlichung der Landwirtschaft weiter vorantrieb.

Städtische Arbeiter:innen aus Staatsbetrieben sahen sich Mitte der 1990er Jahre einem Frontalangriff auf ihre Arbeits- und Lebensbedingungen ausgesetzt, als das KPCh-Regime mit der Umstrukturierung und Teilprivatisierung der Staatsbetriebe begann. Das lebenslange Arbeitsverhältnis bisher festangestellter Arbeiter:innen wurde aufgelöst, indem diese entweder entlassen oder mit einem Arbeitsvertrag ausgestattet wurden. Darüber hinaus verloren diese Arbeiter:innen auch den größten Teil der Zusatzleistungen, die ihnen in der sozialistischen Zeit gewährt worden waren. Wie Bäuerinnen und Bauern benutzten auch Arbeiter:innen maoistische Begriffe und Konzepte und pochten auf die Berechtigung ihres Widerstands gegen die Umstrukturierung durch Demonstrationen, Straßenblockaden und andere Protestformen. Das Regime machte zwar Zugeständnisse in Form von Entschädigungszahlungen und Wiederbeschäftigungsprogrammen, setzte die Umstrukturierung jedoch fort.

Die Bewegungen der Bäuerinnen und Bauern sowie der städtischen Arbeiter:innen aus Staatsbetrieben waren Abwehrkämpfe gegen die zunehmende Kommodifizierung ihrer Arbeitskraft.[87] Sie markierten den endgültigen Übergang zum Kapitalismus in der Volksrepublik China. Mao und der Maoismus erlebten derweil ein Revival in der Alltagskultur und spielten eine Rolle bei der Entstehung neuer linker Strömungen. Viele Menschen bezogen sich nun auf die sozialistische Vergangenheit und Mao Zedong als (imaginäres) Symbol für Gleichheit und die Verteidigung der Interessen der Arbeiterklasse. Das Aufkommen neuer linker Vorgehensweisen von diversen gesellschaftlichen Gruppen (Arbeiter:innen, Intellektuellen und Parteimitgliedern) einerseits und jene nostalgische Wiederentdeckung Maos als Ikone der Gleichheit im Sozialismus andererseits prägten die neue Form linken Dissenses und linker Debatten. Maoistische Basisgruppen engagierten sich in Arbeiterkämpfen und versuchten, Aktivitäten zu organisieren und zu koordinieren. Intellektuelle der Neuen Linken griffen derweil liberale Gegner an und kritisierten die Vermarktlichung der Wirtschaft und den globalen Neoliberalismus. Die sozialistische Vergangenheit der Volksrepublik China werteten sie eher positiv.

Das KPCh-Regime selbst benutzte weiterhin linke Begrifflichkeiten und Verweise auf die sozialistische Vergangenheit, um seine Legitimität zu stärken. Es setzte jedoch den Reformkurs, die Angriffe auf die alte sozialistische Arbeiterklasse und auch das massive Industrialisierungsprogramm fort, das ausländisches Kapital ins Land brachte und eine neue Klasse ländlicher Wanderarbeiter:innen schuf. Im nächsten Kapitel werden wir sehen, wie die Kämpfe dieser neuen Arbeiterklasse eine neue Generation linker Aktivist:innen hervorbrachten, während an einer zweiten Front die Kämpfe von Frauen* und ihre Verbindung mit neuen feministischen Strömungen das Regime noch stärker unter Druck setzten.

5 Soziale Proteste und Organisierung: Herausforderungen für die KPCh in den kapitalistischen 2000er und 2010er Jahren

In diesem Kapitel befasse ich mich mit neuen Formen sozialen Protests und Widerstands in der Volksrepublik China in den 2000er und 2010er Jahren. Nachdem kapitalistische Verhältnisse geschaffen worden waren, setzten sich Wanderarbeiter:innen und Frauen* gegen die ausbeuterischen und diskriminierenden Bedingungen zur Wehr. Ihr Druck von unten inspirierte wiederum linke und feministische Aktivist:innen. Das Regime machte materielle Zugeständnisse, ging jedoch auch hart gegen organisierte Formen der Unterstützung von Arbeiter:innen und Frauen* vor.

Im *ersten* Abschnitt beschreibe ich die zunehmende Unzufriedenheit (ländlicher) Wanderarbeiter:innen. Die Arbeitsmigration von (meist jungen) Landbewohner:innen begann in den 1980er Jahren und beschleunigte sich in den 1990er Jahren, als die Volksrepublik China zur »Fabrik der Welt« wurde. Wanderarbeiter:innen wurden in der verarbeitenden Industrie, im Bausektor und für Dienstleistungsjobs (einschließlich der Pflegearbeit in Privathaushalten) benötigt. Die Zahl von Arbeitskonflikten, an denen Wanderarbeiter:innen beteiligt waren, stieg ab den frühen 1990er Jahren kontinuierlich an und erreichte Mitte der 2010er Jahre ihren Höhepunkt.

Im *zweiten* Abschnitt gehe ich auf den linken Aktivismus ein, der ab Mitte der 1990er Jahre die Unterstützung von Wanderarbeiter:innen und ihrer Kämpfe zum Ziel hatte. Häufig wurde er von Nichtregierungsorganisationen (Englisch: *non-governmental organizations*, NGOs) getragen, die sich auf diese Unterstützungsarbeit konzentrierten, später auch von Basisgruppen linker Student:innen und Aktivist:innen. Sie alle wurden von lokalen staatlichen Behörden überwacht und unterdrückt, die eng mit Kapitalgruppen und deren Interessen verbunden waren (und sind).

Im *dritten* Abschnitt befasse ich mich mit der Situation von Frauen* und ihren alltäglichen Kämpfen in der Volksrepublik China. In der sozialistischen Periode integrierte das KPCh-Regime Frauen* in die Arbeitswelt, aber sie wurden weiterhin diskriminiert und als Menschen mit niedrigerem Status behandelt. In der Übergangsperiode intensivierte das Regime mit der Einführung der Ein-Kind-Politik die Kontrolle über Frauen*, die Beschäftigungsquote von Frauen* sank, und die geschlechtsspezifische Arbeitsteilung wurde noch verschärft. In der kapitalistischen Periode lockerte das Regime schließlich die Ein-Kind-Politik, weil sich demografische Probleme abzeichneten, die den Erfolg des Wirtschaftsmodells der Volksrepublik China gefährden. Frauen* haben sich in allen Perioden gegen ihre Diskriminierung gewehrt und versucht, mehr Kontrolle über ihr Leben zu erlangen.

Im *vierten* Abschnitt blicke ich auf die feministischen Mobilisierungen der letzten dreißig Jahre und erörtere ihr Verhältnis zum staatlichen Feminismus in der Volksrepublik China.

Frauen*-NGOs verbreiteten sich in den 1990er und 2000er Jahren und setzten sich für das Ende der Gewalt gegen und die Diskriminierung von Frauen* ein. In den späten 2000er Jahren entstand eine kleine Strömung von meist akademischen kritisch-sozialistischen Feministinnen, die den starken Einfluss des »westlichen« Feminismus auf Feministinnen in der Volksrepublik China kritisierten und verlangten, die Erfolge des staatlichen Feminismus in der sozialistischen Periode anzuerkennen. In den 2010er Jahren organisierte eine neue Strömung junger Feministinnen kleine Straßenaktionen sowie Online-Kampagnen gegen häusliche Gewalt, sexuelle Belästigung und andere Formen von Gewalt gegen Frauen*. Die feministische Bewegung gewann einige Zugeständnisse, wurde jedoch – insbesondere in den letzten Jahren – auch hart unterdrückt.

Die neue Wanderarbeiterklasse

»Auf der Unteren Mittelschule lasen wir einiges über marxistische Theorie. Als die Lehrer uns den Widerspruch zwischen Produktivkräften und Produktionsverhältnissen in der kapitalistischen Gesellschaft erläuterten, gingen sie auch auf die unmenschliche Ausbeutung der Arbeiter ein. Damals begriffen wir das nicht. Dann kam ich nach Shenzhen, um hier zu arbeiten. Da kapierte ich allmählich, wie die Kapitalisten die Arbeiterinnen unterdrücken und ausbeuten.« (Junge Wanderarbeiterin)[1]

In diesem Abschnitt beschreibe ich die Entstehung der migrantischen Arbeiterklasse und ihre Kämpfe gegen Ausbeutung und Diskriminierung sowie für die Verbesserung der Arbeits- und Lebensbedingungen in der kapitalistischen Periode. Die meisten der in Kämpfen vorgebrachten Forderungen und Ziele der Arbeiter:innen waren materieller Natur und stellten für die KPCh-Führung keine offene politische Herausforderung dar. Die Forderungen nach materiellen Verbesserungen implizierten jedoch linke Positionen gegenüber einem Regime, das seine linke Agenda aufgegeben hatte. Zudem erzeugten sie erheblichen Druck von unten. Das KPCh-Regime wollte die sozialen Spannungen entschärfen und reagierte nicht nur mit Unterdrückungsmaßnahmen, sondern auch mit politischen und juristischen Reformen.

In den 1990er Jahren wurde die Volksrepublik China zur »Fabrik der Welt« für Konsumgüter. Der Boom in der verarbeitenden Industrie, im Baugewerbe und in anderen Sektoren beruhte auf dem riesigen Angebot an migrantischen Arbeitskräften vom Land. Die KPCh-Führung schuf die notwendigen Bedingungen, unter denen das Kapital dieses ländliche Arbeitskräftereservoir anzapfen konnte. Das Regime konnte sich auf seine Erfahrungen mit der Beschäftigung von (temporären) ländlichen Arbeitskräften in den Jahrzehnten zuvor stützen. Während der sozialistischen Periode hatte es die (dauerhafte) Migration durch das *hukou*-System eingeschränkt. Ländliche Arbeitskräfte wurden massenhaft in städtischen Sektoren eingesetzt, wenn sie gebraucht wurden – und sie wurden wieder aufs Land geschickt, wenn sie nicht mehr gebraucht wurden. Diese ländlichen Migrant:innen erhielten in der Regel niedrigere Löhne und weniger Zulagen oder Zusatzleistungen als städtische Arbeiter:innen. Diese Ungerechtigkeit und die Diskriminierung der befristet Beschäftigten lösten soziale Konflikte und Kämpfe aus, vor allem während der »ökonomistischen« Proteste in der Kulturrevolution.[2]

In den frühen 1980er Jahren reformierte das KPCh-Regime im Rahmen seiner Marktreformen nach und nach das *hukou*-System. Ländliche Migrant:innen durften in Städte und neu gegründete Sonderwirtschaftszonen ziehen, wo ausländisches Kapital begonnen hatte, Fabriken zu errichten. Diese Migrant:innen behielten jedoch ihren ländlichen *hukou*, bekamen also keinen städtischen *hukou* mit den damit verbundenen Ansprüchen und Vorteilen. In der Stadt hatten sie weiterhin einen befristeten Status, und ihre Aufenthaltsgenehmigung für die Stadt lief aus, wenn sie ihren Arbeitsplatz verloren. Sie blieben »außerhalb des Systems« (*tizhiwai*) und arbeiteten meist für private Unternehmen oder in prekären Arbeitsverhältnissen.

Anfang der 1990er Jahre stieg die Migration rasch an. Voraussetzung dafür war die weitere Lockerung der *hukou*-Regelungen durch das Regime, auf die der Zuzug von Millionen von Landbewohner:innen in die Städte und neuen Industriezentren im Osten und Südosten des Landes folgte. Diese füllten die Arbeitsplätze in den neuen oder expandierenden städtischen Sektoren und verrichteten zumeist schmutzige, gefährliche und beschwerliche Arbeit in Fabriken, auf Baustellen und im städtischen Dienstleistungssektor.[3] Der Status ländlicher Wanderarbeiter:innen in den Städten blieb prekär. Im Rahmen des »Festnahme und Rückführung«-Systems (*shourong qiansong zhidu*) wurden ländliche Migrant:innen ohne gültige befristete Aufenthaltsgenehmigung inhaftiert und in ihre Dörfer zurückgeschickt. Das System wurde 2003 abgeschafft, nachdem ein Wanderarbeiter namens Sun Zhigang aufgrund körperlicher Misshandlung in der im Rahmen des »Festnahme und Rückführung«-Systems verhängten Haft in Guangzhou gestorben war.[4]

Die Proletarisierung der Wanderarbeiter:innen blieb bis in die 2000er Jahre meist unvollendet oder unvollständig. Mit ihrem ländlichen *hukou* behielten sie das Anrecht auf ein Stück Land in ihren Heimatdörfern (das oft von ihren Eltern oder anderen Familienmitgliedern bewirtschaftet wurde).[5] Viele Migrant:innen bekamen jedoch zunehmend die Auswirkungen der Landeinhegung zu spüren. Die Landwirtschaft gab nicht genug ab, um eine Familie zu ernähren (und infolgedessen waren diese auf Geldüberweisungen der Migrant:innen angewiesen). Zudem verloren aufgrund von Landbeschlagnahmungen und der zunehmenden Kapitalisierung der Landwirtschaft in den 2000er und 2010er Jahren immer mehr Bäuerinnen und Bauern ihr Land.[6]

In den Städten erlebten Wanderarbeiter:innen Formen extremer Ausbeutung wie lange Arbeitszeiten, niedrige Löhne, hohe Arbeitsintensität, gefährliche und giftige Arbeitsumgebungen, brutale Betriebsführungsformen sowie rassistische und sexistische Diskriminierung (durch Betriebsleiter, Beamte oder die Polizei). Arbeitgeber waren darauf bedacht, die Belegschaften flexibel zu halten. Sie bedienten sich des »Heuerns und Feuerns«, ignorierten regelmäßig die Arbeitsgesetze und gaben Arbeiter:innen keinen Arbeitsvertrag. Viele Migrant:innen lebten in Wohnheimen in der Nähe ihrer Fabriken oder Baustellen, in Unterkünften mit niedrigem Wohnstandard und ohne ihre Familien. Auf diese Weise waren die Arbeiter:innen leichter zu kontrollieren und die Unterbringungskosten blieben niedrig. Darüber hinaus konnten die Arbeitgeber aufgrund dieses »Wohnheim-Arbeitsregimes« auch noch niedrigere Löhne zahlen, da der größere Teil der sozialen Reproduktion (Kinderbetreuung, Bildung und Altenpflege) weiterhin auf dem Land stattfand (zu niedrigeren Kosten).[7]

Proteste der Wanderarbeiter:innen

Die Arbeiterproteste in Reaktion auf die harten Bedingungen begannen in den 1980er und 1990er Jahren mit sporadischen Streiks in Fabriken und auf Baustellen sowie mit kurzen Streikwellen in den Provinzen an der Ostküste und insbesondere in Guangdong.[8] Zu den Protesten gehörten auch versteckte Formen alltäglichen Widerstands am Arbeitsplatz (Sabotage, Bummelstreiks und das, was James Scott als »Waffen der Schwachen« bezeichnet).[9]

Die Zahl der offenen Arbeiterproteste nahm nach 2003 zu.[10] Zu diesem Zeitpunkt hatten sich die Migrant:innen an das Arbeitsregime und die Industriearbeit gewöhnt, und einige von ihnen hatten auch gelernt, Streiks und andere Formen des kollektiven Widerstands zu organisieren. Sogar das Wohnheim-Arbeitsregime begünstigte mitunter die Organisierung von Widerstand, weil die Arbeiter:innen die Tatsache ausnutzten, dass sich viele von ihnen den ganzen Tag über trafen und miteinander kommunizierten.

In der ersten Hälfte der 2000er Jahre waren die meisten Forderungen der Wanderarbeiter:innen eher defensiv. Sie verlangten die Einhaltung der Arbeitsgesetze (beispielsweise in Bezug auf Arbeitszeiten, Überstunden oder Mindestlöhne) oder die Zahlung von Lohnrückständen. Wanderarbeiter:innen nutzten auch mehr als vorher die bereits geschaffenen institutionellen Kanäle, wie Schlichtungsstellen und Arbeitsgerichte, um ihre Forderungen durchzusetzen. Der Druck von unten auf Unternehmensleitungen und lokale Behörden war dennoch spürbar.

In der zweiten Hälfte der 2000er Jahre hatten Wanderarbeiter:innen mehr Erfahrung und Selbstvertrauen gewonnen, und sie begannen, für echte Verbesserungen zu kämpfen (und nicht nur für die Einhaltung von Mindeststandards).[11] Zu den offensiven oder ehrgeizigeren Forderungen gehörten Lohnerhöhungen, mehr Respekt seitens der Betriebsleitung, bessere Arbeitszeiten und manchmal sogar Tarifverhandlungen oder eine angemessene Arbeitervertretung.[12] Größere Proteste von Wanderarbeiter:innen fanden vor allem in der Leichtindustrie, im Baugewerbe und im Transportwesen statt, also in Sektoren, in denen Massen von Arbeiter:innen zusammenkommen oder die besonders störungsanfällig sind. Die Arbeiter:innen nutzten die Tatsache aus, dass ihre Verhandlungsmacht seit Mitte der 2000er Jahre zugenommen hatte. Das lag am Arbeitskräftemangel in arbeitsintensiven Sektoren an der Ostküste und an der hohen Fluktuation.[13] Ihre wilden Streiks waren auch disziplinierter und besser organisiert. Die Koordination erfolgte über informelle Netzwerke von Arbeiter:innen und Arbeiteraktivist:innen über Telefone und Internetplattformen. Die spektakulärste Streikwelle fand 2010 in der Automobilindustrie statt. Sie begann mit einer Streikaktion von Honda-Beschäftigten in Guangdong und breitete sich auf andere Unternehmen und Provinzen aus. Gemessen an der Zahl und dem Ausmaß der Streiks war die Volksrepublik China zu diesem Zeitpunkt zum Epizentrum oder »Mittelpunkt der globalen Arbeiterunruhe« geworden.[14]

Die Zahl der Arbeiterproteste nahm bis 2015 weiter zu und ging dann langsam zurück.[15] Auch die Form der Proteste wandelte sich mit den anhaltenden sektoralen, räumlichen, wirtschaftlichen und generationellen Veränderungen. Nach der Tertiärisierung der Wirtschaft waren nun mehr Beschäftigte im Dienstleistungssektor in Arbeitskonflikte verwickelt als zuvor (beispielsweise in den Bereichen Verkehr, Bildung, Bankwesen und IT). Im Zuge der Verlagerung von Industrien aufgrund der höheren Löhne an die Ostküste kam es auch zu mehr Protesten in Zentral- und Westchina.[16] Mit der Verlangsamung des Wirtschaftswachstums, den Umstrukturierungen und Verlagerungen kämpften die Arbeiter:innen verstärkt gegen Entlassungen und für Abfindungen, und da viele Wanderarbeiter:innen mittlerweile bereits über vierzig oder fünfzig Jahre alt waren, ging es in Protesten häufiger um die Zahlung von Sozialversicherungsbeiträgen (beispielsweise für Renten). In vielen Fällen waren die Arbeiter:innen besser organisiert und nutzten Smartphones, soziale und andere Medien noch geschickter. In einigen Fällen gelang es ihnen, sich über Betriebs-, Stadt- und Provinzgrenzen hinweg zu koordinieren, wie beim Streik von Coca-Cola-Arbeiter:innen (2015), dem Streik der Kranführer:innen und dem Streik der Lkw-Fahrer:innen (beide 2018).[17]

Formen des Widerstands

Die Kämpfe der Arbeiter:innen betrafen die zwei Hauptthemen der Linken – die Verbesserung der Arbeitsbedingungen und mehr Kontrolle im Betrieb und darüber hinaus. Ihre Formen hingen von verschiedenen Faktoren und der Region ab: der besonderen Situation der Arbeiter:innen, der Art von Arbeit, der Zusammensetzung des Kapitals und der Rolle der lokalen Behörden.

Erstens wurden Formen »begrenzten Widerstands« von hochqualifizierten Beschäftigten oder Hightech-Arbeiter:innen mit städtischem *hukou* oder einem sicheren Status in der Stadt eingesetzt – sowie auch von einigen Wanderarbeiter:innen. Diese Formen dominierten in Regionen oder Provinzen ohne häufige militante oder größere Arbeiterkämpfe.[18] Die Arbeiter:innen machten eher kleine und rechtlich begründete Ansprüche geltend, nutzten formale staatliche Kanäle (wie Schlichtungs- und Schiedsstellen oder Arbeitsgerichte) und organisierten sich nicht über den Betrieb hinaus. Dieser »begrenzte Widerstand« hat seit den 1990er Jahren ständig zugenommen, auch weil das KPCh-Regime mehr institutionalisierte Formen der Konfliktlösung schuf.[19]

Zweitens leisteten Arbeiter:innen oft »grenzüberschreitenden Widerstand«. Wer diese Form des Widerstands einsetzte, war oft gering qualifiziert und in arbeitsintensiven Sektoren und Lowtech-Branchen beschäftigt, in denen Wanderarbeitskräfte mit ländlichem *hukou* arbeiten. Sie verlangten Verbesserungen unabhängig von den gesetzlich festgelegten Normen. Grenzüberschreitender Widerstand umfasst Streiks, Straßenproteste und sogar Krawalle. Er trat nur in bestimmten Provinzen wie Guangdong häufiger auf. Die Beteiligten waren mitunter lose organisiert und erhielten in einigen Fällen juristische Unterstützung von NGOs. Oft begannen diese Kämpfe mit begrenztem Widerstand. Sie eskalierten, als die Forderungen nicht erfüllt wurden und Arbeiter:innen die Führung übernahmen, die in früheren Auseinandersetzungen Organisierungsfähigkeiten entwickelt hatten. Da diese Form des Widerstands über die vom Regime angebotenen Konfliktlösungsprozeduren hinausgeht, intervenierte der Staat häufiger.

Beamte bestanden beispielsweise auf Schlichtung, schaltenten die Gewerkschaft ein, drängten die Betriebsleitung zu Zugeständnissen oder setzten sogar staatliche Mittel ein, um einen Konflikt zu lösen. Fälle von grenzüberschreitendem Widerstand nahmen seit den frühen 2000er Jahren zu und kamen auch in den 2010er Jahren vor.

In einigen Fällen leisteten Wanderarbeiter:innen auch »transgressiven Widerstand«. Sie forderten substanzielle Verbesserungen ihrer Bedingungen oder sogar institutionelle Veränderungen, schlossen sich unternehmens-, sektor- oder sogar provinzübergreifend zusammen und suchten die direkte Unterstützung von NGOs oder linken Netzwerken. Ende der 2000er und Anfang der 2010er Jahre gab es deutlich mehr Fälle transgressiven Widerstands, bevor ihre Zahl aufgrund der zunehmenden Repression und anderer Faktoren abnahm.

Alle drei Formen des Widerstands wurden häufig von Gruppenleiter:innen, Linienführer:innen oder älteren, erfahrenen Arbeiter:innen initiiert. Sie versuchten, die Anliegen der Arbeiter:innen durchzusetzen, forderten das höhere Management heraus oder ließen den Kampf gar eskalierten. Arbeiterinnen* waren am Widerstand beteiligt, meist in dem Maße, in dem sie in der Belegschaft vertreten waren. Sie übernahmen auch führende Rollen. In den 2000er Jahren waren es häufig junge Wanderarbeiter:innen der »zweiten Generation«, die Proteste organisierten oder sich daran beteiligten.[20] Sie wollten in den Städten bleiben, hatten aus den Erfahrungen der »ersten Generation« gelernt und nutzten die Tatsache, dass staatliche Gewerkschaften und Arbeitsbehörden solche Proteste in vielen Fällen mehr oder weniger tolerierten.[21]

Alle Kämpfe von Migrant:innen in den Betrieben waren selbstorganisierte und autonome Aktionen. Streiks sind in der Volksrepublik China weder gesetzlich sanktioniert noch geschützt, und die Gründung unabhängiger Gewerkschaften lässt das KPCh-Regime nicht zu. Die offizielle Gewerkschaft ACGB, die Massenorganisation der KPCh in den Betrieben, verfügt in vielen Unternehmen und Regionen über gewerkschaftliche Strukturen, ist dem Regime gegenüber jedoch loyal und lehnt Streiks ab. Das Verbot unabhängiger Arbeiterorganisationen, seien es Gewerkschaften oder politische Gruppen, hat die Bildung formeller oder offizieller Arbeitergruppen verhindert, was bedeutet, dass in der Volksrepublik China die »Klassenkämpfe ohne Klassenorganisation« geblieben sind.[22]

In den 1990er und 2000er Jahren fand die Selbstorganisation häufig auf der Grundlage des gemeinsamen Herkunftsorts von Wanderarbeiter:innen statt, die aus demselben Dorf oder derselben Region stammten. Im Laufe der 2000er Jahre ließen sich Migrant:innen langsam in den Städten nieder (auch ohne einen städtischen *hukou* zu erhalten). Nun organisierten sie mehr Proteste auf der Grundlage gemeinsamer Interessen als Arbeiter:innen, weil sie dieselbe Tätigkeit ausübten oder in derselben Abteilung, demselben Betrieb oder demselben Unternehmen arbeiteten.[23] Auch wenn die Zahl ihrer Kämpfe in den 2000er Jahren zunahm, so hatten die Wanderarbeiter:innen dennoch keine klare Begrifflichkeit, um über sie zu sprechen – weder linke Bezeichnungen noch Klassenbegriffe. Die Worte Klasse (*jieji*) und Klassenkampf (*jieji douzheng*) waren in den 1980er Jahren aus den öffentlichen Debatten verschwunden. Die KPCh und die meisten Wissenschaftler:innen und Analyst:innen hatten sie aufgegeben und durch einen Weber'schen, bürgerlichen Diskurs über soziale Schichten (*jieceng*) ersetzt.[24] Wanderarbeiter:innen benutzten nicht einmal den Begriff für Arbeiter:innen – *gongren* –, da er weiterhin für Arbeiter:innen aus Staatsbetrieben in den Städten reserviert war. Sie hatten andere Begriffe wie »arbeitende Schwester/arbeitender Junge« (*dagongmei/dagongzai*) oder »Bauernarbeiter:in« (*nongmingong*), die den unsicheren und temporären Status in den Städten zum Ausdruck brachten und den Mangel an Klassenbegriffen und eine »diskursive Sprachlosigkeit« aufzeigten.[25]

Angepasste Gegenmaßnahmen

Langfristig waren die Mobilisierungen und Kämpfe der Wanderarbeiter:innen bis zu einem gewissen Grad erfolgreich. Zum einen konnten die Arbeiter:innen Erfahrungen mit Organisierungsstrategien und Protesttaktiken sammeln, und zum anderen führte der Druck von unten tatsächlich zu einer Verbesserung ihres Status und ihrer Bedingungen. Dieser Verlauf war jedoch keinesfalls reibungslos, und die KPCh-Regime setzten auch Unterdrückungsmaßnahmen gegen den Druck von unten ein.

Während der Umstrukturierung der Wirtschaft in den 1990er und frühen 2000er Jahren war das Regime unter Jiang Zemin oft nicht in der Lage, konsequent und planvoll auf soziale Proteste zu reagieren. Oft schickte es die Polizei, was zu mehr Konflikten und sogar Krawallen führte. Von Mitte der 2000er bis Anfang der 2010er Jahre, dem »goldenen Zeitalter« des Wirtschaftsbooms und der steigenden Löhne, schuf das Regime unter Hu Jintao dann weitere Möglichkeiten für Zugeständnisse und Vereinnahmungen.[26] Während des größten Teils der 2000er Jahre waren Streiks für das staatliche und private Kapital oft kein großes Problem, weil die Löhne niedrig waren und die Wirtschaft boomte. Somit gab es Raum für (kleine, aber kontinuierliche) Zugeständnisse. Lokale oder regionale Behörden tolerierten Arbeiterproteste, solange sie auf ein Unternehmen beschränkt blieben. Die Arbeiter:innen, die Streiks aktiv organisierten, wurden jedoch in der Regel entlassen, und Versuche, unabhängige Arbeiterorganisationen zu gründen, wurden rigoros unterdrückt. Die lokalen Behörden griffen auch (repressiv oder anderweitig) ein, wenn Arbeiterkämpfe über die Unternehmensgrenzen hinausgingen, klare politische Ziele verfolgten oder nicht schnell gelöst werden konnten. Außerdem lenkten sie Beschwerden und Konflikte in institutionalisierte Schlichtungsverfahren, um die Arbeiter:innen zu vereinzeln und Klassenzusammensetzungsprozesse zu verhindern.[27]

In den späten 2000er und in den 2010er Jahren war der Staatsapparat viel besser für den Einsatz polizeilicher oder politischer Maßnahmen vorbereitet. Er hatte mittlerweile seine »repressiven Fähigkeiten« und auch seine »responsiven Fähigkeiten« schrittweise ausgebaut:[28] mehr und besser ausgebildete Polizeikräfte, neue Formen der Überwachung und (Online-)Zensur, neue Vorschriften für NGOs und andere Unterstützergruppen, neue (und besser durchgesetzte) Arbeitsgesetze, Arbeitsschiedsverfahren und Arbeitsgerichte, aktivere Intervention und Organisierung durch den ACGB und mehr »arbeitnehmerfreundliche« Regierungspropaganda (einschließlich der im letzten Kapitel erwähnten Harmonischen Gesellschaft). Während des »goldenen Zeitalters« wurde Arbeiter:innen und Unterstützer:innen (wie den NGOs) Raum für Experimente bei Tarifverhandlungen gegeben, diese wurden Mitte der 2010er Jahre jedoch vom Regime eingeschränkt oder eingestellt.

Das Regime unter Xi Jinping (nach 2012) nutzte die institutionalisierten Methoden zur Lösung und Kontrolle von Arbeitskonflikten weiter. Es begann jedoch gleichzeitig, repressiver gegen soziale Proteste vorzugehen. Das Wirtschaftswachstum hatte sich verlangsamt und die Lohnerhöhungen waren zurückgegangen. Die Schließung von Fabriken, ihre Verlagerung ins chinesische Hinterland oder nach Südostasien und Probleme im Zusammenhang mit dem Älterwerden der Wanderarbeiter:innen führten zu einer wachsenden Zahl von Konflikten. Dabei ging es vor allem um Entlassungen, Abfindungen und Sozialversicherungsbeiträge, also hohe Summen. Die Arbeitgeber hatten jetzt jedoch weniger Spielraum für Zugeständnisse. Die Wanderarbeiter:innen hatten in den 2010er Jahren weniger Optionen, weil der Staat gegen Unterstützungsnetzwerke vorging und Berichte über soziale Kämpfe zensierte. Größere, grenzüberschreitende und sich ausbreitende Proteste wurden unterdrückt, Arbeiteraktivist:innen, »Anführer:innen« und Unterstützer:innen wurden entlassen, auf schwarze Listen gesetzt oder sogar verhaftet. Welche Form der Eindämmung angewandt wurde, hing von »regionalen Kontrollmodellen«, dem Ausmaß der Proteste, »bürokratischen Anreizen« für Kader und den Programmen des Regimes zur Aufstandsbekämpfung ab.[29]

Arbeiter:innen gegen das Kapital

Kurzum, Wanderarbeiter:innen eröffneten sich seit den 1990er Jahren neue Möglichkeiten, in die Städte und Industriegebiete zu ziehen und dort mehr zu verdienen als ein mageres Einkommen als Bäuerin oder Bauer. Bei ihrer Arbeit in der Stadt mussten sie jedoch mit harten Arbeits- und Lebensbedingungen zurechtkommen. Die Zahl ihrer Proteste nahm zunächst nur langsam zu, weil sie sich erst an die neue Situation gewöhnen mussten. Nachdem sie mehr Erfahrungen gesammelt hatten, stieg die Zahl der Proteste erheblich an. Auch bei den Protesten waren die Wanderarbeiter:innen jedoch oft nicht vereint, sondern blieben nach Herkunft, Qualifikation,

Geschlecht, Branche und Region getrennt.

Die Kämpfe der Wanderarbeiter:innen richteten sich gegen private und staatliche Arbeitgeber sowie häufig auch gegen lokale Behörden. Diese waren einerseits eng mit Teilen des lokalen Kapitals verbunden. Andererseits wurden sie dafür verantwortlich gemacht, dass die Arbeitgeber nicht zur Einhaltung gesetzlicher Vorschriften (wie zum Mindestlohn oder zu Regelung von Überstunden) gezwungen wurden und das Migrationsregime (einschließlich des *hukou*-Systems) restriktiv und diskriminierend war.

Die Forderungen (und die Art und Weise, in der die Forderungen gestellt wurden) änderten sich wiederholt. In einem Zeitfenster mit mehr Möglichkeiten zwischen Mitte der 2000er und Mitte der 2010er Jahre konnten die Arbeiter:innen die hohen Wachstumsraten und den regionalen Arbeitskräftemangel nutzen, um offensive und ehrgeizigere Forderungen nach deutlichen Verbesserungen zu stellen. Davor und danach blieben ihre Forderungen eher defensiv. So verlangten sie zum Beispiel die Zahlung von Lohnrückständen oder von Entschädigungen nach Entlassungen.

Die neue migrantische Arbeiterklasse und ihre Kämpfe verschärften die sozialen Spannungen, die durch die wachsende soziale Ungleichheit und die kapitalistische Ausbeutung entstanden waren. Die Kämpfe führten nicht zur Bildung einer organisierten Arbeiterbewegung mit gewerkschaftlicher oder parteilicher Vertretung. Wichtiger noch, die Arbeiter:innen konnten keine dauerhaften organisatorischen Kerne und Ressourcen bilden, um diese in zukünftigen Kämpfen einzusetzen. Allerdings sammelten sie wichtige Erfahrungen und Kenntnisse über die Organisierung von Protesten, die auch weitergegeben wurden. Und ihre Kämpfe erzeugten einen erheblichen Druck von unten, der Veränderungen des institutionellen Rahmens und der Arbeitsbedingungen mit sich brachte. Dieser Druck führte auch zu einer »Verbiegung« des Staats, das heißt, die Arbeiter:innen zwangen das KPCh-Regime, seine repressiven und responsiven Kapazitäten langsam und schrittweise zu verändern.[30]

Die Entstehung der migrantischen Arbeiterklasse, ihre Kämpfe und Organisationsformen beeindruckten nicht nur die KPCh-Führung und die Behörden, sondern auch verschiedene Teile der oppositionellen Linken, wie wir im nächsten Abschnitt sehen werden.

Die Neuzusammensetzung der Linken

»Als die Student:innen die Bilder des Vorsitzenden Mao hervorholten, fanden viele Arbeiter:innen das ziemlich seltsam oder sagten, dass sie den Sinn dieser Bilder nicht verstünden. Unserer Beobachtung nach haben die meisten Arbeiter:innen im Perlflussdelta kein besonderes Interesse an Mao.« (Kommentar eines Aktivisten zu den Organisierungsbemühungen maoistischer Student:innen, 2019)[31]

Wie im vorangegangenen Kapitel erörtert, führten die veränderte Klassenzusammensetzung und die zunehmenden sozialen Ungleichheiten in der späten Übergangsperiode und der frühen kapitalistischen Periode zu einer Neuzusammensetzung der aktivistischen linken Opposition und wirkten sich auf linke Debatten und Initiativen innerhalb und außerhalb der KPCh aus. Während in den 1990er und frühen 2000er Jahren vor allem Bäuerinnen und Bauern sowie städtische Arbeiter:innen aus Staatsbetrieben an den sozialen Auseinandersetzungen beteiligt waren, gaben ab Mitte der 2000er Jahre die Proteste von Wanderarbeiter:innen den Ton an.

Wie in den 1990er Jahren blieb die Mehrheit der oppositionellen Linken in der Volksrepublik China vom Maoismus beeinflusst. Die alte Generation der Maoist:innen konzentrierte sich weiterhin auf die Situation und die Kämpfe der Bäuerinnen und Bauern und mehr noch auf die Proteste der städtischen Arbeiter:innen gegen die Schrumpfung staatlicher Sektoren und den Abbau von Lohnzusatz- und Sozialleistungen. Nun entstand jedoch eine neue Generation von Maoist:innen, die sich mit der Situation der Wanderarbeiter:innen oder der neuen Arbeiterklasse befasste.

Die wiederholten Kämpfe der städtischen Arbeiter:innen, Wanderarbeiter:innen sowie der Bäuerinnen und Bauern inspirierten linke Debatten und Organisierungsversuche, die auch Kräfte innerhalb der KPCh beeinflussten. Gegen Ende der 2000er Jahre machten sich Gruppen innerhalb der Partei linke Diskurse und die maoistische Nostalgie zu eigen. Wie wir sehen werden, führte dies zu einer Spaltung der neuen Linken in eine maoistische Rechte und eine maoistische Linke – eine Spaltung, welche die politische Landschaft der Linken in der Volksrepublik China bis heute prägt.

NGOs intervenieren in Arbeiterkämpfe

In den 2000er und 2010er Jahren wurden oppositionelle linke Politik und Positionen, die das KPCh-Regime oder die gesellschaftlichen Verhältnisse kritisierten, hauptsächlich von bestimmten linken NGOs, Online-Netzwerken, Studentengruppen und informellen Kreisen diskutiert und umgesetzt. In der Volksrepublik China hatte der Prozess der NGOisierung bereits in den 1990er Jahren begonnen.[32] NGOs wurden vermehrt gegründet, als sich das Regime aus bestimmten sozialen und sozialstaatlichen Bereichen (zum Beispiel im Gesundheitswesen) zurückzog und der Parole »Weniger Staat, mehr Gesellschaft« (*xiaozhengfu, dashehui*) folgte. Somit entstand ein gewisser Raum für die Gründung registrierter wie auch informeller privater sozialer Organisationen. Die meisten NGOs waren in irgendeiner Form im sozialen Bereich oder der Entwicklungshilfe tätig – und sie waren weder links noch in anderer Weise oppositionell. Einige verfolgten allerdings eine explizit linke politische Agenda und unterstützten soziale Kämpfe von unten. Dazu gehörten NGOs in Bereichen wie Umwelt, Feminismus, LGBTIQ* und Arbeit.[33]

Nachdem linke Aktivist:innen aus der Volksrepublik China und Hongkong von den harten Bedingungen in den Weltmarktfabriken in der Provinz Guangdong zu Beginn der 1990er Jahre erfahren und auch von den ersten Kampfwellen migrantischer Fabrikarbeiter:innen gehört hatten, diskutierten sie Formen der Unterstützung und Solidarität und gründeten ab Mitte der 1990er Jahre entsprechende NGOs.[34] Zu den Gründer:innen zählten sowohl städtische Intellektuelle als auch (ehemalige) Wanderarbeiter:innen, die beide verschiedenen linken Strömungen angehörten. Einige dieser NGOs erhielten (finanzielle) Unterstützung von weiteren NGOs und Stiftungen aus Hongkong und anderen Ländern, beispielsweise aus Europa oder Nordamerika, und die meisten von ihnen waren in der Provinz Guangdong im Süden oder in und um Beijing im Norden aktiv.

Die NGOs fanden Raum für ihre Aktionen, auch wenn das Regime sie als politisch heikel einstufte und die Gruppen kontrollierte oder unter Druck setzte. Dieser Druck kam insbesondere von lokalen staatlichen Stellen, die ihre Interessen bedroht sahen. Die NGOs unterstützten beispielsweise Wanderarbeiter:innen, die von Arbeitsunfällen oder Berufskrankheiten betroffen waren und um eine Entschädigung kämpften. Sie halfen auch Arbeiterinnen, die in ihrem Kampf gegen harte Arbeitsbedingungen juristische Betreuung oder Schulungen benötigten, oder Migrant:innen, die aufgrund ihres ländlichen *hukou*-Status in der Stadt diskriminiert wurden. Viele dieser Aktivitäten liefen unter dem Begriff *weiquan*, der für die Wahrung der legitimen Rechte und Interessen zum Beispiel von Wanderarbeiter:innen steht.[35]

Eine Reihe von eher informellen Gruppen und Einzelpersonen war ebenfalls an *weiquan*-Aktivitäten beteiligt und organisierte die Unterstützung von Wanderarbeiter:innen und ihren individuellen oder kollektiven Kämpfen. Zu ihnen gehörten sogenannte Bürgerjournalist:innen und Bürgeranwält:innen, (ehemalige) Arbeiter:innen, die sich die notwendigen Fähigkeiten selbst angeeignet hatten, zu Aktivist:innen geworden waren und nun Berichte schrieben, Beratungen anboten oder in anderer Form unterstützend wirkten.

Als die Kämpfe der Wanderarbeiter:innen in den späten 2000er und frühen 2010er Jahren um sich griffen und militanter wurden, änderten etliche NGOs ihre Praxis. Sie »orientierten sich an der Bewegung«, rekrutierten Arbeiteraktivist:innen oder schulten Arbeiter:innen in Formen kollektiver Aktion.[36] Sie unterstützten auch Arbeiterproteste und die Organisierung von Streiks. In einigen Fällen halfen solche NGOs, kleine, wiederholte Proteste aus dem Hintergrund zu koordinieren, was als »verdeckte kollektive Aktion« oder »Mobilisierung ohne die Massen« bezeichnet wurde. Das bedeutet, sie initiierten öffentlichkeitswirksame Aktionen und Kampagnen auf Internetplattformen, vermieden jedoch die Bildung größerer oder formeller Organisationen.[37] In anderen Fällen beteiligten sich die NGOs an Tarifverhandlungen und mobilisierten und schulten Arbeiter:innen in der Vertretung ihrer Positionen, im Auftreten in Verhandlungen und in der Organisierung von Protestaktionen. »Die NGOs sahen in Tarifverhandlungen einen Mittelweg, dem sie folgen können – eine Strategie, die nicht als politisch gefährlich angesehen wird, aber zu einer wesentlichen Verbesserung der Bedingungen von Arbeiter:innen beitragen kann.«[38] In diesem Sinne wagten sie es, zu einer Mobilisierung »mit den Massen« zurückzukehren. Ein Beispiel für diese veränderte Rolle einer NGO sind die erfolgreichen Streikaktionen für Sozialversicherungszahlungen und andere Forderungen bei Lide, einer Schuhfabrik in Guangzhou, in den Jahren 2014 und 2015. Die lokale NGO »Panyu Service-Zentrum für Wanderarbeiter:innen« leistete einen wichtigen

Beitrag, indem sie die Aktionen und Organisierungsversuche der Arbeiter:innen unterstützte.[39]

Wie bereits erwähnt, kamen viele der in diesen NGOs engagierten Personen aus verschiedenen linken Zusammenhängen. Letztere veränderten sich in den 2000er und 2010er Jahren in unterschiedlicher Weise, wie im nächsten Unterabschnitts zu sehen ist.

Organisierung von unten

NGOs und andere Initiativen zur Unterstützung von Arbeiterkämpfen bestanden meist aus Intellektuellen oder (ehemaligen) Student:innen mit städtischem oder migrantischem Hintergrund und (ehemaligen) Wanderarbeiter:innen. Sie vertraten unterschiedliche linke Positionen, die auch die Formen ihrer Interventionen bestimmten.

Solche mit eher reformistischen, sozialdemokratischen (oder liberalen) Positionen waren in Online-Debatten und diversen NGOs aktiv, allen voran im China Labour Bulletin. Diese Organisation aus Hongkong hat ein Netzwerk von Kontakten in der Volksrepublik China und vertritt die sozialdemokratische Agenda für eine unabhängige Gewerkschaftsbewegung und ein System von Tarifverhandlungen.[40] An einigen Initiativen waren Personen mit trotzkistischen Positionen beteiligt, denen es um die Schulung und Ermächtigung von Arbeiter:innen ging sowie die Organisierung von Solidarität innerhalb und außerhalb der Volksrepublik China.[41] Eine weitere kleine Gruppe unorthodoxer Linker unterstützte vor allem Interventionen und die Solidarität in Betrieben, schrieb Streikberichte und führte und dokumentierte Interviews mit Arbeiter:innen. Und einige wenige Aktivist:innen sammelten Berichte von Arbeiterkämpfen und stellten diese Informationen anderen Unterstützer:innen von Arbeiterprotesten in der Volksrepublik China und anderswo zur Verfügung.[42]

Der Maoismus übte nach wie vor den stärksten Einfluss auf die Aktivist:innen aus, die Arbeiterkämpfe unterstützten. Die (oppositionelle) maoistische Linke erlebte in den späten 2000er und frühen 2010er Jahren einen Generationswechsel: von einer älteren Generation, die sich hauptsächlich auf die alte Arbeiterklasse der Arbeiter:innen aus Staatsbetrieben in den Städten bezog und ihre Wurzeln in den rebellischen Kämpfen der Kulturrevolution hatte, zu einer neuen Generation, die aus einem Aufschwung linker (meist maoistischer) Diskussionen hervorging und sich auf die Kämpfe der Wanderarbeiter:innen konzentrierte.

Die linken Debatten profitierten zu dieser Zeit von der zunehmenden Nutzung von Internetplattformen (Webseiten, Messageboards, Chats, Blogs), die Raum für Austausch boten (zumindest eine Zeit lang, bis die staatliche Zensur nachgezogen hatte).[43] Junge linke (studentische) Aktivist:innen, die sich als Marxist:innen und/oder Maoist:innen bezeichneten, organisierten sich Anfang der 2010er Jahre an mehreren Universitäten, unter anderem in Beijing. Aus städtischen Familien und zunehmend auch aus migrantischen Familien stammend, bildeten diese Student:innen sogenannte marxistische Studiengruppen. Sie lasen Maos Werke und maoistische Literatur und wandten sie auf die neuen Realitäten des Kapitalismus in der Volksrepublik China an. Einige begannen auch, die Industriezonen im Süden zu besuchen und sich bei Schulungen im Sommer über die Bedingungen und Organisationsformen zu informieren.

Zu den Aktivitäten maoistischer und anderer linker Gruppen, die von linken NGOs und akademischen Kreisen unterstützt wurden, gehörten verdeckte Untersuchungen in Fabriken wie denen des Elektronikzulieferers Foxconn.[44] Zu ihrer Praxis gehörten: »die Arbeit von Arbeiter:innen zu machen« (*zuo gongren gongzuo*), »in die Fabrik zu gehen« (*jin chang*) oder *ronggong* (wörtlich: sich unter die Arbeiter:innen mischen), also in Fabriken zu arbeiten, oft in den Sommerferien oder nach dem Studienabschluss, um die Organisierung und Streiks zu unterstützen.[45] Einige engagierten sich nicht nur in Arbeiterkämpfen, sondern auch im Aktivismus auf dem Campus und in feministischen Kämpfen. So fand sich zum Beispiel 2014 eine Gruppe zusammen, die den Streik für materielle Verbesserungen von Reinigungsarbeiter:innen auf einem Campus in Guangzhou unterstützte.[46]

Der spektakulärste Vorfall markierte zugleich das vorläufige Ende solcher (offenen) Aktivitäten. Maoistische Student:innen, die zu Arbeiteraktivist:innen geworden waren, versuchten, die Arbeiter:innen in einer Fabrik der Firma Jasic in Shenzhen zu organisieren.[47] Jasic ist ein Hersteller von Schweißmaschinen. Die Aktivist:innen wollten die harten Arbeitsbedingungen bekämpfen und versuchten, eine dem ACGB angeschlossene Betriebsgewerkschaft zu gründen. Als die örtliche Polizei jedoch einige der Arbeiter:innen und Aktivist:innen verhaftete, organisierten Unterstützer:innen Demonstrationen und mobilisierten Dutzende von Student:innen aus maoistischen Gruppen, die nach Shenzhen fuhren und an Protesten teilnahmen. Die Polizei nahm weitere Verhaftungen vor, und die staatlichen Sicherheitsbehörden begannen anschließend eine Kampagne zur Unterdrückung maoistischer Initiativen und Studienkreise im ganzen Land.[48] Der Kampf wurde zerschlagen, und die Unterdrückungswelle traf nicht nur die am Fall Jasic Beteiligten, sondern auch andere Aktivistengruppen und NGOs, die Arbeiterkämpfe unterstützten. Nach dieser Niederlage debattierten verschiedene linke Strömungen darüber, wie brauchbar maoistische Strategien sind, wenn sie die Arbeiter:innen aufklären und von außen beziehungsweise durch die Gründung einer ACGB-Gewerkschaft organisieren wollen.[49]

Maoistische Linke und Rechte

Viele derjenigen, die sich an linken NGOs zur Unterstützung von Arbeiterkämpfen, oppositionellen linken Debatten und linken Basisinitiativen beteiligen, bezeichnen sich als maoistisch oder vertreten mit dem Maoismus verwandte Ansichten. Das gilt auch für die Intellektuellen, die der Neuen Linken nahestehen, und auch für Linke innerhalb der KPCh. In den späten 2000er und frühen 2010er Jahren vergrößerte sich die Spaltung zwischen verschiedenen Strömungen des Maoismus. Einige Maoist:innen begrüßten die Sozialreformen im Rahmen der »Harmonischen Gesellschaft« Hu Jintaos und das Programm »Aufbau des neuen sozialistischen ländlichen Raums« von Mitte der 2000er Jahre, das die Probleme der Bäuerinnen und Bauern zu lösen versprach.

Für noch mehr Aufregung unter einigen Linken sorgte das sogenannte Chongqing-Modell. Der KPCh-Führer der westchinesischen Großstadt Chongqing, Bo Xilai, förderte den sozialen Wohnungsbau und andere Sozialmaßnahmen, führte eine Kampagne gegen das organisierte Verbrechen und betrieb die Lockerung des *hukou-* oder Migrationsregimes.

Er setzte auf maoistische Folklore oder eine Art »roter« Kultur und nostalgische Erinnerungen an den Sozialismus. Das brachte ihm und dem Chongqing-Modell die Unterstützung eines Teils der Neuen Linken und anderer maoistischer Gruppen ein, unter anderem einiger Leute, die hinter den Webseiten Rotes China und Utopia standen. Sie hofften, Bo Xilai könne in der KPCh an Einfluss gewinnen und den Parteikurs in eine Richtung umlenken, die ihren Vorstellungen von links entsprach.[50] Bo galt jedoch als Konkurrent des designierten Parteichefs Xi Jinping. Die KPCh-Führung wandte sich gegen die Linie von Bo und entschied sich für Xi Jinping als nächsten Parteichef. Bo wurde schließlich 2012 verhaftet und wegen Korruption verurteilt, womit auch das Ende des Chongqing-Modells besiegelt war.

Die Auseinandersetzungen um die Unterstützung oder Kritik des Chongqing-Modells vertiefte die Spaltung zwischen einer maoistischen Linken (*maozuo*) und einer maoistischen Rechten (*maoyou*).[51] Diese Bezeichnungen beschreiben Tendenzen oder Debatten, nicht jedoch größere organisatorische Einheiten. Die maoistische Linke distanziert sich von der KPCh, die sie als eine kapitalistische oder sogar rechte Kraft betrachtet. Sie unterstützt Kämpfe von unten, zum Beispiel von Wanderarbeiter:innen, und vertritt eine revolutionäre Version des Maoismus. Während einige eine demokratischere Form des Sozialismus befürworten, halten andere an autoritären Formen fest, und während einige eine »internationalistische« Vision des Klassenkampfes haben, unterstützen andere eine Art chinesischen Nationalismus. Einige Maoist:innen der »alten« Generation, die aus der Rebellenbewegung der Kulturrevolution und späteren Kämpfen hervorgingen, sowie die neue Generation von Student:innen und anderen, die in den 2010er Jahren eine größere Rolle zu spielen begannen, gehören der maoistischen Linken an.

Die maoistische Rechte kritisiert weiterhin die negativen Auswirkungen der Marktreformen des KPCh-Regimes auf die Arbeiterklasse(n) in der Volksrepublik China – auf die städtischen Arbeiter:innen, die ihren Status, ihren Lohn und ihre Zusatzleistungen verloren haben, und auf die Wanderarbeiter:innen, die an ihren städtischen Arbeitsplätzen mit harten Arbeitsbedingungen zurechtkommen müssen. Die maoistische Rechte hält jedoch an der marxistisch-leninistisch-maoistischen Ideologie fest, unterstützt die Parteiherrschaft und einen starken Staat, hofft, die KPCh(-Führung) von innen heraus wieder auf einen sozialistischen Kurs zu bringen, und unterstützt den chinesischen Nationalismus, also die Verfolgung der wirtschaftlichen und politischen Interessen der Volksrepublik China im Ausland durch die chinesische Regierung. In den letzten Jahren hat sich die maoistische Rechte auch hinter die KPCh-Führung unter Xi Jinping gestellt, weil diese den (beziehungsweise ihre eigene Version des) Marxismus hochhält.

Unterdrückung durch das Regime

Seit linke oppositionelle Aktivitäten in den 1990er Jahren zunahmen, hat das KPCh-Regime verschiedene Instrumente entwickelt, um diese in den Griff zu bekommen. Lokale Behörden beschränkten die Aktionen von Einzelpersonen und Gruppen durch Überwachung und andere Formen der Kontrolle, insbesondere wenn sie soziale Proteste unterstützten. NGOs wurden bedroht und gezwungen, bestimmte Bezirke oder Städte zu verlassen. Betreiber:innen linker Webseiten und Publikationen gerieten unter Druck oder wurden, wie nach dem Sturz von Bo Xilai, zum Aufgeben gezwungen.[52]

Unter der neuen Parteiführung von Xi Jinping sind oppositionelle Aktivitäten nach 2012 noch strenger gehandhabt worden. Das Regime hat seine Zensurmaßnahmen gegen linke Online-Aktivitäten und -Kampagnen weiter angepasst und verschärft. Es geht noch repressiver gegen verschiedene Formen der organisierten Opposition vor. Das betrifft Journalist:innen, Rechtsanwälte und Aktivist:innen. Viele dieser Oppositionellen sind Liberale und nicht in linke Organisationen oder Aktivitäten involviert. Das harte Vorgehen im Dezember 2015 gegen Aktivist:innen und NGOs, die Arbeiterkämpfe unterstützen, zeigt jedoch, dass auch Linke zunehmend ins Fadenkreuz der staatlichen Sicherheitskräfte geraten sind.

In der zweiten Hälfte der 2010er Jahre übernahm die Zentralregierung die Verfolgung linker oppositioneller Gruppen. Sie gab nun die politische Linie vor, der lokale Behörden zu folgen hatten. Vorher hatten lokale Behörden flexibler und weniger konsequent auf linke Aktivitäten reagiert. Offensichtlich fürchtete das KPCh-Regime, dass mehr organisierte Verbindungen zwischen sozialen Protesten und linken Mobilisierungen entstehen könnten.

Ein Beispiel für das harte Vorgehen gegen die – in diesem Fall maoistische – Opposition war die bereits erwähnte Zerschlagung der Jasic-Mobilisierung und anschließend der maoistischen Studentengruppen, mehrerer NGOs und anderer Zusammenhänge im Jahr 2018. Dazu gehörten Drohungen, Verhaftungen, Verschwindenlassen und Gefängnisstrafen. Die staatliche Unterdrückung linker Initiativen findet nun eindeutig präventiv statt und zielt darauf ab, jede effektive Zusammenarbeit von Protagonist:innen sozialer Kämpfe und linken Aktivist:innen zu verhindern. Weder die von verschiedenen linken Strömungen getragenen NGOs zur Unterstützung von Arbeiterkämpfen noch die maoistischen (Studenten-)Gruppen konnten ihr Engagement seit Beginn der Repressionswelle fortsetzen. Diese Generation linken Aktivismus scheint an ihr Ende gekommen zu sein.

Um seine Legitimität zu stärken, propagiert das KPCh-Regime an der ideologischen Front gezähmte und getrimmte Interpretationen (beziehungsweise rechte und nationalistische Versionen) des Marxismus, des Maoismus und seiner eigenen sozialistischen Vergangenheit. Die Erneuerung oder Neudefinition des Marxismus durch die Parteiführung begann bereits kurz nachdem die KPCh Anfang der 2000er Jahre Kapitalisten in ihre Reihen aufgenommen hatte. Sie befürchtete, Legitimität und Unterstützung unter Arbeiter:innen, Bäuerinnen und Bauern zu verlieren. So startete sie 2004 das »Projekt für marxistische theoretische Forschung und Entwicklung« (*makesi zhuyi lilun yanjiu he jianshe gongcheng*). »Im Rahmen des Projekts sollte der Marxismus erneut überprüft werden, um herauszufinden, was die marxistischen Klassiker über sozialistischen Aufbau zu sagen haben – und nicht über Revolution, die in der Vergangenheit im Vordergrund gestanden hatte.« Die KPCh versuchte, »eine neue marxistische Orthodoxie zu etablieren, welche die revolutionäre Vergangenheit hinter sich lässt«. Diese neue Orthodoxie sollte auch den Reformkurs ideologisch rechtfertigen, der die Volksrepublik China in den Kapitalismus führte.[53]

Unter Xi Jinping versuchte das Regime, die Herrschaft der Partei sowohl durch institutionelle als auch ideologische

Reformen zu stärken. Angesichts der Verlangsamung des Wirtschaftswachstums, verbreiteter Widersprüche in Partei- und Staatsapparat (wie Korruption) und anhaltender sozialer Ungleichheit und Spannungen beschloss sie, ihre Herrschaft durch Kampagnen, Säuberungsaktionen und Zensurmaßnahmen zu festigen. Der Einfluss der KPCh in vielen Teilen der Gesellschaft wurde gestärkt, so durch neue Richtlinien und die Etablierung von Parteizellen mit mehr Machtfülle, beispielsweise in Unternehmen.

Neben den repressiven Maßnahmen wurden auch linke und marxistische Begrifflichkeiten wieder in den offiziellen Sprachgebrauch aufgenommen.[54] Der Marxismus der KPCh-Führung »ist ein von oben lancierter Versuch, die Bevölkerung mithilfe einer nationalistischen Ideologie zu vereinen, und nicht, sie zum Klassenkampf zu inspirieren«.[55] Die vom Regime organisierten Kampagnen zur Armuts- oder Korruptionsbekämpfung erinnern an linke Forderungen, sollen jedoch soziale Spannungen verringern und den Staat effizienter machen (für die Regierungsführung der Zentrale). Kampagnen gegen »ausländische« oder »westliche« Einflüsse dienen der Ausschaltung liberaler und linker Opposition.[56] In den Jahren 2021 und 2022 hat die KPCh-Führung zudem einen Diskurs über »gemeinsamen Wohlstand« (*gongtong fuyu*) begonnen und Maßnahmen zur Kontrolle von Privatkapitalisten in der IT-Branche ergriffen. Sie will damit die (angebliche) Sorge der Partei um das Wohlergehen der Menschen unterstreichen.[57]

Die gezähmten Formen des Marxismus und Maoismus haben eine Funktion in der politischen Strategie der KPCh. Sie können gegen innenpolitische Feinde eingesetzt werden, sowohl gegen Liberale und ihre Kritik am KPCh-Regime als auch gegen linke Oppositionelle, welche die Linie der KPCh verraten. Sie tragen auch dazu bei, den Mythos vom »langen Marsch« der KPCh und ihrer Rolle bei der nationalen Befreiung immer wieder aufleben zu lassen und damit die Legitimität der Partei zu stärken.

Harte Zeiten

Kurzum, die oppositionelle Linke, die sich im Laufe der 1990er Jahre neu organisiert hatte, veränderte sich in den folgenden Jahrzehnten weiter. Linke engagierten sich in NGOs, welche die Kämpfe von Wanderarbeiter:innen unterstützten. Sie gründeten oppositionelle Gruppen und beteiligten sich in den 2010er Jahren an Online-Debatten über die neue Klassenzusammensetzung und linke Strategien. Der Maoismus blieb die wichtigste politische Ideologie linker Gruppen. Weit weniger Linke unterstützten andere Positionen, wie trotzkistische oder sozialdemokratische.

Die Maoist:innen organisierten sich in verschiedenen Zirkeln und Netzwerken, haben es aber nicht geschafft, größere organisatorische Kerne zu bilden. Sie sind in verschiedenen, sich überschneidenden Fragen gespalten: Einige orientieren sich am alten sozialistischen Projekt der KPCh, andere konzentrieren sich auf den Kapitalismus der Reformperiode oder den sogenannten Marktsozialismus »mit chinesischen Merkmalen« (*zhongguo tese*); eine alte Generation, die früher an der Kulturrevolution und späteren Kämpfen beteiligt war, hat die alte sozialistische Arbeiterklasse im Blick, während eine junge Generation von Maoist:innen die neue migrantische Arbeiterklasse unterstützt; reformistische Positionen streben einen allmählichen Wandel der KPCh-Politik an, revolutionäre Positionen die Entwicklung der Macht von unten; und eine Mehrheit unterstützt die nationalistischen globalen Strategien des KPCh-Regimes, während eine Minderheit an der Idee einer globalen linken Bewegung oder Bewegung der Arbeiterklassen festhält. Somit steht eine oppositionelle maoistische Linke, die auf Klassenkampf und Wandel von unten setzt, einer loyalen maoistischen Rechten gegenüber, die das KPCh-Regime und die autoritäre Regierungsführung unterstützt.

Viele aus der maoistischen Rechten oder anderen Gruppen, die sich in irgendeiner Weise als links bezeichnen, stellen sich hinter die Parteiführung, wenn es um die Stärkung der Parteiherrschaft geht oder die Verfolgung einer nationalistischen Politik im Ausland, die Unterdrückung in Xinjiang, Tibet und Hongkong zur Verteidigung des Staatsgebiets, die Angriffe auf Liberale und »westliche Einflüsse« oder den jüngsten Druck auf IT-Unternehmen und die geplante Einführung von Vermögenssteuern. Die meisten dieser Maßnahmen liegen nicht im Interesse der Arbeiterklasse(n), und sie sind auch nicht per se links.

Das KPCh-Regime duldete die maoistische Rechte und schaffte es auch, linke Diskurse und Akteure zu vereinnahmen. Die maoistische Linke und andere oppositionelle linke Gruppen und Zirkel litten in den letzten Jahren unter der Unterdrückung des linken Aktivismus. Heute meiden die meisten dieser Zirkel die Öffentlichkeit und agieren sehr vorsichtig, wenn es um die Unterstützung sozialer Kämpfe geht.

Neben diesen linken Zusammenhängen und den anhaltenden Arbeiterprotesten, welche die Linken inspirierten, prägte eine zweite Dialektik sozialer Kämpfe und aktivistischer Organisierung die vergangenen zwei Jahrzehnte in der

Volksrepublik China. Im Zentrum stehen Frauen* und Feministinnen.

Kämpfe von Frauen* gegen das patriarchale Regime

»Die Geburt eines Kindes geht nicht nur die Familie was an, sie ist auch eine Angelegenheit des Staats.« (Aus dem Leitartikel der Volkszeitung der KPCh, 6. August 2018)[58]

Die Kämpfe von Frauen* und der Feminismus spielten eine wichtige, jedoch oft unterschätzte Rolle im revolutionären Kampf in China vor 1949, im Werdegang der KPCh und in der Geschichte der Volksrepublik China. In den letzten beiden Jahrzehnten haben Kämpfe von Frauen und verschiedene Formen des (linken) Feminismus das patriarchale Regime der KPCh und die Entwicklung des Kapitalismus in der Volksrepublik China in einer besonderen Weise herausgefordert, was auch mit der veränderten Bevölkerungs- und Geschlechterpolitik der KPCh in Verbindung steht. In diesem Abschnitt befasse ich mich mit der Stellung der Frauen* in der Gesellschaft und ihrem alltäglichen Widerstand gegen die patriarchale Ordnung in den letzten Jahrzehnten. Im darauffolgenden Abschnitt erörtere ich Strömungen des Feminismus und neuere feministische Kämpfe.

Nach 1949 unterstützten viele Frauen* die KPCh und begrüßten den Aufbau des Sozialismus, weil die ersten Reformen ihnen Verbesserungen brachten. Das Ehegesetz gab ihnen zum Beispiel das Recht, selbst über Heirat und Scheidung zu entscheiden, und in den folgenden Jahren konnten bis zu neunzig Prozent der Frauen* eine Form der Lohnarbeit annehmen. Letzteres war für das Regime wichtig, beruhte seine

Vorstellung von der Befreiung der Frauen* doch auf einem Konzept von Friedrich Engels. Der hatte behauptet, dass die Befreiung durch die Beteiligung von Frauen* an der Lohnarbeit erreicht würde (weil es diese Frauen* zu einem Teil der Arbeiterklasse mache).[59]

Der Schwung der Befreiung ging jedoch bald verloren. Die fast ausschließlich männliche KPCh-Führung machte Zugeständnisse an Kräfte, welche die ländliche (und städtische) patriarchale Ordnung verteidigten. In dieser Ordnung wurden Frauen* als Menschen zweiter Klasse behandelt und waren sexistischer Unterdrückung und Gewalt ausgesetzt. Männer* nutzten die patriarchalen Familienregeln und -traditionen, um Frauen* in untergeordnete Positionen zu pressen. Sozialistische Betriebsleiter wiesen Frauen* oft gering qualifizierte Hilfsarbeiten zu und ließen ihnen weniger Chancen auf Beförderung. Frauen* mussten mit der Doppelbelastung von Lohnarbeit und nicht entlohnter Reproduktionsarbeit fertig werden, weil die meisten Männer* sich weigerten, Letztere zu teilen. Nur wenige Frauen* waren in der Lage, in der KPCh oder in staatlichen Verwaltungen höhere Ebenen zu erreichen, die infolgedessen größtenteils Domänen von Männern* blieben.

Für die KPCh-Führer war der Prototyp einer proletarischen oder bäuerlichen Frau* »die klaglose, arbeitende Mutter, die bereit ist, je nach Bedarf Lohnarbeit zu leisten oder aus ihr auszuscheiden«.[60] Die Befreiung der Frauen* in der Volksrepublik China war nicht nur »unvollendet«, die Geschlechterpolitik der KPCh prägte auch die spezifischen Formen eines maoistischen Patriarchats.[61]

Sozialer Feminismus von unten

Mit den Reformen in den späten 1970er Jahren wurde die patriarchale Ordnung erneut umgestaltet. Einerseits griff der Staat stärker in gesellschaftliche Prozesse ein, indem er zum Beispiel die Ein-Kind-Politik einführte und die Körper der Frauen* schärfer kontrollierte.[62] Die KPCh-Führung versuchte, das Bevölkerungswachstum und die Fertilitätsrate der Frauen* zu begrenzen, weil ihrer Meinung nach nur so eine wirtschaftliche Entwicklung gewährleistet werden könne. Vor allem in den 1980er und 1990er Jahren wurde diese Po-
litik oft brutal umgesetzt – mit hohen Geldstrafen, Zwangsabtreibungen und Sterilisationen. Gleichzeitig brachte die Vermarktlichung der Wirtschaft eine Sexualisierung und Kommerzialisierung des weiblichen* Körpers mit sich und führte zur Zunahme von Konkubinat und Prostitution.[63] Traditionelle Familienrollen wurden sogar gestärkt. Frauen* sollten sich weiterhin männlichen Verwandten unterwerfen und früh heiraten. Sie sollten pflichtgemäß einen Sohn gebären, damit die Familientradition fortbesteht. Unverheiratete (»übrig gebliebene«: *shengnü*) Frauen*, geschiedene Frauen* (»ausgetretene Schuhe«: *po xie*) und alleinerziehende Mütter wurden indessen von der Gesellschaft oder sogar vom Staat diskriminiert.

Andererseits zog sich der Staat aus Teilen des Alltagslebens der Menschen zurück, zum Beispiel was Arbeitseinheiten und Kommunen betrifft. Die Marktreformen öffneten (einigen) Frauen* Räume, die sie nutzten, um zu migrieren (und die patriarchale Familie hinter sich lassen) oder eine selbstständige wirtschaftliche Tätigkeit aufzunehmen. Die meisten von ihnen sahen sich jedoch mit neuen Formen der geschlechtsspezifischen Arbeitsteilung, der Ausbeutung und Diskriminierung konfrontiert.[64] Viele Frauen* wurden in gering qualifizierte, schmutzige, gefährliche oder eintönige Fabrik- oder Dienstleistungsarbeit mit niedrigen Löhnen und vielen Überstunden gedrängt, andere in häusliche Pflegearbeit, wo sie streng kontrolliert wurden, gewalttätigen Übergriffen seitens der Arbeitgeber:innen ausgesetzt waren und einen geringen Lohn für endlose Arbeitstage erhielten. Sie litten auch unter der Abwertung und Diskriminierung ländlicher Frauen* als sol-

che von angeblich minderer »Qualität« (*suzhi*).[65] Bekamen sie ein Kind oder wurden sie älter, setzten ihre Familien die Migrantinnen oft unter Druck, damit sie zurück aufs Land gehen und dort für das Kind sorgen und sich um ihre Eltern oder Schwiegereltern kümmern.

Die auf dem Land gebliebenen Frauen* (»Zurückgelassene«: *liushou funü*) mussten die landwirtschaftliche Arbeit übernehmen, da viele Männer* und Jugendliche abwanderten. Das führte zu einer »Feminisierung« der Landwirtschaft. Darüber hinaus wurde die Migration ganzer Familien oder der Kinder eingeschränkt, und ein großer Teil der städtischen Sozialleistungen war denjenigen mit städtischem *hukou* vorbehalten. Reproduktionsarbeit wie die Betreuung von Migrantenkindern und älteren Menschen wurde in den Dörfern geleistet, wo die Kosten niedriger waren und Frauen* die Sorgearbeit machen mussten. Oft mussten ältere Frauen* die Betreuung übernehmen, da ihre Kinder abgewandert waren.[66]

Städtische Frauen*, insbesondere ältere, die im staatlichen Sektor gearbeitet hatten, sahen sich ebenfalls neuem Druck ausgesetzt. Während der Umstrukturierung und Teilprivatisierung staatlicher Unternehmen in den späten 1990er und frühen 2000er Jahren waren Frauen* die Ersten, die entlassen wurden, weil sie viele der gering qualifizierten Arbeiten oder Hilfsarbeiten ausgeführt hatten. Sie waren auch die Letzten, die neue Arbeitsplätze in der Privatwirtschaft fanden. Entweder sie wurden arbeitslos, arbeiteten im expandierenden informellen Sektor, beispielsweise als Straßenverkäuferinnen, oder sie wurden Hausangestellte (*baomu*) in einer Branche, in der sie mit Migrantinnen vom Land konkurrieren mussten. In jedem Fall war die Chance groß, dass sie am Ende zu den städtischen Armen gehörten.[67] Insgesamt hat sich die Kluft zwischen den Geschlechtern in den letzten Jahrzehnten vergrößert, weil Frauen* immer weniger verdienten als Männer*,[68] eher ihr Stück Land verloren und in den meisten Sektoren mehr Probleme hatten, auf der Karriereleiter nach oben zu kommen.

Seit der Gründung der Volksrepublik China im Jahr 1949 haben Frauen* versucht, mehr Kontrolle über ihr Leben zu erlangen, indem sie das maoistische Patriarchat herausforderten. Auch in der Übergangsperiode und in der kapitalistischen Periode kämpften sie für mehr Raum und Kontrolle. In den Betrieben leisteten Frauen* Widerstand gegen sexistische Vorgesetzte und beteiligten sich an Arbeiterkämpfen. Trotz der Ein-Kind-Politik bekamen einige Frauen* mehr Kinder als erlaubt. In den Familien weigerten sich Frauen* zunehmend, den Traditionen zu folgen. Sie gaben dem Druck nicht nach, arrangierte Ehen zu akzeptieren, früh zu heiraten oder bald nach der Heirat ein Kind zu bekommen. Frauen* nutzten auch die Migration, um solchen Zwängen zu entkommen und ihr eigenes Leben und ihre eigene Liebe zu finden. Diese oft verdeckten, manchmal auch offenen Formen des Widerstands brachten die patriarchale Ordnung nicht zum Einsturz, aber sie verhinderten in einigen Fällen weitere Verschlechterungen ihrer Lebens- und Arbeitsbedingungen und erweiterten in anderen Fällen langsam den Spielraum für Frauen*, ihr eigenes Schicksal zu bestimmen.

Die Verhandlungsmacht der Frauen* verbesserte sich durch die Ein-Kind-Politik, sodass sie mehr Möglichkeiten für persönliche Lebensentscheidungen hatten. Familien mit einer Tochter waren gezwungen, in deren Bildung und Berufsausbildung zu investieren, was ihr mehr Verantwortung aufbürdete (für die Pflege der Eltern, wenn diese in Rente gehen), aber auch ihren Einfluss vergrößerte und ihr mehr Möglichkeiten eröffnete. Diese gestiegene Verhandlungsmacht spielte auf dem Heiratsmarkt eine Rolle, zumal die sexistische Präferenz der Familien für Jungen zur Abtreibung weiblicher Föten und zu einem Mangel an Frauen* führte. Und wenn Frauen* in die Städte abwanderten und Geld verdienten, verbesserten sie ihren Status in der Familie und schufen Ressourcen, die sie für ihre eigene Ausbildung oder die Verbesserung ihres Lebens einsetzen konnten.

Bis in die späten 2000er und frühen 2010er Jahre hatte ein erheblicher Teil der jüngeren Generation von Frauen* in der Volksrepublik China in der Tat seine Einstellung zu Familie, Ehe und Kindern geändert: Viele verschoben die Heirat und das Kinderkriegen, und einige planten sogar, nicht zu heiraten und überhaupt keine Kinder zu bekommen. Infolgedessen sank die Heiratsrate, die Fertilitätsrate sowie die Geburtenrate gingen zurück und die Scheidungsrate stieg.[69] Frauen* erklärten, dass sie wegen der hohen Kosten der Kindererziehung, der anhaltenden Diskriminierung von (angehenden) Müttern auf dem Arbeitsmarkt und der Belastung durch die Reproduktionsarbeit keine (weiteren) Kinder haben wollten. Immer mehr Frauen* weigerten sich auch, Eltern oder Schwiegereltern im Ruhestand zu versorgen.[70] In der Übergangsperiode änderten Frauen* langsam ihre Einstellungen und drängten auf mehr Kontrolle. In den 2010er Jahren weigerten sie sich dann zunehmend offen, familiäre Pflichten zu erfüllen und die von ihnen erwartet Reproduktionsarbeit zu leisten. Kurzum, es handelt sich um eine Art Streik der Frauen*.[71]

Neue Angriffe

Der Druck hatte unterschiedliche Auswirkungen. Das Entwicklungsmodell der KPCh basiert auf wirtschaftlichem Wachstum und Expansion, wofür ein kontinuierlicher Nachschub an neuen Arbeitskräften erforderlich ist. In den meisten anderen Ländern sind im Zuge von Industrialisierung, Verstädterung und Verbesserungen im Gesundheits- und Bildungswesen die Fertilitätsraten gesunken. In der Volksrepublik China hat die Ein-Kind-Politik dieses Absinken noch beschleunigt. Infolgedessen »überaltert« die Bevölkerung rasch und weniger junge Menschen kommen neu auf den Arbeitsmarkt.

In der ersten Hälfte der 2010er Jahre erkannte das KPCh-Regime, dass die niedrigen Fertilitäts- und Geburtenraten das Entwicklungsmodell gefährden können. Im Jahr 2016 führte es die Zwei-Kind-Politik ein und ermutigte Frauen*, mehr als ein Kind zu bekommen. Die Geburtenrate ging jedoch weiter zurück. Im Jahr 2021 verkündete das Regime dann sogar eine Drei-Kind-Politik, und bald werden die Geburtenkontrollmaßnahmen wohl ganz abgeschafft werden. Es könnte allerdings bereits zu spät sein. Alle Maßnahmen zur Ermutigung der Frauen*, mehr Kinder zu bekommen, sind bisher gescheitert. Die »Überalterung« der Bevölkerung wird wahrscheinlich weiter zunehmen und die Bevölkerungszahl bald sogar schrumpfen.

Um Frauen* zu disziplinieren und die Familie als Produzentin notwendiger Arbeitskräfte zu stärken, betont die KPCh-Führung unter Xi Jinping das traditionelle Familienbild, in dem Frauen* die Verantwortung für die Kindererziehung übernehmen. In den letzten Jahren wurden Frauen* sogar aufgefordert, »für die Nation« Kinder zu bekommen, und in einigen Regionen haben lokale Behörden natalistische Maßnahmen getroffen. Das Regime führte finanzielle Anreize für Eltern ein, versprach, den Schutz von Müttern am Arbeitsplatz zu verbessern, und beschloss neue Regelungen, die Scheidungen erschweren. Es bleibt abzuwarten, ob irgendeine dieser Maßnahmen dazu beitragen wird, die Geburtenrate zu erhöhen und das Angebot an Arbeitskräften für den Kapitalismus der Volksrepublik China in Zukunft zu sichern.

Größere Verhandlungsmacht

Kurzum, in der sozialistischen Periode kamen die Frauen* der rechtlichen Gleichstellung näher. Ihre Beschäftigungsquote stieg an, viele von ihnen verrichteten jedoch ungelernte Arbeit; sie mussten Lohn- und Reproduktionsarbeit leisten; und sie bleiben von höheren Rängen in Betriebsleitungen, der Partei und staatlichen Verwaltungen weitgehend ausgeschlossen. Außerdem behielten sie ihren untergeordneten Status in der Familie und waren weiterhin sexualisierter Gewalt ausgesetzt. Viele dieser Probleme blieben auch in der nachfolgenden Reformperiode und in der kapitalistischen Periode bestehen. Darüber hinaus wurden Maßnahmen zur Geburtenkontrolle ergriffen, die Körper von Frauen* wurden sexualisiert und kommodifiziert, Konkubinat und Prostitution nahmen zu, und Frauen* mussten sich mit neuen Formen der geschlechtsspezifischen Arbeitsteilung auseinandersetzen.

Frauen* kämpften gegen neue Beschränkungen und für mehr Kontrolle über ihr Leben. Die Wirtschaftsreformen eröffneten ihnen einige Freiräume, und Frauen* nutzten neue Möglichkeiten, indem sie zum Beispiel versuchten, der patriarchalen Kontrolle in der Familie durch Migration zu entkommen oder ein Unternehmen zu gründen, um wirtschaftlich unabhängig zu werden. Frauen* mit städtischem Status und Mittelklassenhintergrund fiel es leichter, die Kontrolle zu übernehmen, weil sie mehr rechtliche und wirtschaftliche Möglichkeiten haben. Frauen* aus der Arbeiterklasse, mit Migrationshintergrund oder vom Land haben dagegen oft nicht die Mittel, um unabhängiger zu werden.

Insgesamt konnte der Kampf von Frauen* gegen Diskriminierung und Gewalt und für mehr Raum, Möglichkeiten und Glück in Familie und Gesellschaft die patriarchalen Strukturen und Handlungsweisen nicht beseitigen. Ihr Kampf ist oft defensiver Natur – er verteidigt eine Linie gegen Druck von oben. Die Verhandlungsmacht der Frauen* stieg jedoch, zum Beispiel durch die Ein-Kind-Politik, und sie konnten diese Macht nutzen und sich weigern, Lasten wie das Kinderkriegen auf sich zu nehmen. Diese Weigerung trug zu den demografischen Problemen bei, mit denen das KPCh-Regime nun konfrontiert ist: niedrige Geburtenraten und eine »überalternde« Bevölkerung. In der zweiten Hälfte der 2010er Jahre schenkte das Regime auf eine natalistische Bevölkerungspolitik um, förderte traditionelle Familienwerte und erlaubte einen öffentlichen sexistischen Gegenschlag in Reaktion auf den Widerstand von Frauen* – alles Mittel, um Frauen* zu disziplinieren und zu zwingen, wieder ihre Rolle als Produzentinnen von Arbeitskraft auszuüben.

Der tägliche Kampf der Frauen* wurde auch von verschiedenen Strömungen des feministischen oder explizit politischen Frauenkampfes begleitet, wie wir im nächsten Abschnitt sehen werden.

Feministinnen fordern den Parteienstaat (nicht) heraus

»Der Feminismus hat in den letzten zehn Jahren gezeigt, dass er in Chinas zersplitterter Welt des sozialen Aktivismus mehr als andere Kräfte die Vernetzung von Aktivist:innen voranbringen kann. Infolgedessen muss er sich in vorderster Front gegen Unterdrückungsmaßnahmen behaupten und wird beschuldigt, ausländische Mächte zu unterstützen und als subversive Kraft zu wirken.«[72]

Im Laufe der Übergangsperiode engagierten sich verschiedene Strömungen von Feministinnen für die Interessen und Kämpfe von Frauen* in der Volksrepublik China, darunter die der KPCh nahestehenden Staatsfeministinnen, neue feministische NGOs, die gegen häusliche Gewalt und sexuelle Belästigung mobilisierten, kritisch-sozialistische Feministinnen, welche die Probleme von Frauen* aus linker Perspektive analysieren wollten, und junge Feministinnen, die mit Online-Kampagnen und kleinen Straßenaktionen auf Verbesserungen für Frauen* drängten.

Feministische Konzepte und Handlungsweisen verbreiteten sich bereits im späten 19. und frühen 20. Jahrhundert in China, wie auch in vielen anderen Teilen der Welt. Vor allem städtische Frauen*, die zum Teil von feministischen und anarchistischen Ideen beeinflusst waren, forderten ein Ende der patriarchalen konfuzianischen Praktiken und setzten sich für die Bildung und die Selbstermächtigung von Frauen* ein.[73] Auch die Vierter-Mai-Bewegung 1919, welche eine Modernisierung des postimperialen chinesischen Staates und der Gesellschaft anstrebte, sprach sich für die Rechte der Frauen* aus.[74]

In den 1920er Jahren spielten Frauen* eine aktive Rolle in Arbeiterkämpfen und in der KPCh. Die Befreiung der Frauen* wurde zu einem der Projekte und Versprechen der revolutionären Bewegung. Innerhalb der Partei akzeptierte sogar die größtenteils männliche* Führung die Notwendigkeit, Frauen* von der patriarchalen Herrschaft zu befreien. Sie betrachtete feministische Forderungen jedoch als zweitrangig gegenüber dem Klassenkampf und dem Kampf gegen reaktionäre Feinde im Inland und gegen die Kolonialherrschaft. Die KPCh-Führung versuchte, Frauen* betreffende Forderungen und politische Maßnahmen zu beschränken, um nicht »die patriarchalen Machteliten herauszufordern, die an ihrer revolutionären Koalition beteiligt waren«.[75] Dennoch unterstützten viele Frauen* die KPCh, weil sie hofften, sich durch den revolutionären Kampf von ihren Ketten befreien zu können.

Nach der Machtübernahme ermöglichte das KPCh-Regime den Aufbau der All-Chinesischen Frauenvereinigung (ACFV). Diese wurde 1949 als Massenorganisation der KPCh gegründet und vertrat eine Art Staatsfeminismus zur Förderung der Interessen von Frauen* in Partei, Staat und Gesellschaft.[76]

Die ACFV baute bald landesweit Organisationsstrukturen auf allen Verwaltungsebenen auf. Während der gesamten sozialistischen Periode setzte sie sich für die Rechte von Frauen* und die Beteiligung von Frauen an der Lohnarbeit ein – oft gegen den Widerstand männlicher KPCh-Mitglieder oder Funktionäre.

In der Übergangsperiode verloren die parteinahen Staatsfeministinnen an Einfluss, weil die Partei die Kontrolle über bestimmte gesellschaftliche Bereiche und das persönliche

Leben der Menschen lockerte. Die Staatsfeministinnen in und um die ACFV standen weiterhin unter der Kontrolle der KPCh-Führung und vertraten sowohl die Interessen der Frauen* als auch die der Partei.[77] Die ACFV hat die Anpassung der Geschlechterpolitik mitverwaltet – einschließlich der (Re-)Feminisierung und Sexualisierung der Geschlechterrollen und der neuen geschlechtsspezifischen Teilung (entlohnter und nichtentlohnter) Arbeit.[78]

Auch in den letzten Jahrzehnten hat die ACFV mit ihrer »Frauenarbeit« (*funü gongzuo*) weiterhin eine Doppelrolle gespielt: Sie soll als Regierungsinstitution »der weiblichen Bevölkerung die Parteipolitik näherbringen«; und als Vereinigung der Organisationen von Frauen* soll sie diese »bei politischen Entscheidungen und der Festlegung von Programmen auf allen Verwaltungsebenen vertreten«.[79] ACFV-Kader stellen sich der Diskriminierung und Gewalt gegen Frauen* entgegen und finden Wege, innerhalb der autoritären staatlichen Institutionen die Interessen von Frauen* durchzusetzen. Sie müssen jedoch konservative Geschlechterrollen tolerieren oder sogar rechtfertigen und die (patriarchale) KPCh-Ordnung stützen.[80] So förderte die ACFV seit den 1980er Jahren die Ein-Kind-

Politik der KPCh, während sie sich gegen die damit verbundenen Zwangsmaßnahmen gegen Frauen* aussprach. Ebenso unterstützte sie die Marktreformen, während sie »die Interessen von Arbeiterinnen vertrat, die als Erste unter den sozialen und wirtschaftlichen Folgen der Privatisierung und Rationalisierung der Unternehmen zu leiden hatten«.[81]

Feministische NGOs

Vor Beginn der Marktreformen war die ACFV die einzige Frauenorganisation in der Volksrepublik China. Da sie eng mit dem Parteistaat verbunden blieb, begannen Feministinnen (viele von ihnen aus den Städten und in qualifizierter beruflicher Stellung) ab den 1980er Jahren, nach unabhängigen Strukturen und Räumen zu suchen, um Frauen* zu organisieren. Es entwickelten sich neue Formen des sozialistischen und autonomen Feminismus. Diese schufen mehr soziale Möglichkeiten und Räume für Frauen*, mobilisierten gegen sexualisierte Gewalt gegen Frauen* und stellten die von der KPCh-Führung propagierten (sexistischen) Geschlechterrollen infrage. Vor und nach der Vierten Weltfrauenkonferenz der Vereinten Nationen 1995 in Beijing wurden viele neue Frauengruppen oder NGOs gegründet, die von der ACFV unabhängig waren und andere (oft ausländische) Geldgeber:innen fanden. Politisch bezogen sie sich auf die staatsfeministische Hinterlassenschaft und neuere (globale) Strömungen des feministischen Denkens. Beeinflusst von ausländischen Debatten über »Gender«, betonte diese Kohorte von Feministinnen »Differenz«, Geschlechterhierarchien und die besonderen Probleme von Diskriminierung und Gewalt gegen Frauen*.[82] Sie kritisierte die eingeschränkte Perspektive der KPCh (und der ACFV-

Feministinnen), welche die Gleichstellung der Geschlechter lediglich als Frage der Gleichberechtigung und der Beteiligung an der Lohnarbeit gesehen hatte(n), und organisierte Kampagnen gegen sexuelle Belästigung, häusliche Gewalt und damit verbundene Probleme von Frauen*. Sie organisierte beispielsweise auch Rechtshilfe oder medizinische Versorgung für Frauen* in Not, richtete Notrufnummern für Frauen* ein oder beschäftigte sich mit (akademischer) Frauenforschung.[83]

Viele der feministischen Projekte arbeiteten zeitweise mit der ACFV zusammen und nutzten deren Verbindungen, um feministische Aktivitäten zu organisieren.[84] Die Versuche der ACFV selbst, »Partnerschaften« mit neuen Frauengruppen aufzubauen, »stießen jedoch auf Misstrauen und wurden wegen ihrer bürokratischen Vorgehensweise und ihrer hegemonialen Denkweise heftig kritisiert«.[85] So blieb das Verhältnis zwischen Staatsfeministinnen und der neuen Generation von Aktivistinnen in feministischen NGOs ambivalent.

Das KPCh-Regime setzte feministischen NGOs Grenzen, und wenn sie sich nicht an diese hielten, wurden sie unter Druck gesetzt. Bestimmte Themen wie sexualisierte Gewalt und Diskriminierung wurden toleriert, Verbindungen zu Themen, die mit »Klasse« oder »Menschenrechten« zu tun hatten, waren jedoch zu heikel. Aus Angst vor weiteren Einschränkungen oder Unterdrückungsmaßnahmen zensierten sich viele Feministinnen selbst und sprachen diese Themen nicht an.

Kritisch-sozialistische Feministinnen

In den späten 2000er und frühen 2010er Jahren entwickelte sich eine in erster Linie akademische Strömung, die als »kritisch-sozialistischer Feminismus« bezeichnet wird.[86]

Zu den wichtigsten Protagonistinnen gehören Song Shaogang und Dong Limin.[87] Obwohl diese Strömung recht klein ist, erwähne ich sie hier, da sie die Lücke füllt zwischen dem Staatsfeminismus und anderen oppositionellen feministischen Strömungen in der Volksrepublik China in den letzten Jahrzehnten. Die mit dem kritisch-sozialistischen Feminismus Verbundenen bildeten keine homogene Gruppe. Die meisten von ihnen kritisierten jedoch den starken Einfluss des Feminismus und der Geschlechterpolitik aus dem Westen seit den 1990er Jahren. Sie wandten sich gegen den »Sprachverlust« (*shiyu*) des chinesischen Feminismus, der viele Positionen des Feminismus und der Geschlechterpolitik aus dem Westen übernommen habe.[88] Gender wurde als bürgerliches Konzept betrachtet, das individualistisch und kulturalistisch geprägt sei und die Errungenschaften für Frauen* in der sozialistischen Periode weitgehend außer Acht lasse. Befürworterinnen dieser Strömung sprachen von einer »dreifachen ›Trennungsbewegung‹ (*fenli yundong*), die in der Zeit nach 1978 vollzogen worden sei, nämlich die Trennung der Frauentheorie von der marxistischen Theorie, die Trennung der Frauenbewegung von der Kontrolle des Staates und die Trennung von Gender und Klasse«.[89]

Diese Feministinnen standen der sozialistischen Periode unter Mao Zedong jedoch nicht unkritisch gegenüber. Sie plädierten *gegen* die völlige Ablehnung der sozialistischen Vergangenheit und *für* die Anerkennung der sozialistischen Erfahrung und Hinterlassenschaft, die ihrer Ansicht nach auch positive Elemente enthält. Das erinnert an die Positionen der Neuen Linken (siehe Kapitel 4, Abschnitt »Maoistische Organisierung und die Neue Linke«). Obwohl es einige Verbindungen zwischen den beiden Strömungen gibt, benutzte die Neue Linke jedoch weiterhin exklusiv die Kategorie Klasse, und die meisten ihrer Mitglieder blieben »genderblind«.[90]

Kritisch-sozialistische Feministinnen kollidierten auch mit der Perspektive des offiziellen Staatsfeminismus, der immer noch die »Gleichheit zwischen Männern und Frauen« propagierte und seit den 2000er Jahren mit Hu Jintaos »Harmonischer Gesellschaft« auch für eine »harmonische Entwicklung der beiden Geschlechter« (*liang xing hexie fazhan*) und paternalistische, traditionelle Familienkonzepte eintrat. Westliche linksfeministische Positionen wurden in den Texten der kritisch-sozialistischen Feministinnen nur selten erwähnt, mit Ausnahme von Nancy Fraser und ihrem Vorschlag für eine Neuausrichtung des Feminismus auf »Verteilungsgerechtigkeit« und weniger Betonung auf »Anerkennungsgerechtigkeit« – eine Kritik an der Identitätspolitik, die Klassenfragen vernachlässigt.[91]

Das Hauptaugenmerk der kritisch-sozialistischen Feministinnen lag auf der sozialistischen Vergangenheit, nicht auf der Zukunft, aber sie analysierten auch die Situation von Frauen* nach dem Beginn der Marktreformen und nach der Rückkehr zum Kapitalismus – die Kommerzialisierung der Körper von Frauen*, die Herabsetzung und Entlassung von Frauen*, die im (städtischen) Staatssektor arbeiteten, und die Ausbeutung und Diskriminierung von Migrantinnen in den neuen Fabriken oder Dienstleistungsjobs. In den letzten Jahren sind die Protagonistinnen vorsichtiger geworden (und äußern sich weniger oder sind weniger sichtbar). Schließlich reagiert die KPCh-Führung auf kritische Positionen zu ihrer eigenen Vision der Geschichte der Volksrepublik China und der KPCh mit dem Vorwurf des »historischen Nihilismus« (*lishi xuwuzhuyi*) und hat die Überwachung von und den Druck auf Akademiker:innen verstärkt, die nicht strikt der KPCh-Linie folgen.

Der Aktivismus der jungen Feministinnen

Einige der seit den 1990er Jahren gegründeten Frauen*-NGOs waren aktionsorientiert und wurden nicht formell registriert (oder sie wurden registriert, aber nicht für das, was sie tatsächlich taten). Manche Gruppen hatten keine einheitliche Struktur oder blieben informell, um staatlicher Kontrolle und Unterdrückung zu entgehen.[92] Diese Gruppen können als Vorläufer der Initiativen und Online-Projekte von Feministinnen angesehen werden, die in den späten 2000er und 2010er Jahren gegründet wurden.

Das Internet bot einen neuen Raum für Austausch und Debatten und wurde in den späten 2000er Jahren zur Gründung von »webbasierten Organisationen« genutzt.[93] Eines der ersten Online-Magazine war *Feministische Stimmen* (*nüquan zhi sheng*), das 2009 von der feministischen Aktivistin Lü Pin gegründet und später in ein Weibo-Mikroblog umgewandelt wurde.[94] Beeinflusst von den Debatten rund um *Feministische Stimmen* und ähnlichen Publikationen begannen Gruppen junger Feministinnen 2012, kleinere Straßenaktionen oder Performances zu organisieren und diese online zu bewerben. Viele der jungen Feministinnen waren Studentinnen mit städtischem Hintergrund, aber »eine beträchtliche Anzahl« von ihnen kam »aus ländlichen Gegenden und aus der Arbeiterklasse«.[95] Sie prangerten häusliche Gewalt und sexuelle Belästigung an oder forderten mehr öffentliche Toiletten für Frauen*.[96] Zu ihren Aktivitäten gehörte die Unterstützung von »Menschen am Rande der Gesellschaft, darunter Migrant:innen, Sexarbeiter:innen, Hausangestellte und Bäuerinnen«.[97]

Nach 2015 wurde es für die jungen Feministinnen aufgrund der Repression viel schwieriger, als Gruppe zu agieren oder Kampagnen zu starten (siehe den nächsten Unterabschnitt). Viele von ihnen waren jedoch an der Unterstützung von Frauen* beteiligt, die ab 2018 eine Reihe von #MeToo-Kampagnen (auch *#mitu* auf Chinesisch) gegen sexuelle Belästigung in der Volksrepublik China lancierten.[98] Diese #MeToo-Kampagnen wurden von Frauen* angestoßen, die Dozenten, Manager oder staatliche Vertreter der sexuellen Belästigung oder Vergewaltigung beschuldigten. Sie folgten dem Beispiel ähnlicher Kampagnen in anderen Ländern; die Protagonistinnen in der Volksrepublik China mussten jedoch mit den Reaktionen des autoritären und repressiven Staatsapparats zurechtkommen.[99] Da jeder organisierte Protest schnell Repressalien seitens des Staates nach sich zog, setzten sie häufig auf »verdeckte kollektive Aktionen«. Diese beruhten auf der Online-Zusammenarbeit von Frauen*, die keine Organisationsstrukturen bildeten oder sich nicht einmal persönlich kannten, »um so die Kosten für die Organisierung von Widerstand zu senken«.[100]

Der Druck des Regimes

Seit den 1980er Jahren ist die feministische Bewegung staatlicher Repression ausgesetzt, weil das Regime befürchtet, dass unkontrollierte Kämpfe von Frauen* es destabilisieren könnten. Feministinnen von registrierten NGOs – oder von anderen offiziellen Organisationen (wie Unternehmen), die sie als rechtlichen Rahmen wählten, um gegen häusliche Gewalt oder sexuelle Belästigung vorzugehen – standen in unterschiedlicher Form unter Druck. Dazu gehörten bürokratische Verfahren für die Registrierung und Genehmigung sozialer Organisationen auf lokaler oder regionaler Ebene.[101] In den 2010er Jahren führte der Staat neue Vorschriften ein, um Druck auf NGOs auszuüben, beispielsweise das Gesetz zu ausländischen NGOs, das Gesetz zu Wohltätigkeitsorganisationen oder das Nationale Sicherheitsgesetz, welche Formen ausländischer Finanzierung oder der Zusammenarbeit mit ausländischen Personen oder Organisationen einschränken (oder sogar kriminalisieren). Auf lokaler Ebene wurden feministische NGOs, wie andere NGOs auch, durch lokale Behörden kontrolliert und überwacht. Sie wurden bedroht und aufgefordert, zu schließen oder umzuziehen.

Die jungen Feministinnen reagierten auf den Druck, indem sie keine offiziellen Organisationen gründeten und sich darauf beschränkten, kleine Straßenaktionen in der Art von Flashmobs durchzuführen und ihre Kampagnen ins Internet zu verlagern. Diese Strategie war ziemlich erfolgreich, bis im März 2015 fünf Feministinnen verhaftet wurden, weil sie eine Kampagne gegen sexuelle Belästigung in öffentlichen Verkehrsmitteln geplant hatten.[102] Dies war der Moment, in dem das zentrale Regime seine Politik in Bezug auf Basisproteste und -organisierung änderte. In der Folge galten solche Proteste als politisch heikel. Ihre Initiatorinnen wurden (on- und offline) überwacht und mussten mit Polizeieinsätzen rechnen. In einigen Fällen kam es zum »Verschwindenlassen« oder zur Verhaftung.

In der Folge nahm auch der Druck auf feministische NGOs zu, und viele beendeten ihre Aktivitäten oder machten nur noch verdeckt weiter. »Viele führende Feministinnen wurden ständig von der Polizei schikaniert und hielten es für zu schwierig und gefährlich, ihren Aktivismus fortzusetzen«.[103] Das Regime verschärfte die Zensur und blockierte feministische Blogs und Webseiten, was einige durch Selbstzensur ihrer Schriften zu verhindern suchten. Der Staat und Staatsfeministinnen der ACFV attackierten Feministinnen in der Volksrepublik China wegen ihres angeblichen »westlichen Feminismus« und verwendeten in diesem Zusammenhang den Begriff »ausländische feindliche Kräfte« (*jingwai didui shili*). Viele Feministinnen verließen entweder die Volksrepublik, um ihre Aktivitäten im Ausland fortzusetzen, oder sie zogen sich von öffentlichen Kampagnen zurück, beschränkten ihre Unterstützung auf Einzelfälle oder reduzierten ihre feministischen Aktivitäten auf vom Regime tolerierte Formen. Der Druck auf die feministischen Aktivistinnen, die Zensur und die Angriffe gingen einher mit der staatlichen Duldung (oder Unterstützung) sexistischer Gegenangriffe im Internet auf feministische Aktivistinnen und Frauen*, nachdem diese sexistische Handlungsweisen kritisiert oder aufbegehrende Frauen* unterstützt hatten.

Der Druck von unten, sowohl durch feministische NGOs als auch durch die Gruppen junger Feministinnen und ihre Aktionen, führte tatsächlich zu Zugeständnissen an feministische Forderungen – auch wenn das KPCh-Regime nicht zugab, diesem Druck nachgegeben zu haben.[104] Die sichtbarsten Zugeständnisse waren mehrere Gesetze, die feministische Organisationen seit Langem gefordert und gefördert hatten und die schließlich umgesetzt wurden, darunter gesetzliche Bestimmungen gegen häusliche Gewalt und gegen sexuelle Belästigung im Zivilgesetzbuch der Volksrepublik China.[105]

Zwischen Anpassung und Revolte

Kurzum, die Staatsfeministinnen in der ACFV setzten sich für die Interessen von Frauen* ein, kollaborierten jedoch auch in der Übergangsperiode und in der kapitalistischen Periode weiterhin mit der KPCh. Die UN-Frauenkonferenz öffnete den Raum für feministische Aktivitäten in Form von NGOs und Kampagnen, aber nur solange sich Feministinnen auf Aktionen gegen Diskriminierung oder Gewalt beschränkten und diese nicht mit einer tiefergehenden Kritik an patriarchalen und kapitalistischen Strukturen unter der Herrschaft der KPCh verbanden. In den 1990er und 2000er Jahren organisierten diese NGOs konkrete Unterstützung für Frauen*, die Diskriminierung oder Gewalt erlitten hatten, und sie starteten Kampagnen, in denen sie Maßnahmen zur Eindämmung von sexueller Belästigung und häuslicher Gewalt gegen Frauen* forderten.

In den späten 2000er und frühen 2010er Jahren formulierte die kleine Gruppe kritisch-sozialistischer Feministinnen eine Kritik am Einfluss des »westlichen« Feminismus auf feministische Debatten und Organisierung in der Volksrepublik China. Sie wandte sich gegen die Trennung von Frauentheorie und marxistischer Theorie und kritisierte die Kommerzialisierung von Frauenkörpern sowie die Entwürdigung und Ausbeutung der städtischen Arbeiterinnen in Staatsbetrieben und der Wanderarbeiterinnen. Die Gruppe forderte zudem die Neubewertung der feministischen Aktivitäten während der sozialistischen Periode.

Eine neue Generation junger Aktivistinnen organisierte Anfang der 2010er Jahre feministische Straßenaktionen und Online-Kampagnen. Repressive Maßnahmen zwangen sie, ihre Strategie zu ändern. In der zweiten Hälfte der 2010er Jahre gingen sie dezentraler oder individueller vor und beteiligten sich an der Online-Unterstützung von Frauen*, die #MeToo-Kampagnen gestartet hatten. Ihre Aktionen zielten hauptsächlich auf die Diskriminierung von und Gewalt gegen Frauen*, an manchen Orten waren sie jedoch auch an anderen sozialen Protesten wie Kämpfen von Arbeiter:innen beteiligt. Die Aktionen der jungen Feministinnen stellten für das Regime eine große Herausforderung dar, weil sie die tiefe Unzufriedenheit und »kollektive Rache« vieler (junger) Frauen* in der Volksrepublik China zum Ausdruck brachten.

Alles in allem hat ein (kooperativer) Teil der Feministinnen in der Volksrepublik China gelernt, sich an das autoritäre System anzupassen, indem er sich für Verbesserungen für Frauen* einsetzt, ohne das KPCh-Regime direkt herauszufordern oder seine Herrschaft infrage zu stellen. Ein anderer (konfrontativer) Teil hat »in den letzten zehn Jahren gezeigt, dass er in Chinas zersplitterter Welt des sozialen Aktivismus mehr als andere Kräfte die Vernetzung von Aktivist:innen voranbringen kann«.[106] Die neuen feministischen Kreise interagierten mit einer Welle des »sozialen« Feminismus oder des Widerstands von Frauen*, der in jüngster Zeit die sexistische Geschlechter- und Bevölkerungspolitik der KPCh angefochten hat. Die Ablehnung, (früh) zu heiraten, (mehr) Kinder zu bekommen und die von der KPCh-Führung verbreitete reaktionäre Familienideologie zu akzeptieren, könnte sich als größte Herausforderung für das KPCh-Regime erweisen. Während die Partei versucht, kapitalistische Krisen, Umweltkatastrophen und soziale Proteste (beispielsweise von Wanderarbeiter:innen) zu bewältigen, drohen der »Gebärstreik« und die damit zusammenhängende Krise der sozialen Reproduktion von Arbeitskraft, die Erwerbsbevölkerung weiter schrumpfen zu lassen. Das könnte den künftigen Erfolg des China-Modells der Partei gefährden.

Schlussfolgerungen: Kämpfe zwingen das Regime zur Anpassung

In diesem Kapitel habe ich mich mit zwei sozialen Kämpfen befasst, die sich bereits seit Langem entwickeln. In ihrem Rahmen wurden linke Forderungen vorgebracht, die linke politische Initiativen oder Strömungen aufgriffen. Die rasche Industrialisierung und Verstädterung der Volksrepublik China wurde auf dem Rücken der ländlichen Wanderarbeiter:innen ausgetragen. Letztere erhielten in den Städten nur einen vorübergehenden Status und litten unter niedrigen Löhnen und schlechten Lebensbedingungen. Die Zahl der Wanderarbeiterkämpfe nahm in den 2000er Jahren erheblich zu. Auch in den 2010er Jahren bleiben sie auf einem hohen Niveau – mit räumlichen, sektoralen und zeitlichen Schwankungen und Verschiebungen. Auch wenn Streiks und andere Formen organisierten Protests gesetzlich nicht erlaubt sind, waren die Arbeiter:innen in der Lage, Proteste zu organisieren und Druck auf Kapitalisten und den Staat auszuüben, um die Bedingungen zu verbessern. Der Staat setzte den Protesten jedoch klare Grenzen und versuchte, die Organisierung von unternehmens- oder regionsübergreifenden Protesten zu verhindern. Protestanführer:innen wurden in der Regel entlassen,

Aktivist:innen, die versuchten, Gewerkschaften zu gründen, verhaftet.

Linke Aktivist:innen gründeten in den 1990er und 2000er Jahren NGOs, um die Kämpfe von Wanderarbeiter:innen zu unterstützen. Ein Teil der (oppositionellen) Linken, bestehend aus linken Maoist:innen und Vertreter:innen anderer Strömungen, hofften aufgrund der sozialen Proteste der Wanderarbeiter:innen auf eine wachsende und starke Arbeiterbewegung. Einige kritisierten sogar den nationalistischen Kurs der KPCh und ihrer Anhänger:innen und stellten die sozialen Kämpfe in der Volksrepublik China in den globalen Kontext antikapitalistischer und antipatriarchaler Kämpfe. Allerdings schienen die Arbeiterproteste in der zweiten Hälfte der 2010er Jahre infolge der wirtschaftlichen Stagnation, der Schließung und Verlagerung von Fabriken sowie diverser Maßnahmen des Regimes – wie Vermittlung, Repression und Zensur – an Kraft und Wirkung zu verlieren. Das enttäuschte linke Aktivist:innen. Die Krise der oppositionellen Linken war jedoch vor allem Ergebnis der harten Unterdrückung von die Arbeiterkämpfe unterstützenden NGOs ab 2015 und von maoistischen (Studenten-)Aktivist:innen und anderen linken Initiativen 2018. Seitdem muss die oppositionelle Linke noch vorsichtiger agieren.

Die Kämpfe der Frauen* gingen auch nach der Gründung der Volksrepublik China 1949 weiter. Viele Frauen* hatten bei der Machtübernahme in den späten 1940er Jahren große Hoffnungen in die KPCh gesetzt, weil sie eine wesentliche Verbesserung ihrer Lebensbedingungen und ein Ende des Patriarchats erwarteten. Sie waren jedoch schnell desillusioniert. Frauen* versuchten, ihre Situation in einem sozialistischen System zu verbessern, das konfuzianische Diskriminierung und Gewalt gegen Frauen* mit einer Art sozialistischem (oder maoistischem) Patriarchat verband. Letzteres nutzte die weibliche Arbeitskraft für das sozialistische Entwicklungsmodell und wälzte die Last der nichtentlohnten Reproduktionsarbeit weiterhin auf die Frauen* ab. In der Übergangsperiode und in der kapitalistischen Periode sahen sich Frauen* mit neuen Herausforderungen konfrontiert, so mit dem Versuch des Staates, die Reproduktion durch die Ein-Kind-Politik zu kontrollieren, mit der Sexualisierung der Körper von Frauen* und mit einer neuen sexistischen Arbeitsteilung.

Frauen* wehrten sich auf allen Ebenen, gegen Maßnahmen zur Geburtenkontrolle, gegen ihre erneute Diskriminierung und sexualisierte Gewalt sowie gegen Ausbeutung. Die Lockerung der Ein-Kind-Politik nach 2016 zeigte letztlich eine entscheidende Frontlinie der Konfrontation zwischen der KPCh und den Frauen* in der Volksrepublik China: Der faktische »Gebärstreik« bedroht das wirtschaftliche Entwicklungsmodell der KPCh, indem er den stetigen Nachschub an neuen Arbeitskräften gefährdet. Die KPCh-Führung begann daraufhin, traditionelle Familienrollen zu betonen und eine natalistische Politik zu betreiben, um die Zahl der Geburten zu erhöhen. Die Frauen* wiederum wehren sich dagegen.

Der politische Feminismus nahm die Interessen und Kämpfe von Frauen* auf unterschiedliche Weise auf. Der Staatsfeminismus und die KPCh-Massenorganisation ACFV vertraten die Interessen von Frauen* im autoritären Staat, ohne jedoch dessen patriarchale Fundamente und die Männerdominanz ins Wackeln bringen zu können. Feministische NGOs, zum Teil inspiriert durch westliche Debatten über Geschlechterdiskriminierung und sexualisierte Gewalt, versuchten, die Interessen von Frauen* unabhängig von Partei und Staat zu vertreten. Sie wurden von kritisch-sozialistischen Feministinnen und anderen kritisiert, weil sie die Klassenfrage sowie Hinterlassenschaft und Errungenschaften des Feminismus in der sozialistischen Periode weitgehend ignorierten. Junge Feministinnen nutzten die neuen Möglichkeiten des Online-Aktivismus für Kampagnen und organisierten Straßenaktionen. Sie mussten auf die verschärfte Repression ab 2015 reagieren

und unterstützten seither #MeToo-Kampagnen auf dezentralere und individuellere Weise. Das Regime hat den unabhängigen Feminismus bekämpft und ihn so in den Untergrund oder ins Ausland gedrängt.

Die KPCh-Führung reagierte auf die Kämpfe von Wanderarbeiter:innen und Frauen* und die mit diesen verbundenen politischen Strömungen nicht nur mit Unterdrückungsmaßnahmen, sondern auch mit Zugeständnissen und Vereinnahmung. Neben der Kriminalisierung und den Verhaftungen verbesserte sie die Bedingungen und brachte juristische und institutionelle Reformen voran, ohne zuzugeben, dass dies in Reaktion auf den Druck von unten geschah. Das Regime versuchte, Diskurse zu sozialen Fragen zu vereinnahmen, sowohl in Bezug auf die Arbeitsbedingungen als auch auf die Situation von Frauen*. Und es besann sich seiner linken Begrifflichkeiten und setzte sie ein, um seine Legitimität zu stärken. Bo Xilai war der erste Führer, der dies in der Stadt Chongqing tat. Als Konkurrent von Xi Jinping, der 2012 die politische Führung übernahm, wurde er abgesetzt und eingesperrt. Doch Xi Jinping hatte von Bo gelernt und übernahm die maoistische Nostalgie, sozialpolitische Konzepte und Verweise auf

Marx und den Marxismus. Die Parteiversion des Marxismus ist gezähmt, und alle subversiven Elemente wurden entfernt. So dient er zur Rechtfertigung der autoritären Herrschaft der KPCh und der kapitalistischen Ausbeutung der Arbeiter:innen. Das Regime nutzt auch weiterhin den Staatsfeminismus der ACFV, welche die Interessen von Frauen* offiziell vertritt, und ergänzte ihn mit nationalistischen Diskursen gegen ausländische Feinde und westliche Einflüsse.

Weder die Kämpfe der Wanderarbeiter:innen und die sie unterstützenden aktivistischen Gruppen noch der Kampf der Frauen* und der feministische Widerstand haben das Regime in ähnlicher Weise in den Grundfesten getroffen, wie beispielsweise die Arbeiterrebellionen während der Kulturrevolution oder die Tian'anmen-Platz-Bewegung. Dennoch fürchtet der Staat nach wie vor soziale Instabilität und hat repressive und responsive Maßnahmen zur Aufstandsbekämpfung ergriffen. Diese Maßnahmen sind nur »Notlösungen« (englisch: *fixes*) und reichen nicht aus, um die inhärenten Widersprüche des patriarchalen Kapitalismus und die von ihm immer wieder hervorgebrachten sozialen Kämpfe zu überwinden. Sie treiben das politische System weder in Richtung »Demokratie« (das heißt, es gibt keinen Übergang zu einer Art von westlichem System), noch stärken sie einfach den autoritären Status quo. Vielmehr handelt es sich um eine Art »autoritärer Evolution« – eine dynamische Transformation des autoritären Regimes, die durch sozialen Druck von unten und politische Gegenmaßnahmen von oben vorangetrieben wird.[107]

6
Fazit: Soziale Unzufriedenheit und linke Opposition im Sozialismus und im Kapitalismus

In den vorangegangenen vier Kapiteln habe ich mich mit der sozialen Unzufriedenheit und den Protesten in der Volksrepublik China befasst, die in jedem Jahrzehnt seit den 1950er Jahren linke Debatten oder linken Widerstand auslösten. Im Fazit komme ich nun auf die in der Einleitung erörterten linken Positionen und die beiden Parameter – Reichtumsverteilung und Ausbeutung sowie Machtverteilung und Unterdrückung – zurück. Diese können zur Beschreibung linker Aktivitäten in der Volksrepublik China während der sozialistischen und der kapitalistischen Periode herangezogen werden.

Im *ersten* Abschnitt fasse ich meine Erkenntnisse über die sozialen Proteste und die (oppositionelle) Linke in den vergangenen Jahrzehnten zusammen. Im *zweiten* Abschnitt erörtere ich die Entwicklung der sozialen Proteste, die Organisierung der Linken und die Gegenmaßnahmen des Regimes. Im *dritten* Abschnitt veranschauliche ich die Analyseergebnisse in Links/Rechts-Diagrammen für die sozialistische und die kapitalistische Periode in der Volksrepublik China (Diagramme 3 und 4). Im *vierten* Abschnitt diskutiere ich, wie die Ergebnisse mit den Brüchen und Kontinuitäten in der Geschichte der KPCh zusammenhängen. Und im *fünften* Abschnitt zeige ich, warum die Ergebnisse für die Diskussion über linke Strategien und Handlungsweisen heute wichtig sind – in der Volksrepublik China und anderswo.

Wie sich soziale Proteste und die Linke seit 1949 verändert haben

Mit dem Wandel der Klassenverhältnisse und des KPCh-Regimes haben sich in der Volksrepublik China auch die so-

zialen Bewegungen von unten und die linken Strömungen verändert. Dies wird deutlich, wenn wir einen Blick auf zentrale Aspekte in jeder Periode werfen – Wirtschaft und Reformen, Politik und Staat, Klassenverhältnisse und soziale Akteure sowie linke Debatten oder Kritik (siehe *Tabelle 2*, S. 254f.).

In der sozialistischen Periode von Mitte der 1950er bis Mitte der 1970er Jahre führte das KPCh-Regime die Planwirtschaft ein und setzte auf sozialistische Industrialisierung (siehe Kapitel 2). Unter Mao Zedong errichtete es ein autoritäres politisches Regime und eine neue Klassenhierarchie. Dies löste wiederum neue Klassenkämpfe aus.

In den in Kapitel 2 diskutieren Bewegungen kämpften Arbeiter:innen, die oft einen prekären Status hatten und harte Bedingungen ertragen mussten, gegen ihre Diskriminierung und forderten ihnen versprochene Verbesserungen – während der Streikwelle 1956/57 und während der »ökonomistischen« Kämpfe der Kulturrevolution (1966–1968). Oppositionelle linke Aktivist:innen formulierten Mitte der 1950er Jahre eine politische Kritik und forderten das KPCh-Regime auf, seine Versprechen zu erfüllen: soziale Gleichheit und eine Gesellschaft unter der Kontrolle der Arbeiter:innen (sowie der Bäuerinnen und Bauern). Mitte der 1960er Jahre attackierten wiederum radikale Rebellengruppen das KPCh-Regime, weil dieses ein hierarchisches sozialistisches Klassensystem geschaffen hatte und sich eine »rote Bourgeoisie« aus Partei- und Staatskadern herausbildete. Genau dieser Druck von unten und vor allem die Bedrohung, die von Massenmobilisierungen, radikalen Bewegungen und (linken) Angriffen auf die Parteiherrschaft ausging, beeindruckten Teile des KPCh-Regimes in solchem Maße, dass sie Veränderungen oder Reformen, wie sie später bezeichnet wurden, ins Auge fassten. Diese Reformen, die schließlich in den späten 1970er Jahren eingeleitet wurden, sollten das sozialistische System stabilisieren und die KPCh an der Macht halten. Letztendlich führten sie Partei und Land jedoch in den Kapitalismus.

Im ersten Teil der (wie sich später herausstellte) Übergangsperiode, das heißt von Mitte der 1970er bis Ende der 1980er Jahre, leitete das KPCh-Regime unter Deng Xiaoping Reformen ein. Zu diesen gehörten die Vermarktlichung von Teilen der Wirtschaft und die Dezentralisierung wirtschaftlicher Entscheidungsprozesse (siehe Kapitel 3). Politisch ließ das Regime eine gewisse Öffnung zu, doch die autoritäre Herrschaft der KPCh blieb bestehen, und die sozialistische Führungsschicht nutzte die neuen Möglichkeiten zur Anhäufung von Macht und Reichtum durch die Aneignung öffentlichen Vermögens und Korruption.

Die ersten beiden in Kapitel 3 besprochenen Kämpfe, die Fünfter-April-Bewegung 1976 und die Demokratiemauer-Bewegung von 1978 bis 1980, wurden von Arbeiter:innen getragen, welche genug hatten vom sozialistischen Projekt mit seiner Kaderwillkür und den schlechten Arbeits- und Lebens-

Tabelle 2: Periodisierung von Wirtschaft, Politik, Klassenverhältnissen und linken Debatten in der Volksrepublik China seit 1949

Periode – ***Kapitel***	**Wirtschaft**	**Politik**
Sozialismus (Mitte der 1950er bis Mitte der 1970er) *Kapitel 2*	Sozialistische Industrialisierung, Planwirtschaft	Aufbau der autori- tären Herrschaft der KPCh
Übergang (Mitte der 1970er bis späte 1980er) *Kapitel 3*	Reform, Vermarktlichung, Dezentralisierung	Gewisse politische Öffnung, Kontinuität der KPCh-Herrschaft, Korruption
Übergang/ Kapitalismus (Anfang der 1990er bis Anfang der 2000er) *Kapitel 4*	Umstrukturierung, Privatisierung	Integration der neu zusammengesetzten Kapitalistenklasse, Konsolidierung der KPCh-Herrschaft
Kapitalismus (seit Mitte der 2000er) *Kapitel 5*	Ausbalancierung, Aufwertung, Zentralisierung, Expansion	Harmonische Gesell- schaft; verschärfte Repression, flexible autoritäre Herrschaft

Klassenverhältnisse	Linke Debatten
Neue Klassenhierarchie und Klassenkämpfe; Arbeiter:innen kämpfen gegen Diskriminierung	Kritik an der neuen Klassenhierarchie und der »roten Bourgeoisie«
Umwandlung der sozialistischen herrschenden Klasse; Arbeiter:innen kämpfen gegen Auswirkungen der Reformen	Forderungen nach einem demokratischen Sozialismus oder einer alternativen Form des Sozialismus
Arbeiter:innen, Bäuerinnen und Bauern kämpfen gegen die Auswirkungen von Vermarktlichung und Umstrukturierung	Kritik am (Übergang zum) Kapitalismus und am Neoliberalismus; Sozialismus-Nostalgie
Sozialstaatsexperimente; Migrant:innen und Frauen* kämpfen gegen kapitalistische und patriarchale Verhältnisse	Unterstützung sozialer Kämpfe; Abtauchen, um der verschärften Repression zu entgehen

bedingungen. Hinter den dritten, in Kapitel 3 besprochenen Protesten, der Tian'anmen-Platz-Bewegung von 1989, standen wiederum Arbeiter:innen, die aufgrund bestimmter Folgen der Reformen wie Inflation, unsicherer Arbeitsplätze und Korruption aufgebracht waren. Unter den Beteiligten waren viele, die einen festen Arbeitsplatz hatten und in den Genuss von Lohnzusatzleistungen kamen. Sie befürchteten jedoch die (weitere) Verschlechterung ihrer Arbeits- und Lebensbedingungen. In all diesen Bewegungen wurden oppositionelle linke Forderungen nach politischen Reformen für mehr Arbeiterrechte und nach einer demokratischeren Form des Sozialismus geäußert. Die Bewegung von 1989 und insbesondere die beteiligten Arbeiter:innen mit ihrem Verlangen nach einem anderen, demokratischeren Sozialismus bedrohten die KPCh-Herrschaft dermaßen, dass das Regime danach noch radikalere Reformen anging. Diese Reformen betrafen den Kern der sozialistischen Wirtschaft und sollten das Land in den Kapitalismus führen.

Von der späten Übergangsperiode Anfang der 1990er Jahre bis zur frühen kapitalistischen Periode Anfang der 2000er Jahre restrukturierte und privatisierte das KPCh-Regime unter Jiang Zemin Teile des staatlichen Sektors und öffnete das Land für ausländische Investitionen (siehe Kapitel 4). Politisch festigte es seine autoritäre Herrschaft und diente der neu gestalteten sozialistischen (und nun kapitalistischen) herrschenden Klasse.

Die in Kapitel 4 erörterten sozialen Kämpfe richteten sich beide gegen die Auswirkungen von Vermarktlichung und Umstrukturierung. Die Bedingungen vieler Bäuerinnen und Bauern hatten sich in den 1990er Jahren erheblich verschlechtert, insbesondere durch hohe Steuern, Kaderkorruption und Landraub. Gleichzeitig begannen Ende der 1990er Jahre auch jene Arbeiter:innen mit festen Arbeitsplätzen und Lohnzusatzleistungen, die »innerhalb des Systems« (*tizhinei*) staatlich beschäftigt waren, die Auswirkungen der Umstrukturierung zu spüren. Diese brachten ihnen Verluste von Status, Löhnen und Lohnzusatzleistungen sowie Arbeitslosigkeit und Armut. Unter den Bäuerinnen und Bauern sowie unter den Arbeiter:innen aus Staatsbetrieben entwickelte sich eine Nostalgie für Mao und den Maoismus, die nicht nur die Unzufriedenheit mit ihrer gegenwärtigen Situation zum Ausdruck brachte, sondern auch ihre Sehnsucht nach einer ihrer Meinung nach besseren, gerechteren und egalitären Vergangenheit. Verschiedene Teile der (oppositionellen) Linken wurden von den Kämpfen und der Wiederentdeckung von Mao und dem Maoismus inspiriert. Die Neue Linke und maoistische Basisgruppen formulierten Kritik an (dem Übergang zum) Kapitalismus und Neoliberalismus, schwelgten in sozialistischer Nostalgie und unterstützten (persönlich oder in ihren Schriften) die Welle von Kämpfen der Arbeiter:innen aus Staatsbetrieben oder der alten sozialistischen Arbeiterklasse in den späten 1990er und frühen 2000er Jahren.

In der Zeit seit Mitte der 2000er Jahre leitete die KPCh-Regierung unter Hu Jintao zunächst eine Ausbalancierung der Wirtschaft ein mit dem Ziel, die Exportabhängigkeit zu senken und regionale Entwicklungsunterschiede durch die Förderung des Hinterlandes zu verringern (siehe Kapitel 5). Außerdem wollte sie die Industrie aufwerten, indem sie in technologische Entwicklungen und Sektoren investierte, die in der Wertschöpfungskette weiter oben stehen. Die KPCh änderte auch ihre politische Rhetorik, führte (unter dem Schlagwort »Harmonische Gesellschaft«) neue begrenzte Sozialleistungen ein und entwickelte neue Formen der Konfliktlösung. In den 2010er Jahren, als Xi Jinping an die Macht kam, unternahmen Staats- und Privatkapital verstärkte Anstrengungen, um global zu expandieren, und die Rolle von Staat und Partei in der Wirtschaft wurde gestärkt. Die KPCh verschärfte die Repression gegen oppositionelle Gruppen, verfolgte jedoch weiter den Kurs einer »flexiblen autoritären Herrschaft«, den sie in den vorangegangenen Jahrzehnten entwickelt hatte. Dieser Kurs schließt Zugeständnisse ein, wenn das Regime sie als notwendig erachtet, um die soziale Stabilität zu sichern.

Die zwei in Kapitel 5 behandelten sozialen Kämpfe, die Proteste von Wanderarbeiter:innen und der alltägliche Widerstand von Frauen*, zielten auf die Verbesserung der Bedingungen im Kapitalismus ab. Wanderarbeiter:innen kämpften gegen Ausbeutung und Diskriminierung. Frauen* wehrten sich gegen die veränderten patriarchalen Strukturen und gegen sexistische Handlungsweisen, versuchten, die Last der Reproduktionsarbeit zu verringern, und kämpften für mehr Kontrolle über ihr Leben. Beide sozialen Kämpfe gefährden das kapitalistische und patriarchale Modell der KPCh – allerdings nicht in einem Ausmaß, das das Modell ernsthaft ins Wanken brächte. Verschiedene Teile der oppositionellen Linken, darunter Arbeiterkämpfe unterstützende NGOs, maoistische Basisgruppen und linke Feministinnen, förderten die Kämpfe von Migrant:innen oder Frauen*. Letztendlich wurden sie unterdrückt und mussten ihre Aktivitäten verdeckt (oder sogar im Ausland) fortsetzen.

Die Wechselwirkung von Kämpfen und Gegenmaßnahmen

Die genauere Analyse zeigt die komplexe Wechselwirkung von Kämpfen, Bewegungen und Gegenmaßnahmen. Die Bewegungen in der sozialistischen Periode und in der Übergangszeit von den 1950er bis zu den späten 1980er Jahren wurden alle entweder durch kurz zuvor durchgeführte Reformen (Verstaatlichung, Vermarktlichung) oder durch einschneidende Ereignisse (wie den Tod eines Parteiführers) ausgelöst. Bei diesen Bewegungen handelte es sich um Proteste oder Aufstände von relativ kurzer Dauer – im Falle der »ökonomistischen« Rebell:innen und der Demokratiemauer-Bewegung hielten sie bis zu zwei Jahre an. In den meisten Fällen waren der Staat, die KPCh-Führung oder eine bestimmte Parteifraktion Zielscheibe von Wut und Kritik, während Teile der Führung anfangs eine gewisse Sympathie für die Ziele der Bewegungen zeigten oder Zugeständnisse machten.

Oppositionelle und oft linke Zusammenhänge oder Bewegungen entstanden direkt aus den sozialen Kämpfen. In den kürzeren Bewegungen von 1957 oder 1976 konnten sich keine eigenständigen oder größeren Organisationen herausbilden, anders als während der Kulturrevolution von 1966 bis 1968, der Demokratiemauer-Bewegung von 1978 bis 1980 und, in geringerem Maße, der Tian'anmen-Platz-Bewegung von 1989. In allen Fällen wurden die Bewegungen schließlich vom KPCh-Regime unterdrückt. Partei und Staatsapparate hatten Einfluss auf große Teile des täglichen Lebens der Menschen, und deswegen konnten sie relativ schnell die Kontrolle wiedererlangen und Dissidenz bestrafen. Die größeren in diesem Buch behandelten oppositionellen Bewegungen der 1970er und 1980er Jahre traten jeweils in kürzeren Wellen auf. In diesem Zeitraum kam es in der Tat noch häufiger zu Kämpfen von Arbeiter:innen in den Betrieben – in der ersten Hälfte der 1970er Jahre, also den letzten Jahren unter Mao, in den frühen 1980er Jahren, das heißt kurz nach Beginn der Reformen, und zwischen 1985 und 1989, als sich die negativen Auswirkungen der Reformen auf die Arbeitsverhältnisse und -bedingungen zeigten.[1]

Die Bewegungen am Ende der Übergangsperiode und während der kapitalistischen Periode wurden durch die Folgen der Reformen ausgelöst: die Umstrukturierung und die Vermarktlichung im Fall der Bäuerinnen und Bauern und der staatlichen Arbeiter:innen, die befürchteten, den Status verlieren, den sie seit der sozialistischen Periode innehatten; die harten Lebensbedingungen, die weitere Aushöhlung von Mindeststandards bei der Arbeit und die Diskriminierung im Fall der Wanderarbeiter:innen; und die neugestaltete geschlechtsspezifische Diskriminierung, die sexualisierte Gewalt und die Belastung durch Reproduktionsarbeit im Fall der Frauen*. Diese Bewegungen wirkten lange, das heißt über mehrere Jahre, und zeigten sich in wiederholten Einzelaktionen (Demonstrationen), Aktionswellen (Streiks) oder dauerhaften Verhaltensweisen (Widerstand von Frauen* gegen Reproduktionsarbeit, »Gebärstreik«).

Die Kontrolle der Partei und des Staates über viele Aspekte des Lebens der Menschen war mit den Reformen gelockert worden, sodass sich mehr Räume war für Organisierung und Debatten boten. Verschiedene Zusammensetzungen (linker) Aktivist:innen unterstützten die sozialen Proteste. Ihre Handlungsweisen änderten sich mit den Resultaten der Wechselwirkung zwischen Kämpfen von unten und Gegenmaßnahmen von oben. Das KPCh-Regime war nach wie vor der (schlussendliche) Adressat der meisten sozialen Proteste und auch der Aktionen linker Unterstützer:innen. Die neuen kapitalistischen Verhältnisse führten jedoch zu komplexeren Verhältnissen und neuen Konfrontationen. Der unmittelbare Gegner konnte der lokale Staat oder ein privates Unternehmen sein. Das Regime bediente sich immer raffinierterer Methoden, um die Proteste oder Bewegungen zu schwächen (durch Zugeständnisse und Vereinnahmung) oder zu unterdrücken.

Abgesehen von den Protesten der Bäuerinnen und Bauern in den 1990er und 2000er Jahren und den Kämpfen der Frauen* in den vergangenen Jahrzehnten wurden die meisten sozialen Bewegungen, die in diesem Buch behandelt werden, von Arbeiter:innen dominiert.[2] Desillusionierte, prekäre Arbeiter:innen standen im Mittelpunkt der Proteste Mitte der 1950er und Mitte der 1960er Jahre, verschiedene Gruppen enttäuschter Arbeiter:innen hinter denen Mitte und Ende der 1970er und Ende der 1980er Jahre. In den Städten führten staatliche Arbeiter:innen, die noch »innerhalb des Systems« (*tizhinei*) waren und angegriffen wurden, die Proteste Ende der 1990er und Anfang der 2000er Jahre an, ländliche Wanderarbeiter:innen »außerhalb des Systems« (*tizhiwai*) bilden seit Mitte der 2000er Jahre die Haupttriebkraft der Kämpfe.

Bei keinem dieser Ereignisse wurden die Arbeiter:innen von einer Art »Avantgarde« aus Aktivist:innen oder Intellektuellen angeführt. Die sozialen Proteste von Arbeiter:innen, Bäuerinnen und Bauern und die Alltagskämpfe von Frauen* inspirierten neue Zusammenhänge linker Aktivist:innen, die sowohl aus den Reihen der Protestierenden als auch von außerhalb kamen. Sie bildeten informelle Gruppen, NGOs, Netzwerke oder Online- und Offline-Medien, um die Protagonist:innen und ihre Kämpfe zu unterstützen (und zu beeinflussen) – wie im Fall der NGOs und linken Gruppen, die Wanderarbeiter:innen unterstützen, und der feministischen Gruppen, welche die Forderungen der Kämpfe von Frauen* aufgriffen. In einigen Fällen spielten Arbeiteraktivist:innen mit einem linksoppositionellen Hintergrund und Erfahrungen in der Rebellenbewegung der Kulturrevolution eine Rolle bei der Initiierung oder Förderung von Kämpfen: Dies war der Fall bei der Demokratiemauer-Bewegung 1978 bis 1980 oder bei den Arbeiterprotesten in den Städten in den späten 1990er und frühen 2000er Jahren. Und in den Jahren 1956/57, 1966/67 und 1989 drängten Bewegungen von Student:innen oder Intellektuellen die Arbeitermobilisierungen in den Hintergrund oder gingen ihnen voraus, sie waren jedoch weit davon entfernt, diese Mobilisierungen oder die an den Bewegungen beteiligten Arbeiter:innen zu dominieren.[3]

Zu den Formen der sozialen Kämpfe gehörten Streiks, Demonstrationen, Petitionen, alltägliche (subversive) Verhaltensweisen und manchmal sogar Aufstände und Krawalle. Die Formen linker Debatte und Intervention reichten von informellen (manchmal im Untergrund stattfindenden) Treffen und Veröffentlichungen bis hin zu halblegalen oder registrierten Organisationen und Medien. In den vergangenen zwei Jahrzehnten haben Arbeiter:innen, ihre Unterstützer:innen, Frauen* und Feministinnen außerdem verschiedene Online-Plattformen genutzt, darunter Chat-Räume, Webseiten, Blogs, und Diskussionsgruppen. Diese Plattformen ermöglichten es ihnen, Informationen auszutauschen, Proteste zu koordinieren, sich über große Entfernungen zu organisieren, viel mehr Menschen in Diskussionen und Aktivitäten einzubeziehen und eine größere Öffentlichkeit zu erreichen. Sie machten sie jedoch auch anfällig für neue Formen der Zensur und Übergriffe im Internet.

Sowohl hinter der sozialen Unzufriedenheit und den Kämpfen als auch hinter den linken Strömungen, die aus ihnen hervorgingen, stand eine unterschiedliche Kombination von Zielen und Motivationen: erstens die Verbesserung der materiellen Bedingungen, zweitens die Verbesserung des eigenen Status oder der Kampf gegen Diskriminierung und Unterdrückung und drittens die allgemeine Kritik an der sozialistischen oder kapitalistischen Ordnung und der Kampf gegen die herrschende Klasse um die KPCh. Letzteres wurde vor allem von oppositionellen linken Gruppen vertreten, die eine permanente Revolution (1966–1968), alternative oder demokratische Formen des Sozialismus (Ende der 1970er Jahre, 1989) oder die Rückkehr zu einer (mystifizierten) Version des Sozialismus (Ende der 1990er Jahre) diskutierten oder vorschlugen. In jüngerer Zeit scheinen oppositionelle linke Gruppen weniger gewillt zu sein, eine allgemeine Kritik an der politischen Ordnung unter der KPCh zu formulieren oder gar eine revolutionäre Perspektive zu diskutieren – aus Angst vor Repression, aber auch weil sie nicht die Macht und den Einfluss haben, eine solche Kritik oder Perspektive politisch wirksam vorzubringen.

Das KPCh-Regime entwickelte eine Reihe von Instrumenten, die sowohl von staatlichen Institutionen als auch von Parteistrukturen eingesetzt werden, um soziale Spannungen und soziale oder politische Proteste zu entschärfen. In vielen Fällen machte es begrenzte Zugeständnisse (wie die Verbesserungen der Bedingungen oder des Status) während des Protests oder danach, um weitere Spannungen oder Eskalationen zu verhindern. In den letzten Jahrzehnten führten beispielsweise die Proteste von Arbeiter:innen und Frauen* zur Einführung neuer Gesetze, die ihren rechtlichen Status verbesserten. Das Regime setzte auch auf die Vereinnahmung Protestierender oder ihrer Forderungen, um Proteste zu schwächen und seine eigene Legitimität zurückzugewinnen. Ein Beispiel dafür ist die Integration der »Ultralinken« in das KPCh-Regime in den späten 1960er Jahren oder die Art und Weise, wie die Fraktion um Deng Xiaoping Ende der 1970er Jahre die Forderungen nach Reformen von unten nutzte, um den Führungskampf zu gewinnen und Marktreformen durchzusetzen.[4] In den meisten Fällen wurde auf verschiedene Formen der Repression (Polizeieinsätze, Verhaftungen, Zensur, Drohungen) zurückgegriffen, wobei das Ausmaß davon abhing, ob das Regime erwartete, dass sich die Proteste ausbreiten und seine Legitimität gefährden könnten. Die Teilnahme an sozialen Protesten wie Streiks oder Demonstrationen wurde bisweilen toleriert, aber die Organisator:innen oder Anführer:innen mussten mit schweren Strafen rechnen. In zwei Fällen, in denen die Proteste das KPCh-Regime ernsthaft infrage stellten, schaltete es die Armee ein, um seine Herrschaft zu sichern (1967 und 1989).

Oppositionelle linke Strömungen durften oder konnten keine (halb-)offiziellen Organisationen außerhalb der KPCh bilden (mit Ausnahme einer kurzen Spanne während der Kulturrevolution und der kleinen NGOs seit den 1990er Jahren).

Viele informelle linke Gruppen und Strömungen wurden unterdrückt oder sogar eliminiert. Zu den eingesetzten Maßnahmen gehörten Zensur, Drohungen und Einschüchterung, Umerziehung in Lagern, Gefängnisstrafen, Verbannung und sogar Tötung. Infolgedessen konnten oppositionelle linke Gruppen oft nur informell oder im Untergrund fortbestehen. In vielen Fällen existierten sie nur für einen relativ kurzen Zeitraum, nachdem sie sich in Reaktion auf soziale Bewegungen entwickelt hatten und vorübergehend entstandene Räume für die Organisierung und die Äußerung regimekritischer Positionen nutzen konnten. Einige informelle Gruppen und Netzwerke existierten jedoch über die gesamte Lebensdauer einer politischen Generation, wie Rebell:innen der Kulturrevolution, die in allen größeren oppositionellen Bewegungen von den 1960er bis zu den 2000er Jahren eine Rolle spielten.[5]

Da oppositionelle linke Gruppen mit einer bestimmten politischen Perspektive keine dauerhaften Organisationen aufbauen konnten, waren sie nicht in der Lage, erkennbare politische Strömungen zu bilden, wie dies in anderen Ländern der Fall war und ist, die mehr Raum bieten oder mit repressiver Toleranz auf solche Organisationen reagieren – wie Deutschland oder Länder wie Südafrika, die aus antikolonialen Befreiungskämpfen gegen ein repressives Regime hervorgingen.[6] Letztendlich hat kein sozialer Protest und keine politische Opposition in der Volksrepublik China einen Regimewechsel herbeiführen können. Allerdings setzten soziale Bewegungen in Verbindung mit linken Strömungen das Regime zu verschiedenen Zeiten unter Druck, sodass es mit Reformen reagierte. Diese Wechselwirkung zwischen Bewegungen von unten und Gegenmaßnahmen von oben hat die

Entwicklung der Volksrepublik China in den letzten sieben Jahrzehnten vorangetrieben – im Sozialismus, in der Übergangsperiode und im Kapitalismus.[7]

Visualisierung der (anderen) Linken in der Volksrepublik China

In diesem Buch will ich einen Überblick über soziale Proteste und von ihnen inspirierte oppositionelle linke Strömungen geben und diese kategorisieren. Das Buch soll als Orientierungshilfe dienen für diejenigen, die sich mit dem Übergang vom Sozialismus zum Kapitalismus, der Rolle der KPCh und der Geschichte linker Politik in der Volksrepublik China beschäftigen. In diesem Abschnitt zeige ich, wie sich linke Gruppen und Strömungen in der Volksrepublik in das Links/Rechts-Diagramm einordnen lassen, das ich in Kapitel 1 vorgestellt habe (siehe *Diagramm 2*). Das Diagramm soll die unterschiedlichen politischen Positionen beteiligter Akteure veranschaulichen. Die hier analysierten Gruppen und Strömungen repräsentieren verschiedene linke Tendenzen. Diese reichen von einer Form der moralischen Ökonomie und Forderungen nach Gleichheit im sozialistischen System bis hin zu einer grundsätzlichen Kritik an der »roten Bourgeoisie« der KPCh und linken oder eher »loyalen« Positionen, welche der KPCh in der kapitalistischen Periode nahestanden. Gruppen und Strömungen blieben oft informell, um der Repression auszuweichen, sie hatten unklare Positionen, änderten ihre Perspektiven oder bestanden aus Flügeln mit unterschiedlichen Meinungen. All das macht eine Kategorisierung und klare Darstellung schwierig.

Anders als im Falle des in der Einleitung verwendeten Beispiels Deutschland (nach dem Zweiten Weltkrieg) erlebte die

Volksrepublik China in den letzten siebzig Jahren einen stufenweisen Systemwechsel vom Sozialismus zum Kapitalismus. Die KPCh blieb zwar an der Macht, aber ihre Zusammensetzung sowie ihre politische Ausrichtung und ihre Wirtschaftspolitik änderten sich in der Übergangsperiode zwischen den späten 1970er und den späten 1990er Jahren. Sie war die zentrale politische Organisation in der sozialistischen Ökonomie und repräsentierte die sozialistische herrschende Klasse, und sie wurde zur zentralen politischen Organisation in der kapitalistischen Ökonomie und repräsentiert nun die kapitalistische herrschende Klasse. Mit anderen Worten: Entstanden aus linken Bewegungen und Organisierungsanstrengungen in der ersten Hälfte des 20. Jahrhunderts, bildete die KPCh ein autoritäres und ausbeuterisches sozialistisches Regime, das sich in der sozialistischen Periode linker Sprache und Strategie bediente; in der laufenden kapitalistischen Periode steht sie hinter einem rechtsautoritären und ausbeuterischen kapitalistischen Regime, das den Regimen in anderen kapitalistischen Ländern ähnelt.

Diese entscheidende Wandlung des KPCh-Regimes sowie die sozialen Kämpfe und linken Strömungen vor und nach dieser Wandlung lassen sich nicht in einem Diagramm darstellen. Ich schlage daher vor, zwei Diagramme einzusetzen. Das erste zeigt die Kräfte der KPCh sowie die oppositionellen Gruppen in der sozialistischen Periode und in der frühen Übergangsperiode (1950er bis 1980er Jahre; siehe *Diagramm 3*). Die beiden Achsen stellen unterschiedliche linke Positionen dar: links-kollektivistisch oder links-ausbeuterisch und egalitär oder autoritär. Auch wenn die Ausbeutungsmechanismen im sozialistischen Kontext andere waren als im kapitalisti-

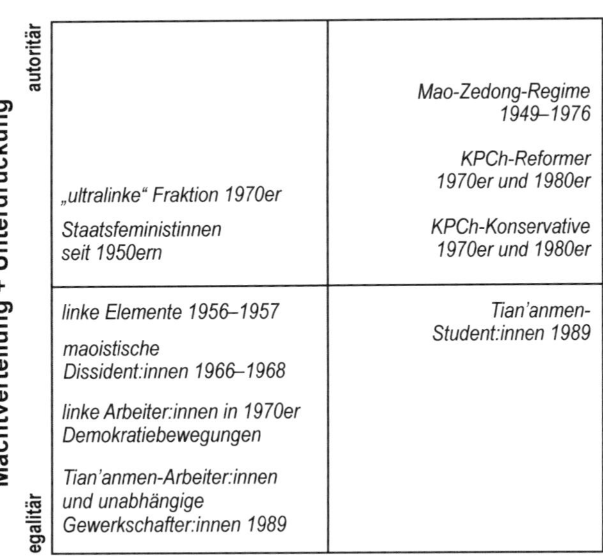

Diagramm 3: Linke Gruppen und andere politische Kräfte in der Volksrepublik China während der sozialistischen Periode und der frühen Übergangsperiode (1950er bis 1980er Jahre).

schen, verwende ich den Begriff ausbeuterisch sowohl für die sozialistische Periode als auch für die kapitalistische Periode. Kollektivistisch, egalitär und autoritär haben im Sozialismus und im Kapitalismus ähnliche Bedeutungen.[8]

Die Zuordnung entlang der horizontalen Achse zu Reichtumsverteilung und Ausbeutung hängt ab von der Position einer Gruppe oder Strömung zu sozialer (Un-)Gleichheit, zu

Ausbeutungs- und Aneignungsverhältnissen, zum Zugang zu und zur Versorgung mit notwendigen Gütern sowie zur Bereitstellung von Unterstützungs- und Sozialleistungen, die den Bedürfnissen der Menschen entsprechen. Die Zuordnung auf der vertikalen Achse zu Machtverteilung und Unterdrückung hängt davon ab, inwieweit eine Gruppe oder Strömung Macht- und Unterdrückungsstrukturen, (un)gleiche Freiheiten, Rechte und Chancen für alle sowie autoritäre oder kollektive Entscheidungsfindung und Machtausübung kritisiert oder unterstützt.[9]

Die meisten linken Gruppen und Strömungen, die für die Analyse in diesem Buch ausgewählt wurden, standen in Opposition zur KPCh oder implizierten oder formulierten zumindest eine linke Kritik am damaligen Regime hinsichtlich seines autoritären Charakters und seiner Rolle innerhalb der ausbeuterischen sozialistischen Ordnung. Sie gehören deshalb in das untere linke Quadrat (*links-kollektivistisch/egalitär*): linke Elemente in der Streikwelle 1956/57, maoistische Dissident:innen während der Kulturrevolution 1966 bis 1968, linke Arbeiteraktivist:innen in den Demokratiebewegungen 1976 und 1978 bis 1980 sowie Arbeiter:innen und unabhängige Gewerkschafter:innen in der Bewegung 1989.

Einige linke Strömungen und Gruppen, die in diesem Buch erörtert werden, unterstützten die autoritäre Herrschaft der KPCh, auch wenn sie möglicherweise politische Kritik an bestimmten Maßnahmen des Regimes übten oder sogar um die Vorherrschaft in der Partei kämpften. Sie sind dem linken oberen Quadrat (*links-kollektivistisch/autoritär*) zugeordnet: die »ultralinke« Fraktion in den 1970er Jahren und die Staatsfeministinnen in der ACFV seit den 1950er Jahren.

Das KPCh-Regime unter Mao Zedong, das von 1949 bis 1976 an der Macht war, steht im oberen rechten Quadrat (*links-ausbeuterisch/autoritär*), ebenso wie die wichtigsten konkurrierenden Parteifraktionen, die »Reformer« und die »Konservativen« in den 1970er und 1980er Jahren. Diese vertraten eine autoritäre Regierungsführung und unterschiedliche Wirtschaftsmodelle, die jedoch beide ausbeuterisch waren.[10] Im unteren rechten Quadrat (*links-ausbeuterisch/egalitär*) ist lediglich der Teil der Studentenanführer:innen aus der Tian'anmen-Platz-Bewegung von 1989 vermerkt. Dieser propagierte bestimmte politischen Reformen und »Demokratie«, aber nicht die egalitäre Version des Sozialismus, welche die Arbeiter:innen anstrebten.[11]

Das zweite Diagramm stellt die Kräfte der KPCh sowie oppositionelle Gruppen in der späten Übergangsperiode und der kapitalistischen Periode (seit den 1990er Jahren; siehe *Diagramm 4*) dar. Die beiden Achsen zeigen den Unterschied zwischen linken und rechten Positionen: links-kollektivistisch oder rechts-ausbeuterisch sowie egalitär oder autoritär. Die Zuordnung entlang der horizontalen Achse zu Reichtumsverteilung und Ausbeutung und entlang der vertikalen Achse zu Machtverteilung und Unterdrückung geschieht analog zu der in *Diagramm 3*.

Die meisten der in diesem Buch besprochenen linken Gruppen und Strömungen formulierten eine linke Kritik am Regime hinsichtlich seines autoritären Charakters und seiner Rolle innerhalb der ausbeuterischen (und jetzt) kapitalistischen Ordnung. Sie sind dem unteren linken Quadrat (*links-kollektivistisch/egalitär*) zugeordnet: maoistische Basisgruppen zur Unterstützung der Arbeiter:innen in staatlichen

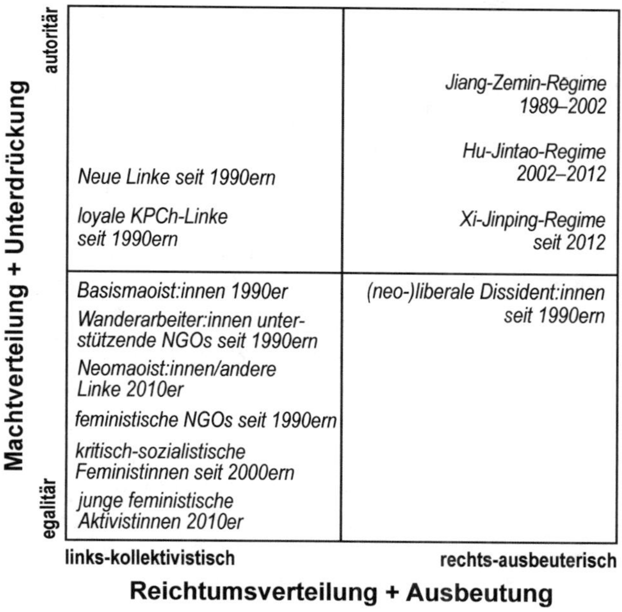

Diagramm 4: Linke Gruppen und andere politische Kräfte in der Volksrepublik China in der späten Übergangsperiode und der kapitalistischen Periode (seit den 1990er Jahren).

Betrieben in den 1990er Jahren, NGOs zur Unterstützung von Wanderarbeiter:innen seit den 1990er Jahren, maoistische und andere linke Gruppen (einschließlich Sozialdemokrat:innen und Trotzkist:innen) in den 2010er Jahren, NGOs zur Förderung feministischer Anliegen seit den 1990er Jahren, kritisch-sozialistische Feministinnen in den 2000er und 2010er Jahren und junge feministische Aktivistinnen in den 2010er Jahren.

Einige linke Strömungen und Gruppen unterstützten die autoritäre Herrschaft der KPCh, auch wenn sie die Hinwendung des Regimes zum Kapitalismus kritisierten. Sie sind im linken oberen Quadrat (*links-kollektivistisch/autoritär*) platziert: die Intellektuellen der Neuen Linken seit den 1990er Jahren und die verschiedenen loyalen (linken) Gruppierungen in und um die KPCh seit den 1990er Jahren (zum Beispiel jene, die KPCh-Führer Bo Xilai oder Xi Jinping unterstützt haben).

Die KPCh-Regime unter Jiang Zemin (1989–2002), Hu

Jintao (2002–12) und Xi Jinping (seit 2012) sind dem oberen rechten Quadrat (*rechts-ausbeuterisch/autoritär*) zugeordnet. Der einzige Eintrag im unteren rechten Quadrat (*rechts-ausbeuterisch/egalitär*) sind (neo-)liberale Dissidentengruppen oder Intellektuelle, die seit den 1990er Jahren Formen von »Demokratie« und einen reformierten Kapitalismus propagierten.[12]

Kurzum, die Diagramme zeigen die verschiedenen linken (und rechten) Gruppen in der Volksrepublik China in der sozialistischen Periode und ihre veränderte Zusammensetzung in der kapitalistischen Periode. Die Kategorisierung bleibt grob und basiert auf zwei politischen Merkmalen (der Position zur Reichtumsverteilung und der zur Machtverteilung) mit jeweils zwei Attributen (egalitär oder autoritär und kollektivistisch oder ausbeuterisch). Eine komplexere Differenzierung würde den Gebrauchswert erhöhen, aber mehr Merkmale und Eigenschaften erfordern.

Die Diagramme zeigen hier die klare Trennung zwischen egalitären und autoritären links-kollektivistischen Positionen in der Volksrepublik China in der sozialistischen und der kapitalistischen Periode. Diese Trennung ist meines Erachtens ebenso wichtig wie die zwischen einer marxistisch-leninistischen (»revolutionären«) und einer sozialdemokratischen (reformistischen) linken Strategie.[13] Wer die globale linke Debatte voranbringen will, muss das Scheitern des autoritären Sozialismus nüchtern bilanzieren können, den kapitalistischen Charakter des derzeitigen KPCh-Regimes erkennen und die oppositionellen linken Gruppen und Strömungen in der Geschichte der Volksrepublik China in den Blick nehmen. Wenn das geschieht, können wir die Fehler der Vergangenheit in unseren eigenen Versuchen zur Überwindung von Ausbeutung und Unterdrückung berücksichtigen. Wir sind zudem in der Lage, Solidarität und Unterstützung für die oppositionelle Linke in der Volksrepublik China zu organisieren. Diese oppositionelle Linke muss sich schon seit langem gegen Angriffe vonseiten der KPCh zur Wehr setzen, wie wir im nächsten Abschnitt sehen werden.

Das Vorgehen der Kommunistischen Partei gegen linke Kräfte

Ich konzentriere mich in diesem Buch auf oppositionelle linke Tendenzen, soziale Bewegungen von unten mit linken Forderungen, Vorgehensweisen und Perspektiven und politische Gruppen und Strömungen mit linker Agenda. Die Positionen der KPCh, die Parteiführungen und die wechselnden parteiinternen Unstimmigkeiten und Fraktionierungen tauchen lediglich hier und da in der Erzählung auf. Sie verdienen jedoch mehr Aufmerksamkeit, als sie in diesem Buch bekommen können. Im Folgenden widme ich mich nun einem Merkmal der KPCh-Politik der letzten Jahrzehnte: der Haltung der Parteiführungen zu linker Opposition.

In der sozialistischen Periode und der frühen Übergangsperiode war die KPCh eine linke Kraft, in der späten Übergangsperiode und in der kapitalistischen Periode wurde sie dann zu einer rechten Kraft. Gewisse Elemente bestimmten die Parteiherrschaft jedoch über die vergangenen Jahrzehnte hinweg und überdauerten die historischen Brüche und Veränderungen: Erstens blieb die Partei auf wirtschaftliche Entwicklung und Expansion durch Industrialisierung und den Aufbau von Infrastruktur ausgerichtet (Entwicklung, Produktivismus); zweitens förderte sie die Interessen des Landes im Weltsystem (Nationalismus); drittens sicherte sie die Ein-

parteienherrschaft ab, um ihre Entwicklungsziele zu erreichen (autoritäre Herrschaft); viertens versuchte sie, starke (linke) Opposition von unten zu schwächen, zu unterdrücken oder zu vereinnahmen (Vorgehen gegen linke Kräfte).

Ich konzentriere mich hier auf den letzten Punkt. In der sozialistischen Periode bezog sich die KPCh auf den Maoismus, eine angepasste Form des Marxismus-Leninismus, um ihre wirtschaftlichen, politischen und sozialen Strategien zu erklären und zu rechtfertigen. Dazu gehörte die Rhetorik von Klassenkampf und Revolution. Die Parteiführung legte die politische Linie fest, der alle anderen Teile der Gesellschaft zu folgen hatten, und sie definierte, was sie als Abweichung(en) von dieser Linie ansah. Mao Zedong selbst bezog sich diesbezüglich in einer Rede vor dem Zentralkomitee 1955 auf das Links/Rechts-Spektrum:

> »Ist der richtige Zeitpunkt gekommen, um etwas zu tun, muss es getan werden. Wenn man das nicht zulässt, handelt es sich um eine ›rechte‹ Abweichung. Ist der richtige Zeitpunkt für etwas nicht gekommen und man versucht trotzdem, es durchzusetzen, ist das eine ›linke‹ Abweichung.«[14]

Es liegt auf der Hand, dass das KPCh-Regime mit seinen revolutionären Wurzeln und seiner sozialistischen Rhetorik während der sozialistischen Periode und der Übergangsperiode gegen rechte Abweichungen (von Monarchisten, KMT oder kapitalistischen Kräften) vorging. Unmittelbar nach 1949 waren einige dieser Kräfte noch relativ einflussreich, mit den Säuberungsaktionen gegen Rechte in den frühen 1950er Jahren und insbesondere nach der Anti-Rechts-Kampagne von 1957 waren die meisten von ihnen jedoch stark geschwächt oder gar eliminiert worden.

Linke Kräfte, durch soziale Unzufriedenheit oder Proteste inspiriert, existierten jedoch weiterhin, was die Ausführungen in diesem Buch belegen. Die KPCh-Führung reagierte wiederholt mit Kampagnen und Säuberungen gegen linke Zusammenhänge. Sie fürchtete, dass linke Kritik und Opposition gegen die KPCh-Führung (mehr noch als jede aufkommende rechte Opposition) die Legitimität und die Herrschaft der Partei gefährden könnten. Bereits in den 1940er Jahren wurden nach Konflikten über die Parteilinie Säuberungsaktionen gegen Linke durchgeführt. Mitte der 1950er Jahre ging die Parteiführung gegen Streikwellen und linke Kritik im Zusammenhang mit der Hundert-Blumen-Bewegung vor; in der zweiten Hälfte der 1960er Jahre griff sie während der Kulturrevolution den »ökonomistischen Wind«, linke Rebell:innen oder maoistische Dissident:innen an; Mitte und Ende der 1970er Jahren unterdrückte sie Bewegungen für einen demokratischen Sozialismus; ebenfalls in der zweiten Hälfte der 1970er Jahre wurden linke Kräfte verfolgt, als die Parteiführung offiziell gegen die »ultralinke« Viererbande vorging; die Arbeiterproteste während der Tian'anmen-Platz-Bewegung

1989 schlug sie nieder; und seit den 1990er Jahren unterdrückte sie in jedem Jahrzehnt maoistische Basisaktivist:innen sowie linke Unterstützer:innen von Arbeiterkämpfen und feministische Aktivist:innen.

Die KPCh-Führung änderte auch ihre Selbstdarstellung und Legitimationsstrategie. Während der sozialistischen Periode vermochte sie zwei Linien oder politische Positionen zu verbinden, die beide notwendige Bestandteile des sozialistischen Projekts der Partei und ihrer marxistisch-leninistisch-maoistischen Agenda waren: Die eine Entwicklungslinie drängte auf sozialistische Modernisierung, die andere setzte auf Mobilisierung sowie soziale Kontrolle und ideologische Führung. Manchmal harmonierten die Vertreter:innen beider Linien, wenn es darum ging, den Sozialismus aufzubauen; manchmal koexistierten sie lediglich und vermieden Konflikte; und manchmal konkurrierten sie offen miteinander, wie nach dem Großen Sprung oder während und nach der Kulturrevolution. Seit den 1960er Jahren verwendete die KPCh die Bezeichnung »links« und »rechts« (oder Abwandlungen davon), wenn sie sich auf diesen Antagonismus oder die Dialektik zwischen der »rechten« Entwicklungslinie, beispielsweise der »Prokapitalisten« Liu Shaoqi und Deng Xiaoping, und der »linken« Mobilisierungslinie von Mao Zedong oder der »ultralinken« Fraktion und der Viererbande bezog.

In den 1980er Jahren, also nach der sozialistischen Periode, strich die KPCh-Führung die revolutionäre oder klassenkämpferische Rhetorik aus ihrem Repertoire. Nun ging es ihr hauptsächlich um wirtschaftliche Entwicklung; soziale Befreiung oder Revolution waren obsolet. In den 1990er Jahren ließ die KPCh endgültig die sozialistische Planwirtschaft hinter sich, und Anfang der 2000er Jahre erlaubte sie unter Parteichef Jiang Zemin formell den Parteieintritt von Kapitalisten. Der KPCh war es schon vorher nicht gelungen, mit dem Sozialismus der in der Volksrepublik China praktizierten Form die Revolution zu vollenden, nun verlor dieser jeden revolutionären Gehalt. Für viele Beobachter:innen stand »links« nun für den »konservativen« Teil der Führung, das heißt für die Kader, die am sozialistischen Modell festhielten und die Marktreformen nicht unterstützten.

Die KPCh wirbt jedoch nach wie vor für ihre Version eines (von ihr so genannten) Sozialismus. Einerseits will sie den historischen »Erfolg« der »nationalen Befreiung« für sich beanspruchen, den symbolischen Wert von Mao Zedong als Parteigründer, Führer und Ikone nutzen und ihre Bezeichnung als »kommunistische« Partei rechtfertigen. Andererseits beruht die Legitimität der Partei auf sozialistischen Erzählweisen vom »Dienst am Volk« oder vom »Wohlstand für alle« – oder zumindest auf dem Mythos, dass letztendlich alle vom wirtschaftlichen Aufstieg des Landes profitieren würden. Linke Abweichungen oder linksoppositionelle Kritik sind deswegen politisch brisant. Wenn Arbeiter:innen, Bäuerinnen und Bauern, Frauen* oder linke Aktivist:innen soziale oder politische Probleme thematisieren, macht das die KPCh mit ihrer Definition von Sozialismus unglaubwürdig. »Solange der ›Sozialismus‹ für die politische Legitimität der Partei symbolisch wichtig bleibt, steht die KPCh unter Druck und muss ihre aktuellen Vorgehensweisen mit sozialistischen Begriffen rechtfertigen. Infolgedessen ist sie in einen langwierigen ideologischen Kampf mit den Linken verwickelt, bei dem es darum geht, was Sozialismus wirklich ist und wer ihn repräsentiert.«[15]

Dieser ideologische Kampf wird an mehreren Fronten geführt. Erstens diskutieren und entwickeln Wissenschaftler:innen an Parteischulen und Universitäten seit den 1990er Jahren eine angepasste Version des Marxismus, die von subversiven Elementen gesäubert ist und als Wissenschaft der Führung einer (»marktsozialistischen«) Ökonomie präsentiert wird. In der Praxis propagiert die KPCh die Kontrolle der kapitalistischen Kräfte durch den Staat und eine quasi-keynesianische Version der Wohlfahrtspolitik (Armutsbekämpfung, »gemeinsamer Wohlstand«), die angeblich auf eine Reichtumsverteilung abzielt. In Wirklichkeit lässt sie jedoch die strukturellen Bedingungen für Ausbeutung und soziale Ungleichheit intakt.[16]

Zweitens wurden in den letzten zwei Jahrzehnten die weiter beibehaltenen sozialistischen Erzählweisen von Wohlstand und Entwicklung noch ergänzt, beispielsweise durch konfuzianische Konzepte und Verweise auf Chinas imperiale Geschichte und ihre Vermächtnisse. Die KPCh fügt all ihren politischen und ideologischen Begriffen, einschließlich ihres gezähmten Marxismus, das notorische »mit chinesischen Merkmalen« (*zhongguo tese*) hinzu. Sie benutzt die Bezüge auf den Konfuzianismus und (angebliche) Traditionen des chinesischen Kaiserreichs, um den (guten, wohlwollenden) »Chines:innen« die »westlichen« (feindlichen, gefährlichen) »Anderen« gegenüberzustellen. Und sie bedient sich des Konfuzianismus und der (angeblichen) Traditionen des Kaiserreichs, um die zentrale Rolle des Staates oder den notwendigen Gehorsam gegenüber den Machthabern zu betonen. Schließlich impliziert die Politik der KPCh sogar die Überlegenheit der Han (der dominanten ethnischen Gruppe) gegenüber »Minderheiten« wie zum Beispiel den Uigur:innen und anderen muslimischen Gruppen in Xinjiang.[17]

Drittens hat die Partei seit den 2000er Jahren ihren angepassten (und entpolitisierten) Marxismus wieder in den Vordergrund gerückt. Der lokale KPCh-Führer Bo Xilai nutzte Ende der 2000er Jahre maoistische Folklore, Antikorruptionsparolen und begrenzte Wohlfahrtsmaßnahmen im Rahmen des sogenannten Chongqing-Modells und gewann damit die Unterstützung von Linken, die loyal zur KPCh stehen. Wie im vorangegangenen Kapitel erwähnt, wurde Bo als Gegenkandidat von Xi Jinping bei der Bewerbung um die Parteiführung angesehen und 2012 schließlich wegen Korruption abgesetzt und verhaftet. Die neue Parteiführung unter Xi Jinping lernte jedoch aus seinen Methoden und begann ebenfalls, sich mehr auf Marxismus und maoistische Symbolik zu beziehen. Die KPCh investiert nach wie vor Energie und Ressourcen in marxistische Forschung und Ideologieentwicklung und setzt diese zur Legitimierung ihrer Herrschaft ein. Das verschafft ihr die Unterstützung bestimmter loyaler Linker, zum Beispiel von Neuen Linken oder anderen Akteuren, die mit bestimmten egalitären linken Ideen sympathisieren und gleichzeitig die autoritäre Parteiherrschaft verteidigen.[18] In einigen Fällen gehört dazu auch, dass diese »Linken« Menschen, die sich der offiziellen Parteilinie widersetzen oder ihr einfach nicht folgen, unter Druck setzen, angreifen, zensieren oder zum Schweigen bringen.[19]

Erkenntnisse für linke Politik

Die KPCh war Teil der linken (revolutionären) Bewegung in China in den 1920er Jahren, und die heutige Linke (in der

Volksrepublik China und anderswo) ist gut beraten, sich mit dem linken Vermächtnis dieser Partei und dem anderer politischer Kräfte auseinanderzusetzen, die aus linken revolutionären Bewegungen hervorgingen und später Formen eines real existierenden Sozialismus etablierten. Die von ihnen gebildeten Regime sollten an ihrer politischen Bilanz gemessen werden – und nicht etwa an ihrer pseudoradikalen oder pseudomarxistischen Sprache.

Die KPCh ist bereits seit Jahrzehnten eine antilinke Kraft oder, genauer gesagt, eine Organisation, die gegen links-kollektivistische und egalitäre Vorstellungen und Strategien vorgeht. Wie wir in den vorangehenden Kapiteln dieses Buches gesehen haben, hat sie in der sozialistischen Periode, in der Übergangsperiode und in der kapitalistischen Periode soziale Kämpfe und oppositionelle linke Bewegungen angegriffen und unterdrückt. Auch heute dauern soziale Konflikte und Kämpfe in der Volksrepublik China an. Während sich das KPCh-Regime zunehmend in anderen Teilen der Welt wirtschaftlich und politisch engagiert, sollten Linke sich besinnen und Stellung beziehen. Die heutige KPCh ist keine Verbündete im Kampf gegen kapitalistische Ausbeutung, Rassismus, Geschlechterdiskriminierung, Nationalismus, Imperialismus und Umweltzerstörung.

Die Linke in der Volksrepublik China und anderswo muss in passender Weise auf die globale Konfrontation reagieren, die präsentiert wird als eine zwischen China und den USA, zwischen dem chinesischen Sozialismus und dem universalistischen westlichen Kapitalismus oder zwischen autoritärer Herrschaft und liberaler Demokratie. Die Zuspitzung auf diese vermeintliche Dichotomie dient sowohl den westlichen

Regierungen als auch dem KPCh-Regime. In Wirklichkeit sehen wir miteinander verbundene Mächte mit kapitalistischen Ausbeutungssystemen und mehr oder weniger autoritären Regierungsstrukturen. Trotz vieler Unterschiede bekämpfen die politischen Kräfte, die in den USA, in den Staaten der Europäischen Union, in der Volksrepublik China und in anderen Ländern an der Macht sind, allesamt linke Bewegungen, die ein Ende des Kapitalismus, des Patriarchats, des Nationalismus und des Imperialismus fordern.

Die egalitäre Umverteilung von Reichtum und Macht auf globaler Ebene kann ohne revolutionäre Veränderungen in der Volksrepublik China und in der übrigen Welt nicht erreicht werden. In der Volksrepublik erleben wir jedoch derzeit keinen revolutionären Moment, in dem eine solche egalitäre Umverteilung durchgesetzt werden könnte. Wenn ein solcher Moment kommt, muss die revolutionäre Umwälzung von sozialen Akteuren von unten kontrolliert werden. Die Erfahrung mit der KPCh (und ähnlichen Parteien hinter real existierenden Sozialismen) lehrt uns, dass die revolutionäre Umgestaltung einer Gesellschaft durch eine privilegierte Klasse und ihre herrschende Partei »ein Widerspruch in sich« ist und keine Möglichkeit bietet, Ausbeutung, Patriarchat und autoritäre Herrschaft zu überwinden.[20]

Welche Rolle kann die heutige Linke in der Volksrepublik China spielen? Die loyalen Linken (oder die maoistische Rechte) innerhalb der KPCh, oder ihr nahe stehend, werden sich nicht an sozialen Protesten oder offen oppositionellen Organisationen beteiligen. Die Intellektuellen der Neuen Linken werden kaum »den Elfenbeinturm verlassen und sich direkt auf die Massen beziehen«.[21] Viele von ihnen sind nationalistisch oder haben nach 2012 sogar das Regime unter Xi Jinping unterstützt.[22] Bleibt die oppositionelle Linke, vor allem linke Feministinnen und verschiedene Strömungen der maoistischen Linken. Es wird sich zeigen, ob Feministinnen sowohl strukturelle Geschlechterdiskriminierung und Gewalt gegen Frauen* als auch kapitalistische Strukturen und Methoden angreifen werden, hinter denen das KPCh-Regime steht. Maoist:innen haben wiederholt die militante Rhetorik der Kulturrevolution benutzt, die Marktreformen öffentlich kritisiert und sich teilweise auch tatsächlich an Kämpfen der Arbeiter:innen in Staatsbetrieben (und später denen der Wanderarbeiter:innen) beteiligt. Ein Teil von ihnen ist jedoch nationalistisch und etatistisch eingestellt, und die meisten von ihnen teilen immer noch die marxistisch-leninistische Sichtweise, dass eine Avantgardepartei, demokratischer Zentralismus und die Diktatur des Proletariats notwendig seien, um eine Revolution durchzuführen – ein Rezept, das gescheitert ist. Die meisten anderen linken Strömungen sind derweil zu klein, um einen nennenswerten Einfluss auszuüben.

Das KPCh-Regime und seine Repressionsorgane sind zudem derzeit zu stark und die oppositionelle Linke ist zu schwach, um in der Politik der Volksrepublik China eine größere Rolle spielen zu können. Die Frage, ob eine linke Alternative existiert, wird in Bezug auf die Volksrepublik China kaum diskutiert. Zum einen hält die KPCh an ihrer Selbstbeschreibung als sozialistisch fest, zum anderen hat die Partei die Entwicklung einer linken Struktur oder Gruppe verhindert, die bedeutend genug ist, um überhaupt als Alternative in Betracht zu kommen. Die oppositionelle Linke in der Volksrepublik China scheint zudem schwierige Zeiten vor sich zu haben, wenn wir die verschärfte Repression und das Arsenal bedenken, mit dem das KPCh-Regime soziale Unzufriedenheit und Proteste bekämpft. Die meisten Aktivist:innen der maoistischen Linken halten sich bedeckt und vermeiden es, offen soziale Kämpfe zu unterstützen oder an politischen Debatten auf staatlich kontrollierten Online-Plattformen teilzunehmen.

Nichtsdestotrotz liegt der Schlüssel für einen grundlegenden Wandel in der Volksrepublik China, der die Überwindung von kapitalistischer Ausbeutung, Patriarchat und sozialer Diskriminierung einschließt, weiter in den Kämpfen von Arbeiter:innen, Bäuerinnen und Bauern, Migrant:innen und Frauen*. Die Linke könnte solche Kämpfe nutzen, um sich neu zu formieren und neu zu erfinden, die Nostalgie des Sozialismus (oder der Kulturrevolution) zu überwinden und eine neue linke Strategie zu formulieren, die über Nationalismus, nationale Befreiung und Sozialismus hinausgeht.[23]

Die Chancen für größere und wirkungsvolle soziale Proteste stehen gar nicht so schlecht. Die Lage des Regimes ist nicht so stabil, wie es den Anschein hat – und wie uns die modischen linken Darstellungen der angeblichen Allmacht der KPCh, ihrer technologischen Potenz und ihrer vermeintlich krisensicheren Wirtschaftsstrategie glauben machen wollen: Die Wirtschaft ist krisenanfällig, die staatliche Überwachung ist weniger wirksam als beschrieben, der Zentralstaat hat Schwierigkeiten, die unteren staatlichen Ebenen zu kontrollieren, und es drohen Umweltkrisen.[24] Die soziale Unzufriedenheit hält an, der Arbeitskräftemangel könnte die Verhandlungsmacht der Arbeiter:innen weiter stärken, die Kämpfe der Frauen* könnten sie zunehmend ermächtigen, und die Unterdrückung von Protesten in den letzten Jahren deutet darauf hin, dass das Regime seine Fähigkeit verlieren könnte, flexibel auf soziale Unzufriedenheit zu reagieren.

Die in der Volksrepublik an sozialen Bewegungen von unten Beteiligten haben im Verlauf der Geschichte bewiesen, dass sie in bestimmten Momenten kollektiv handeln und sich überregional koordinieren können, auch ohne komplexe organisatorische Strukturen. Die KPCh-Führung und der Staat bündeln wirtschaftliche und politische Macht und übernehmen somit die Verantwortung für sämtliche Probleme und alles, was misslingt. Jeder Protest kann zu einem Protest »gegen die Regierung« werden.[25] Funktionieren dann die Instrumente des Regimes zur Entschärfung oder Unterdrückung solcher Bewegungen nicht, können solche Bewegungen tatsächlich die Geschichte verändern.

Was bedeutet das für die Linke außerhalb der Volksrepublik China? Ähnlich wie die Maoist:innen in der Volksrepublik müssen auch die Maoist:innen außerhalb ihre Nostalgie der Kulturrevolution überwinden und eine neue linke Strategie jenseits von nationaler Befreiung und autoritärem Sozialismus finden. In Bezug auf das gegenwärtige KPCh-Regime sollten sie und andere Linke sich ein klares Bild davon machen, was vor sich geht, und dann entscheiden, auf welcher Seite der Barrikaden sie stehen wollen. Die KPCh trägt ein sozialistisches oder linkes Kostüm, um ihre kapitalistische, nationalistische, rassistische und patriarchale Politik zu verdecken, die jedem rechten Regime gerecht werden würde. Einige Linke durchschauen die rechtsgerichtete Politik der KPCh, unterstützen sie aber dennoch und müssen dafür zur Rechenschaft gezogen werden. Andere Linke fallen immer noch auf die Kostümierung herein oder wissen einfach nicht genug über Vergangenheit und Gegenwart in der Volksrepublik China und die Veränderungen der KPCh. Dieses Buch soll ihnen die notwendigen Informationen und Analysen liefern, damit sie sich eine eigene Meinung bilden können.

Letztlich muss sich die globale Linke fragen, ob sie an autoritären linken Strategien festhalten und das ausbeuterische KPCh-Regime bei seinem Versuch unterstützen will, seinen globalen Einfluss auszuweiten. Wenn wir dagegen weiterhin planen, Kapitalismus und Patriarchat global zu überwinden, dann sind die Aufgaben klar: Die sozialen Kämpfe von Arbeiter:innen, Bäuerinnen und Bauern, Migrant:innen und Frauen* in der Volksrepublik China müssen wir solidarisch verfolgen und unterstützen, uns mit der dortigen oppositionellen Linken zusammentun und sie gegen die Angriffe des rechten Regimes verteidigen.

Epilog

2019, im Jahr vor dem Ausbruch der Covid-19-Pandemie, kam es in verschiedenen Teilen der Welt – von Chile bis Hongkong – zu einer Welle von Massenprotesten. Die Protestierenden forderten die Regierungen heraus und verlangten soziale Verbesserungen und politische Freiheiten.[1] Aufgrund der Covid-19-Pandemie hatten soziale und linke Mobilisierungen in den nachfolgenden Jahren wenig Raum, sich zu entfalten, und die Regierungen übten mit Anti-Pandemie-Maßnahmen zusätzlichen Druck aus. Umso erstaunlicher ist es, dass es weiterhin zu Protesten kam, wie etwa zur Black-Lives-Matter-Bewegung in den USA im Jahr 2020.

Jetzt, in der zweiten Jahreshälfte 2022, machen sich die weltwirtschaftlichen Auswirkungen der Covid-19-Pandemie, der Gegenmaßnahmen zum Beispiel in der Volksrepublik China, des Krieges in der Ukraine und der darauffolgenden Sanktionen gegen Russland bemerkbar, unter anderem in Form höherer Inflation und neuer Schuldenkrisen. Steigende Energie- und Lebensmittelpreise bedrohen die Lebensgrundlage insbesondere der Menschen mit niedrigem Einkommen und begrenztem Zugang zu Ressourcen. Eine Reihe von Ländern, von Chile bis Sri Lanka, erlebte in den letzten Monaten einen Anstieg sozialer Proteste.[2] Es bleibt abzuwarten, ob sich diese Proteste weiter ausbreiten und zu einer globalen Welle sozialer Konflikte und Aufstände werden, ähnlich wie beim letzten großen Zyklus von Krise und Revolte zwischen 2008 und 2012.

Die Linke könnte die Ausbreitung dieser Kämpfe gegen die verschiedenen Gesichter des Kapitalismus auf der ganzen Welt unterstützen und zur Stärkung ihrer Protagonist:innen beitragen, muss jedoch die Fehler der Vergangenheit vermeiden. Gerade jetzt, wo die Pandemie langsam abzuflauen scheint und wieder mehr Raum für Proteste und andere Aktionen bleibt, hat der Krieg in der Ukraine erneut einen Schwachpunkt vieler linker Gruppen ans Licht gebracht: ihre Unterstützung (oder naive Duldung) postsozialistischer autoritärer Regime wie dem unter Wladimir Putin in Russland, das den militärischen Angriff auf die Ukraine begann, und dem unter Xi Jinping in der Volksrepublik China, das seine Partnerschaft mit der russischen Regierung wiederholt bekräftigt hat.

Die linke Unterstützung für autoritäre, kapitalistische Regime in der Annahme, dass diese antiimperialistisch oder sogar sozialistisch wären, ist nur ein Teil des Problems. Ein anderer Aspekt ist die linke Mystifizierung der sozialistischen Vergangenheit dieser Regime und die linke Ignoranz gegenüber sozialen Kämpfen und oppositionellen linken Strömungen in der früheren sozialistischen Periode. Die globale Linke muss sich mit dem Vermächtnis sozialistischer Regime wie in der früheren Sowjetunion, in Russland und in der Volksrepublik China auseinandersetzen und diese kritisieren. Nur dann wird sie in der Lage sein, eine glaubwürdige alternative linke Agenda zu entwickeln, die eine Perspektive für globale Solidarität und Veränderung bietet.

Dies erfordert eine offene Debatte in der Linken. Linke Gruppen und Strömungen in und aus der Volksrepublik China müssen in dieser Auseinandersetzung gehört und respektiert werden. Gegenwärtig befinden sie sich jedoch in einer schwachen Position, und aufgrund der scharfen Zensur und Unterdrückung durch die KPCh können sie sich kaum offen engagieren und organisieren – es sei denn, sie widersetzen sich dem Druck des Regimes oder verlassen das Land.

Dieses Buch soll die Geschichte sozialer Kämpfe und linker Bewegungen in der Volksrepublik China beleuchten, es soll jedoch nicht für linke oder anstatt von linken Aktivist:innen aus der Volksrepublik sprechen. Es soll Hinweise und Analysen für linke Bewegungen anderswo liefern, die nicht nur eine Kritik am KPCh-Regime entwickeln wollen, sondern auch Formen der Solidarität und Unterstützung für soziale Kämpfe und oppositionelle linke Strömungen in der Volksrepublik.

Ich habe für dieses Buch einen Blickwinkel gewählt, der die Erfahrungen sozialer Kämpfe in den Mittelpunkt der Analyse stellt und zu verstehen hilft, wie sich linke Strömungen aus diesen Kämpfen entwickelten und in diese eingriffen. Ich hoffe, dass seine Lektüre zu einer kritischen Debatte und weiterer Forschungen anregen wird, welche die von mir gelassenen Lücken füllen.

Der revolutionäre Versuch, an dem die KPCh einst an vorderster Front beteiligt war, führte zur Gründung der Volksrepublik China als sozialistischem Staat und zur Schaffung einer neuen, sozialistischen Klassengesellschaft. Unter der Führung der KPCh driftete diese Gesellschaft später in den Kapitalismus. Das ist Teil des Scheiterns der globalen Linken im 20. Jahrhundert – vor allem des Scheiterns des revolutionären Teils der Linken. Warum und wie die Revolution in der Volksrepublik China scheiterte, hängt eng mit den dortigen

Klassenkämpfen und linken oppositionellen Bewegungen zusammen. Diese Kämpfe und Bewegungen müssen demzufolge untersucht und analysiert werden, um daraus zu lernen – für zukünftige revolutionäre Versuche.

Chinesische Begriffe und Schriftzeichen

an chou fu lao 按酬付劳
dem Lohn entsprechend arbeiten

bagong 罢工
Streik

baihua qifang 百花齐放
Hundert-Blumen-Bewegung

baomu 保姆
Hausangestellte

baoshoupai 保守派
konservative Gruppe oder Fraktion

baowei ganbu 包围干部
gewaltsames Festhalten von Kadern

beidouxing xueshe 北斗星学社
Gesellschaft Großer Wagen

Beijing zhi chun 北京之春
Beijinger Frühling (Zeitschrift)

changzhang fuze zhi 厂长负责制
System der Verantwortlichkeit von Fabrikdirektoren

da bianlun 大辩论
große Debatten führen

da chuanlian 大串联
großer Aufbau von Verbindungen

da yue jin 大跃进
Großer Sprung nach vorn

dagongmei/dagongzai 打工妹/打工仔
arbeitende Schwester/arbeitender Junge

daigong 怠工
Bummelstreik

dalianhe 大联合
  große Allianz
daming dafang 大鸣大放
  großes öffentliches Aussprechen, große Öffnung
danwei 单位
  Arbeitseinheit
dazibao 大字报
  Plakate mit großen Schriftzeichen
dixia kanwu 地下刊物
  Untergrundliteratur
duoquan 夺权
  Machtergreifung
dusheng zinü zhengce 独生子女政策
  Ein-Kind-Politik
ernai 二奶
  Mätresse (wörtlich: zweite Ehefrau)
fan fubi xuehui 反复辟学会
  Antirestaurationsfront
fan zuo 反坐
  Vorgehen gegen Linke
fang zuo 防左
  Blockieren der Linken
fanyoupai yundong 反右派运动
  Anti-Rechts-Kampagne
feixinwen 非新闻
  Wickedonna-Blog (wörtlich: keine Neuigkeiten)
fenli yundong 分离运动
  Trennungsbewegung
funü gongzuo 妇女工作
  Frauenarbeit
geming weiyuanhui 革命委员会
  Revolutionsausschuss
gongren 工人
  Arbeiter:in

gongren zongbu 工人总部
Arbeitergeneralhauptquartier
gongsi heying qiye 公司合营企业
Miteigentümerunternehmen
gongtong fuyu 共同富裕
gemeinsamer Wohlstand
gongzilian 工自联
kurze Form für 北京工人自治联合会
Autonome Arbeiterföderation Beijing
guanliaozhuyi 官僚主义
Bürokratismus
guomindang 国民党
Kuomintang, Nationale Volkspartei
hefa quanyi 合法权益
gesetzmäßige Ansprüche und Interessen
hexie shehui 和谐社会
Harmonische Gesellschaft
hongse kongbu 红色恐怖
Roter Terror
hongse zhongguo 红色中国
Rotes China (Webseite)
hongweibing 红卫兵
Rote Garden
hukou 户口
(System der) Haushaltsregistrierung
hunan sheng wuchan jieji gemingpai da lianhe weiyuanhui
湖南无产阶级革命派大联合委员会,
siehe *shengwulian*
jiage shuangguizhi 价格双轨制
zweigleisiges Preissystem
jianjiao buluo 尖椒部落
Pfeffer-Stamm (Initiative)
jianshe shehuizhuyi xin nongcun 建设社会主义新农村
Aufbau des neuen sozialistischen ländlichen Raums

jiating lianchan chengbao zeren zhi 家庭联产承包责任制
Vertragssystem zur Verantwortlichkeit der Haushalte

jieceng 阶层
soziale Schicht

jieji 阶级
Klasse

jieji douzheng 阶级斗争
Klassenkampf

jin chang 进厂
in die Fabrik gehen

jingjizhuyi 经济主义
Ökonomismus

jingwai didui shili 境外敌对势力
ausländische feindliche Kräfte

jintian 今天
Heute (Zeitschrift)

jiti qingyuan 集体请愿
gemeinsame Petition (zur Ergreifung von Maßnahmen)

jiti shangfang 集体上访
gemeinsame Petition (für das Vorbringen von Beschwerden)

jizuo 极左
ultralinks

ku'er gongyou 酷兒工友
Queere Arbeiter:innen (Initiative)

kuomintang
siehe *guomindang*

liang xing hexie fazhan 两性和谐发展
harmonische Entwicklung der beiden Geschlechter

lishi xuwuzhuyi 历史虚无主义
historischer Nihilismus

liushou funü 留守妇女
zurückgelassene Frauen*

makesi zhuyi lilun yanjiu he jianshe gongcheng
马克思主义理论研究和建设工程
Projekt für marxistische theoretische Forschung und Entwicklung

maoyan 冒烟
Dampf ablassen
maoyou 毛右
Maoistische Rechte
maozedong qizhi wang 毛泽东旗帜网
Mao-Fahne (Webseite)
maozuo 毛左
Maoistische Linke
minglingzhuyi 命令主义
Kommandismus
minkan 民刊
Volksliteratur
minzhu gaige yundong 民主改革运动
Demokratische Reformbewegung
minzhu qiang yundong 民主墙
Demokratiemauer-Bewegung
#mitu 米兔
#MeToo (in der Volksrepublik China)
naoshi 闹事
Störungen verursachen (oder Unruhe stiften)
nongmingong 农民工
Bauernarbeiter:in
nüquan zhi sheng 女权之声
Feministische Stimmen (Online-Magazin)
pi lin pi kong yundong 批林批孔运动
Kampagne »Kritisiert Lin Biao und Konfuzius«
pingnan hui 平难会
Verein zur Beseitigung von Missständen, autonome Gewerkschaften
po xie 破鞋
ausgetretene Schuhe (für geschiedene Frauen)
qimengshe 启蒙社
Gesellschaft der Aufklärung
qingli jieji duiwu 清理阶级队伍
Kampagne zur Säuberung der Klassenränge

qunzhong cankao xiaoxi 群众参考消息
Referenz-Nachrichten für die Massen
ronggong 融工
sich unter die Arbeiter:innen mischen
san bu gan 三不干
schmutzige Arbeit, schwere Arbeit, Nachtschichten
san fan 三反
Drei-Antis-Kampagne
san gao yi di 三高一低
drei Hochs und ein Tief
sanxian jianshe 三线建设

Dritte-Front-Aufbau
shandong bohai zhantuan 山东渤海战团
Shandong Bohai-Schlachtregiment
shangfang 上访
Petition (für das Vorbringen von Beschwerden)
Shanghai renmin gongshe 上海人民公社
Shanghaier Volkskommune
shaoshu minzu 少数民族
ethnische Minderheit
shehuizhuyi jiaoyu yundong 社会主义教育运动 oder *she jiao* 社教
Sozialistische Erziehungsbewegung
shengnü 剩女
»übrig gebliebene« Frauen*
shengwulian 省无联
proletarische Allianz der Provinz, kurz für
hunan sheng wuchan jieji gemingpai da lianhe weiyuanhui
湖南无产阶级革命派大联合委员会 Ausschuss der
proletarisch-revolutionären großen Allianz der Provinz Hunan
shiyu 失语
Sprachverlust
shiyue geming xiaozu 十月革命小组
Gruppe Oktoberrevolution
shourong qiansong zhidu 收容遣送制度
»Festnahme und Rückführung«-System

si da ziyou 四大自由
die vier großen Freiheiten
sige xiandaihua 四个现代化 oder *sihua* 四化
Vier Modernisierungen
siqing yundong 四清运动
Bewegung der vier Säuberungen
sirenbang 四人帮
Viererbande
sisan pai 四三派
Fraktion Dritter April
siwu luntan 四五论坛
Forum Fünfter April
siwu yundong 四五运动
Fünfter-April-Bewegung
suzhi 素质
Qualität
tansuo 探索
Erkundung (Zeitschrift)
tian'anmen guangchang yundong 天安门广场运动
Tian'anmen-Platz-Bewegung
tie fanwan 铁饭碗
eiserne Reisschüssel
tizhinei 体制内
innerhalb des Systems
tizhiwai 体制外
außerhalb des Systems
tonggou tongxiao 统购统销
einheitliche Beschaffung und Vermarktung
tongmenghui 同盟会
Revolutionäre Allianz
tongzhi 同志
Genosse/Genossin, auch als Bezeichnung für Schwule, Lesben und queere Menschen verwendet
wanyanshu 万言书
Artikel mit zehntausend Worten

weiquan 维权
Verteidigung der Rechte
wenhua dageming 文化大革命 oder *wenge* 文革
Kulturrevolution
wu fan 五反
Fünf-Antis-Kampagne
wumao dang 五毛党
50-Cent-Armee
wusi yundong 五四运动
Vierter-Mai-Bewegung
wu you zhi xiang 乌有之乡

Utopia (Webseite)
xiagang 下岗
beschäftigungslose städtische Arbeiter:innen aus Staatsbetrieben
xiaofenhong 小粉红
kleine Rosafarbene
xiaozhengfu, dashehui 小政府大社会
weniger Staat, mehr Gesellschaft
xin gongren wang 新工人网
Neue Arbeiter:innen (Webseite)
xin zuopai 新左派
Neue Linke
xin zuoyi 新左翼
Neue Linke
xuetong lun 血统论
Blutlinientheorie
xunxin zishi 寻衅滋事
Streitprovokation und Unruhestiften
yi da, san fan 一打三反
Kampagne »Ein Schlag und drei Antis«
yi gong yi nong 亦工亦农
Arbeiter-Bauern-System
zaofan 造反
rebellieren

zaofanpai 造反派
Rebellengruppe oder -fraktion
zhenya fangeming 镇压反革命
Kampagne zur Unterdrückung der Konterrevolutionäre
zhigong daibiao dahui 职工代表大会
Angestellten- und Arbeiterkongress
zhiqing 知青 oder *zhishi qingnian* 知识青年
(städtische) gebildete Jugend
zhongguo gongchanzhuyi qingnian tuan 中国共产主义青年团
Kommunistischer Jugendverband Chinas
zhongguo gongren wang 中国工人网
China-Arbeiter:innen-Netz (Webseite)
zhongguo honge hui 中国红歌会
Rote-Lieder-Gesellschaft (Webseite)
zhongguo renquan tongmeng 中国人权同盟
Chinesische Menschenrechtsallianz
zhongguo tese 中国特色
»mit chinesischen Merkmalen«
zhonghua quanguo funü lianhehui 中华全国妇女联合会
All-Chinesische Frauenvereinigung (ACFV)
zhonghua quanguo zonggonghui 中华全国总工会
All-Chinesischer Gewerkschaftsbund (ACGB)
zhongyang wenge xiaozu 中央文革小组
Zentrale Gruppe der Kulturrevolution (ZGKR)
zhua geming, cu shengchan 抓革命，促生产
an der Revolution festhalten und die Produktion voranbringen
zouzipai 走资派
Prokapitalisten (wörtlich: diejenigen, die den kapitalistischen Weg gehen)
zuo an 左岸
Linkes Ufer (Webseite)
zuo gongren gongzuo 做工人工作
die Arbeit von Arbeiter:innen machen

Anmerkungen

Vorwort

1 Das Gender-Sternchen (*) nach dem Wort »Frauen« verweist auf den konstruierten Charakter von Geschlecht. Jenseits binärer und heterosexueller Geschlechterkonzepte bezieht sich Frauen* auf alle, die als Frauen bezeichnet werden, sowie auf alle (trans*, inter* oder queer*) Personen, die sich bewusst für das Geschlecht Frau entscheiden. Der Begriff »Männer« mit einem Sternchen (*) wird hier aus einem ähnlichen Grund verwendet, allerdings ist zu bedenken, dass Cis-Männer in kapitalistischen (und sozialistischen) Ländern nicht in gleichem Maße patriarchaler Gewalt und Unterdrückung ausgesetzt sind wie Frauen*.

2 Diese Bücher sind hier zu finden: https://www.mandelbaum.at/reihen/kritik-und-utopie.

3 https://www.gongchao.org/en/the-communist-road-to-capitalism.

4 Siehe meine Ausführungen zu diesem Kampf im zweiten Abschnitt von Kapitel 5. Weitere Einzelheiten finden sich in: Zhang Yueran, »Leninists in a Chinese Factory. Reflections on the Jasic Labour Organising Strategy«. *Made in China Journal*, Jg. 5, Nr. 2 (Mai-August 2020), S. 82–88. https://tinyurl.com/2s49czxy (Zugriff am 20. April 2022), und Kevin Lin, »State Repression in the Jasic Aftermath: From Punishment to Preemption«. *Made in China Journal*, Jg. 4, Nr. 1 (Januar bis März 2019), S. 16–19. https://tinyurl.com/36zcc55c (Zugriff am 22. April 2022).

5 Zur Situation in Xinjiang siehe das Interview des Autors mit Darren Byler, »An der Seite der Unterdrückten. Zu Kolonialismus und Terror-Kapitalismus in Xinjiang«, nqch.org, 17. März 2021, https://tinyurl.com/ppvdt5kk (Zugriff am 27. November 2022) und das

Buch von Darren Byler, *Terror Capitalism: Uyghur Dispossession and Masculinity in a Chinese City* (Durham: Duke University Press, 2021).

Kapitel 1 – Einleitung

1 Ausgangspunkt einer engen Definition könnte beispielsweise die subjektive Haltung einer Beobachterin oder eines Beobachters sein zu dem, was Linke denken oder tun *sollten*. In dem Fall würden jedoch die widersprüchlichen Hinterlassenschaften linker Aktivitäten vernachlässigt oder ignoriert, denen sich die heutige Linke stellen muss. Zudem stünde eine enge Definition der breiten linken Debatte über aktuelle oder zukünftige Projekte (linker) revolutionärer Veränderung im Weg.

2 Auf Formen der Klassenherrschaft, patriarchaler Diskriminierung und rassistischer Unterdrückung von Binnenmigrant:innen gehe ich in späteren Kapiteln ein. Die Politik der KPCh gegenüber den von ihr als ethnische Minderheiten (*shaoshu minzu*) definierten Gruppen, die Probleme, mit denen diese Gruppen konfrontiert waren, und ihre Kämpfe gegen Diskriminierung oder für Autonomie in peripheren Regionen wie Yunnan, der Inneren Mongolei, Xinjiang oder Tibet können hier leider nicht behandelt werden, obwohl sie sicherlich eine genauere Analyse verdienen.

3 Einige dieser sozialen Kämpfe haben auch liberale oder rechte Reaktionen hervorgebracht, die ich hier jedoch nicht weiter untersuchen werde.

4 In den Schlussfolgerungen gehe ich auf eine Kontinuität in der Geschichte der KPCh und ihrer Führungen ein: das Vorgehen gegen linke Strömungen.

5 Ein Beispiel aus jüngster Zeit ist die Bewegung 2019 in Hongkong; siehe Ralf Ruckus, »Außer Kontrolle – Hongkongs aufständische Bewegung und die Linke«. nqch.org, 9. September 2019. https://tinyurl.com/yv9mvstc (Zugriff am 27. November 2022).

6 Das bedeutet nicht, dass ich selbst die Ziele in jedem Fall gutheiße. Wie bereits erwähnt, fasse ich unter dem Begriff »links« viele Ten-

denzen zusammen, die behaupten, links zu sein oder linke Ziele zu vertreten, unabhängig davon, ob sie diesen Zielen gerecht werden oder nicht.

7 Das soll nicht heißen, dass alle, die sich als Anarchist:innen oder Kommunist:innen verstanden, die gleichen Vorstellungen über linke Strategien, Organisierung und Ziele hatten. Vielmehr gab es auch innerhalb der beschriebenen Strömungen Meinungsverschiedenheiten und Spaltungen in organisatorischen und strategischen Fragen.

8 Ein frühes Beispiel für den feministischen Kampf in linken sozialen Bewegungen findet sich in Carolyn Eichners Geschichtsschreibung über feministische Aktivistinnen während der Pariser Kommune 1871: Carolyn J. Eichner, *Surmounting the Barricades. Women in the Paris Commune* (Bloomington/Indianapolis: Indiana University Press, 2004). Der Begriff Feminismus wurde erst in den 1880er Jahren verwendet, aber bereits in der Französischen Revolution 1789 spielten feministische Fragen in linken Diskussionen eine Rolle, und der Kampf um feministische Forderungen hat linke Politik seither geprägt.

9 Zu den wenigen Beispielen für starke anarchistische Einflüsse in oppositionellen Bewegungen gehören die Machnowschtschina (1918–1921) in der heutigen Ukraine und das revolutionäre Katalonien (1936–1939) in Spanien.

10 Links und rechts scheinen sich gegenseitig auszuschließen oder komplementär zu ergänzen, sie sind jedoch besser als Teil eines kontinuierlichen Spektrums zu verstehen, mit einer Mitte und gemäßigten oder extremen Formen von links und rechts. Die Art und Weise, wie links/rechts und andere Metaphern oder Beschreibungen definiert und in politischen Analysen oder Kampagnen verwendet werden, hängt auch von der Position und Perspektive der jeweiligen Betrachterin oder des jeweiligen Betrachters ab. Engagierte linke und rechte Akteure verwenden die Begriffe gern in bewertender Form. Linke bezeichnen sich jedoch oft als links und setzen den Begriff ein, um ihre Kräfte zu bündeln und die bestehende Ordnung anzugreifen. Rechte behaupten dagegen öfter, nicht rechts, sondern vielmehr ge-

mäßigt zu sein oder politisch in der Mitte zu stehen. Neutrale Beobachter:innen verwenden die Begriffe »links« und »rechts« eher in beschreibender Form, aber auch hier gilt, dass das, was als links oder rechts verstanden wird, je nach Region unterschiedlich sein kann. So werden beispielsweise »liberale« Positionen in Italien und Frankreich eher als rechts, in Deutschland und Großbritannien eher als mittig und in den USA eher als links angesehen.

11 Siehe zum Beispiel Hans Jürgen Eysenck, *The Psychology of Politics* (London: Routledge and Kegan Paul, 1963), und Maurice C. Bryson und William R. McDill, »The Political Spectrum: A Bi-dimensional Approach«. *Rampart Journal of Individualist Thought*, Jg. IV, Nr. 2 (1968), S. 19–26. https://tinyurl.com/2p8d6zbr (Zugriff am 20. April 2022). Apologet:innen des kapitalistisch-demokratischen Systems bedienten sich auch des Hufeisenmodells, das lediglich besagt, dass die extreme Linke (Kommunist:innen) und die extreme Rechte (Faschist:innen) beide »totalitär« und daher ähnlich oder eng verwandt seien.

12 In bestimmten politischen Kontexten werden diese Begriffe mit anderen Bedeutungen gefüllt. In einigen Fällen nehmen liberale oder rechte Kräfte auch egalitäre oder kollektivistische Positionen für sich in Anspruch, aber das kann hier nicht näher erörtert werden.

13 Ein ähnliches Diagramm zur Veranschaulichung politischer Kräfte findet sich auf der Webseite https://www.politicalcompass.org. Dort wird das Diagramm allerdings lediglich zur Veranschaulichung politischer Unterschiede eingesetzt und nicht zur systematischen Analyse politischer Kräfte und ihrer Beziehung zu sozialen Bewegungen oder gesellschaftlichen Veränderungen.

14 Eine genauere (gestaffelte) Positionierung entlang den beiden Achsen (oder Skalen), jenseits der bloßen Zuordnung zu einem der vier Kästen, wäre möglich. Sie erfordert jedoch eine Analyse der besonderen politischen Positionen jeder aufgeführten Gruppe oder Strömung.

15 In der standardisierten Pinyin-Schreibweise lautet der Name der Partei *guomindang*.

16 Die Komintern oder Dritte Internationale bestand von 1919 bis 1943.

17 Das Programm der KMT enthielt sozialistische Elemente, und die Partei hatte auch einen linken Flügel, der für den Sozialismus warb und mit dem KP-Regime in der Sowjetunion sympathisierte, wo viele KMT-Kader ausgebildet wurden. Der rechte Flügel der KMT unter Chiang Kai-shek setzte sich jedoch schließlich durch und säuberte die Partei nach 1927 von linken Elementen.

18 Für eine ausführlichere Darstellung siehe Ralf Ruckus, *The Communist Road to Capitalism: How Social Unrest and Containment Have Pushed China's (R)evolution since 1949* (Oakland: PM Press, 2021), Kapitel 1.

19 Die Spaltungslinien, welche die KPCh zwischen Kadern auf der einen und städtischen Arbeiter:innen sowie Bäuerinnen und Bauern auf der anderen Seite, zwischen städtischen Arbeiter:innen und Bäuerinnen sowie Bauern und auch zwischen Männern* und Frauen* zog, spielten in den Konflikten zwischen der Partei und linken oppositionellen Kräften eine wichtige Rolle. Diese Klassen- oder Geschlechterkonfrontationen konnten in linken Begriffen ausgedrückt werden, die Konfrontation zwischen »ethnischen Minderheiten« und Han-Chines:innen dagegen kaum. Der nationale Selbstbestimmungs- oder Befreiungskampf zum Beispiel in Xinjiang und Tibet in den 1950er Jahren beinhaltete auch theokratische, feudale und andere Elemente, die weder fortschrittlich noch links waren.

20 Für eine genauere Erörterung der Wechselwirkung zwischen Kämpfen von unten und Gegenmaßnahmen von oben in der Geschichte der Volksrepublik China seit 1949 siehe Ruckus, *The Communist Road to Capitalism*, S. 168ff.

21 Es sollte betont werden, dass nicht nur die in der rechten Spalte aufgeführten Gruppen und Strömungen die in der mittleren Spalte beschriebene Unzufriedenheit zum Ausdruck brachten. Zudem verfolgten diese Gruppen und Strömungen nebenbei auch eine eigene politische Agenda, und einige entstanden als Reaktion auf die genannten sozialen Konflikte und Kämpfe und bestanden danach weiter, veränderten jedoch ihre Positionen.

22 Ein weiteres interessantes Beispiel für soziale Kämpfe, die linke Debatten auslösten (und spätere Proteste beeinflussten), wurde hier

ausgelassen: der Kampf der Bäuerinnen und Bauern, die sich angesichts des Hungers während des »Großen Sprungs nach vorn« (1958–1961) gegen die Beschaffungspolitik des Staates und die Beschlagnahme von Getreide auflehnten.

Kapitel 2 – Gegen gebrochene Versprechen

1 Chen Feng, »Against the State: Labor Protests in China in the 1950s«. *Modern China*, Jg. 40, Nr. 5 (2014), S. 504.

2 Wu Yiching, *Die andere Kulturrevolution. 1966–1969: Der Anfang vom Ende des chinesischen Sozialismus*. Herausgegeben und übersetzt von Ralf Ruckus (Wien: Mandelbaum, 2019), S. 48.

3 Siehe den Abschnitt »Squeezing the Peasants« in Ralf Ruckus, *The Communist Road to Capitalism: How Social Unrest and Containment Have Pushed China's (R)evolution since 1949* (Oakland: PM Press, 2021), S. 28ff.

4 Siehe den Abschnitt »Klasse als Klassifizierung« in Wu Yiching, *Die andere Kulturrevolution*, S. 66ff.

5 Siehe den Abschnitt »Maoist Patriarchy« in Ruckus, *The Communist Road*, S. 34ff.

6 Zu dieser frühen Konfrontation und der Rolle der Gewerkschaften siehe Paul Harper, »The Party and the Unions in Communist China«. *The China Quarterly* 37 (März 1969), S. 84–119.

7 Elizabeth J. Perry, »Masters of the Country? Shanghai Workers in the Early People's Republic«. In: Jeremy Brown und Paul G. Pickowicz, Hrsg., *Dilemmas of Victory. The Early Years of the People's Republic of China* (Cambridge/London: Harvard University Press, 2007), S. 60.

8 Jackie Sheehan, *Chinese Workers: A New History* (London: Routledge, 1998), S. 27.

9 Zum Ein-Mann-Regiment, das im Ersten Fünfjahresplan (1953–1957) formell eingeführt wurde, siehe unter anderem Franz Schurmann, *Ideology and Organization in Communist China* (Berkeley: University of California Press, 1968), S. 253ff.

10 Joel Andreas, *Disenfranchised. The Rise and Fall of Industrial Citizenship in China* (Oxford: Oxford University Press, 2019), S. 38f.

11 Zu den Streiks in den Jahren 1956 und 1957 siehe insbesondere François Gipouloux, *Les cent fleurs à l'usine. Agitation ouvrière et crise du modèle soviétique en Chine, 1956–1957* (Paris: Éditions de l'École des hautes études en sciences sociales, 1986), und Sheehan, *Chinese Workers*, Kapitel 2.

12 Chen Feng, »Against the State«, S. 497.

13 Ebd., S. 495.

14 Ebd.

15 Zu den Lohnunterschieden zwischen verschiedenen Gruppen von Arbeiter:innen siehe Michael Korzec und Martin K. Whyte, »Reading Notes: The Chinese Wage System«. *The China Quarterly* 86 (Juni 1981), S. 248–273.

16 Sheehan, *Chinese Workers*, S. 86, und Elizabeth J. Perry, »Shanghai's Strike Wave of 1957«. *The China Quarterly* 137 (März 1994), S. 1.

17 Gipouloux, *Les cent fleurs*, S. 164f., Sheehan, *Chinese Workers*, S. 52. Dies bezieht sich auf sogenannte Miteigentümerunternehmen (*gongsi heying qiye*). Im Rahmen dieser Regelung wurden ehemalige Eigentümer [von Privatunternehmen] zu Staatsbediensteten und erhielten Zinsen auf den Wert ihrer Anteile am Unternehmen. Die Kapitalisten kamen nicht mehr in den Genuss von Profiten, und sie hatten die unternehmerischen Geschicke auch kaum noch in der Hand. Abgesehen davon, dass ehemalige Eigentümer Coupons schnitten, waren die Miteigentümerunternehmen in Wirklichkeit vollständig staatlich geführte Unternehmen (Perry, »Shanghai's Strike Wave«, S. 7, unter Bezugnahme auf Carl Riskin, *China's Political Economy: The Quest for Development since 1949* [Oxford: Oxford University Press, 1987], S. 96f.).

18 »Die Löhne waren mager, der Arbeitsrhythmus anstrengend und die Wohnverhältnisse beklagenswert. Ganz zu schweigen von dem Ausschluss der Arbeiter:innen von den Entscheidungsprozessen« (Gipouloux, *Les cent fleurs*, S. 270).

19 Korzec und Whyte, »Reading Notes«, S. 255f.

20 Gipouloux, *Les cent fleurs*, S. 87.

21 Perry, »Shanghai's Strike Wave«, S. 12; Gipouloux, *Les cent fleurs*, S. 73; Sheehan, *Chinese Workers*, S. 79.

22 Nara Dillon, *Radical Inequalities. China's Evolutionary Welfare State in Comparative Perspective* (Cambridge/London: Harvard University Press, 2015), S. 215.

23 Perry, »Shanghai's Strike Wave«, S. 10.

24 Zu den Formen des Widerstands siehe Gipouloux, *Les cent fleurs*, S. 83, 86, 160, 172f., und 190. Einige dieser Formen ähneln dem, was James Scott alltägliche Formen des Kampfes oder »Waffen der Schwachen« nennt. Siehe James C. Scott, *Weapons of the Weak. Everyday Forms of Peasant Resistance* (New Haven/London: Yale University Press, 1985).

25 Perry, »Shanghai's Strike Wave«, S. 11.

26 Sheehan, *Chinese Workers*, S. 68; siehe auch Gipouloux, *Les cent fleurs*, S. 210f.

27 Chen Feng, »Against the State«, S. 507f.

28 Gipouloux, *Les cent fleurs*, S. 209f.

29 Chen Feng, »Against the State«, S. 508.

30 Sheehan, *Chinese Workers*, S. 71.

31 Der Name der Bewegung geht auf eine Parole zurück, die Mao Zedong im Mai 1956 verwendet hatte. »Blumen« bezieht sich auf Schriftsteller:innen und Kulturschaffende; siehe Göran Leijonhufvud, *Going Against the Tide. On Dissenter and Big-character Posters in China* (Kopenhagen: Curzon Press, 1990), S. 16. *Daming dafang* steht für »großes öffentliches Aussprechen, große Öffnung« im Sinne einer freien Meinungsäußerung.

32 Andreas, *Disenfranchised*, S. 47.

33 Sheehan, *Chinese Workers*, S. 77.

34 Andreas, *Disenfranchised*, S. 50.

35 Perry, »Shanghai's Strike Wave«, S. 21. »Erziehung durch Arbeit« bezieht sich auf die Umerziehung in Arbeitslagern.

36 Sheehan, *Chinese Workers*, S. 78.

37 Perry, »Shanghai's Strike Wave«, S. 26. Perry weist darauf hin, dass in diesem Fall die Fragmentierung (und nicht die Einheit) der Arbeiterklasse zu Kämpfen führte. Arbeiter:innen, die »weder die

[Wohlfahrts-]Leistungen erhielten noch den [paternalistischen] Kontrollen unterworfen waren wie ihre Kolleg:innen in den Staatsbetrieben [...], standen an der Spitze der Arbeiterproteste in der Planwirtschaft« (Perry, »Shanghai's Strike Wave«, S. 20f.).

38 Chen Feng, »Against the State«, S. 488.

39 Perry, »Shanghai's Strike Wave«, S. 15.

40 Sheehan, *Chinese Workers*, S. 48f.

41 Chen Feng, »Against the State«, S. 493f.

42 Sheehan, *Chinese Workers*, S. 83.

43 Chen Feng, »Against the State«, S. 509.

44 Liu Guokai, *A Brief Analysis of the Cultural Revolution* (Armonk: M. E. Sharpe, 1987), S. 45.

45 Die berüchtigten *hukou*-Regelungen (der Haushaltsregistrierung), die von der KPCh-Führung in den späten 1950er Jahren eingeführt wurden, klassifizierten jede Einwohnerin und jeden Einwohner der Volksrepublik China als ›vom Land‹ oder ›nicht vom Land‹ und banden sie darüber hinaus an bestimmte Orte (Städte oder Dörfer), die je nach Provinz oder Landkreis einen unterschiedlichen Entwicklungsstand und Lebensstandard aufwiesen. Die *hukou*-Regelungen dienten dazu, Wanderungsbewegungen und soziale Mobilität einzudämmen und dafür zu sorgen, dass eine Mehrheit auf dem Land bleibt, unter relativ schlechten Bedingungen, während eine Minderheit in der Stadt leben darf und Anspruch auf Sozialleistungen und bessere Bedingungen hat (Ruckus, *The Communist Road to Capitalism*, S. 11).

46 Kjeld Erik Brodsgaard, »Paradigmatic Change: Readjustment and Reform in the Chinese Economy, 1953–1981, Part I«. *Modern China*, Jg. 9, Nr. 1 (1983), S. 55f., und Stephen Andors, *China's Industrial Revolution: Politics, Planning, and Management, 1949 to the Present* (New York: Pantheon Books, 1977), S. 129.

47 Ein Vergleich der Aufforderungen zur Kritik an der KPCh-Führung im Jahr 1957 und zehn Jahre später während der Kulturrevolution findet sich in Joel Andreas und Dong Yige, »The Brief, Tumultuous History of ›Big Democracy‹ in China's Factories«. *Modern China*, Jg. 44, Nr. 5 (2018), S. 455–496.

48 Kommunistische Partei Chinas, »Beschluß des Zentralkomitees der Kommunistischen Partei Chinas über die große proletarische Kulturrevolution«, *China im Bild*, Nr. 9 (1966). https://tinyurl.com/48vrndze (Zugriff am 8. Dezember 2022).

49 Zur Beteiligung der Arbeiter:innen an der Kulturrevolution siehe insbesondere Wu Yiching, *Die andere Kulturrevolution*, Kapitel 4 und 5, und Sheehan, *Chinese Workers*, Kapitel 4.

50 Wu Yiching, *Die andere Kulturrevolution*, S. 144f. Für eine ausführlichere Erläuterung der Ungleichheiten und Spaltungen zwischen den Arbeiter:innen siehe Wang Feng, *Boundaries and Categories. Rising Inequality in Post-Socialist Urban China* (Stanford: Stanford University Press, 2008), Kapitel 2.

51 Sheehan, *Chinese Workers*, S. 97.

52 Andrew G. Walder, *Chang Ch'un-Ch'iao and Shanghai's January Revolution* (Ann Arbor: Center for Chinese Studies. University of Michigan, 1978), S. 46.

53 Ebd., S. 43f.

54 Wu Yiching, *Die andere Kulturrevolution*, S. 147.

55 Walder, *Chang Ch'un-Ch'iao*, S. 45. Siehe auch Lin Weiran, »An Abortive Chinese Enlightenment: The Cultural Revolution and Class Theory« (PhD Diss., University of Wisconsin-Madison, 1996), S. 272f.

56 Sheehan, *Chinese Workers*, S. 116.

57 Walder, *Chang Ch'un-Ch'iao*, S. 52, und Wu Yiching, *Die andere Kulturrevolution*, S. 176.

58 Sheehan, *Chinese Workers*, S. 116; siehe auch Liu Guokai, *A Brief Analysis*, S. 48.

59 Sheehan, *Chinese Workers*, S. 133.

60 Der eine »Schlag« sollte »Konterrevolutionäre« treffen, die »drei Antis« richteten sich gegen Bestechung oder Unterschlagung, Profitgier und Verschwendung.

61 Lin Weiran, »An Abortive Chinese Enlightenment«, S. 295. Siehe auch Lauri Paltemaa, »The Democracy Wall Movement, Marxist Revisionism, and the Variations on Socialist Democracy«. *Journal of Contemporary China*, Jg. 16, Nr. 53 (2007), S. 607.

62 Yu Luoke war ein junger Fabrikarbeiter aus Beijing, der eine Reihe von kritischen Aufsätzen verfasste. Diese fanden in China weite Verbreitung. Yu wurde letztlich verhaftet und 1970 hingerichtet. Einer der bekanntesten Aufsätze ist »On Family Background«, in dem er die »Blutlinientheorie« kritisierte. Siehe Yu Luoke, »On Family Background«. *Contemporary Chinese Thought*, Jg. 32, Nr. 4 (Sommer 2001), S. 17–36.

63 Lin Weiran, »An Abortive Chinese Enlightenment«, S. 301.

64 Ebd., S. 275.

65 Sheehan, *Chinese Workers*, S. 126.

66 Wu Yiching, *Die andere Kulturrevolution*, S. 259f.

67 Lin Weiran, »An Abortive Chinese Enlightenment«, S. 319.

68 Die drei Silben *sheng*, *wu* und *lian* stehen für die Schriftzeichen für Provinz, Proletariat und Allianz, die ganze Kurzform für »Ausschuss der proletarisch-revolutionären großen Allianz der Provinz Hunan« (*hunan sheng wuchan jieji gemingpai da lianhe weiyuanhui*). Zu Shengwulian und den »Ultralinken« siehe auch Klaus Mehnert, *Peking und die Neue Linke. In China und im Ausland* (Stuttgart: Deutsche Verlags-Anstalt, 1969), Shengwulian, »Wohin bewegt sich China?« [1968], in: Klaus Mehnert, *Peking und die Neue Linke*, S. 80–96, That Faint Light, »A People's History of the Cultural Revolution«. That Faint Light Blog, 14. Juli 2012. https://tinyurl.com/37dx4cts (Zugriff am 20. April 2022), und Wu Yiching, »The Great Retreat and its Discontents: Re-examining the Shengwulian Episode in the Cultural Revolution«. *The China Journal* 72 (Juli 2014), S. 1–28.

69 Lin Weiran, »An Abortive Chinese Enlightenment«, S. 324.

70 Kjeld Erik Brodsgaard, »The Democracy Movement in China, 1978–1979: Opposition Movements, Wall Poster Campaigns, and Underground Journals«. *Asian Survey*, Jg. 21, Nr. 7 (Juli 1981), S. 750.

71 Lin Weiran, »An Abortive Chinese Enlightenment«, S. 330. Siehe auch Wu Yiching, *Die andere Kulturrevolution*, S. 242, 247.

72 So beschloss das KPCh-Regime 1971, vielen befristet Beschäftigten feste Anstellungen zu geben. Siehe Andreas, *Disenfranchised*, S. 148.

73 »Gegen einzelne Bürokraten wurden tatsächlich heftige – und oft gewalttätige – Kämpfe geführt. Es gab jedoch nur wenige Versuche,

die sozio-ökonomischen Kämpfe explizit in den breiteren Zusammenhang der politischen Machtverteilung unter dem staatssozialistischen Regime zu stellen. Die rebellischen Arbeiter:innen sprachen allgemeinere politische Themen nicht an – wie das Verhältnis der Arbeiter:innen zum Staat oder die entscheidende Frage der Klassenbeziehungen im chinesischen Sozialismus« (Wu Yiching, *Die andere Kulturrevolution*, S. 152).

74 Lin Weiran, »An Abortive Chinese Enlightenment«, S. 7. Die Ideen und Konzepte sollten spätere Bewegungen in den 1970er und 1980er Jahren beeinflussen. Da ihr Schwerpunkt auf den »sozialistischen« Klassenverhältnissen lag, wurde die Kritik nicht weiterentwickelt, nachdem der Übergang zum Kapitalismus in den 1990er Jahren weitgehend abgeschlossen war. Das ist bedauerlich, denn die Kritik betraf zentrale Widersprüche des »real existierenden Sozialismus« und auch des Maoismus als politischer Strategie.

75 Wie die Gewährung eines städtischen *hukou* für Migrant:innen oder die Gewährung eine dauerhaften Arbeitsstelle für befristet Beschäftigte in den späten 1950er und frühen 1970er Jahren.

Kapitel 3 – Für eine bessere Zukunft

1 Sebastian Heilmann, *Nanking 1976: Spontane Massenbewegungen im Gefolge der Kulturrevolution. Eine Regionalstudie* (Bochum: Brockmeyer, 1990), S. 109.

2 Zu diesen Kampagnen siehe zum Beispiel Peter R. Moody, »The New Anti-Confucian Campaign in China: The First Round«. *Asian Survey*, Jg. 14, Nr. 4 (April 1974), S. 307–324; Parris H. Chang, »The Anti-Lin Piao and Confucius Campaign: Its Meaning and Purposes«. *Asian Survey*, Jg. 14, Nr. 10 (Oktober 1974), S. 871–886; Merle Goldman, »China's Anti-Confucian Campaign, 1973–74«. *The China Quarterly* 63 (September 1975), S. 435–462; und Dong Guoqiang und Andrew G. Walder, »Nanjing's ›Second Cultural Revolution‹ of 1974«. *The China Quarterly* 212 (Dezember 2012), S. 893–918.

3 Die Vier Modernisierungen wurden erstmals 1963 von Zhou Enlai vorgebracht, aber vor und während der Kulturrevolution nicht umgesetzt. Der Begriff steht für die Modernisierung der Landwirtschaft, der Industrie, der Landesverteidigung sowie von Wissenschaft und Technik.

4 Maurice Meisner, »Marx, Mao and Deng on the Division of Labour in History«. In: Arif Dirlik und Maurice Meisner, Hrsg., *Marxism and the Chinese Experience* (Armonk: M. E. Sharpe, 1989), S. 104.

5 Zu den Li-Yi-Zhe-Debatten siehe Anita Chan, Stanley Rosen und Jonathan Unger, Hrsg., *On Socialist Democracy and the Chinese Legal System: The Li Yizhe Debates* (Armonk: M. E. Sharpe, 1985).

6 Kjeld Erik Brodsgaard, »The Democracy Movement in China, 1978–1979: Opposition Movements, Wall Poster Campaigns, and Underground Journals«. *Asian Survey*, Jg. 21, Nr. 7 (Juli 1981), S. 752, 755.

7 Ausführliche Informationen über den Verlauf und die Zusammensetzung der Fünfter-April-Bewegung finden sich unter anderem in Heilmann, *Nanking 1976* und Sebastian Heilmann, *Sozialer Protest in der Volksrepublik China: Die Bewegung vom 5. April 1976 und die Gegen-Kulturrevolution der siebziger Jahre* (Hamburg: Institut für Asienkunde, 1994).

8 Heilmann, *Sozialer Protest*, S. 128f.

9 Siehe den Augenzeugenbericht über die Ereignisse in Roger Garside, *Coming alive: China nach Mao* (New York: McGraw-Hill, 1981), S. 129ff.

10 Sebastian Heilmann, »The Social Context of Mobilization in China: Factions, Work Units and Activists during the 1976 April Fifth Movement«. *China Information*, Jg. VIII, Nr. 3 (Winter 1993), S. 11.

11 Jackie Sheehan, *Chinese Workers: A New History* (London: Routledge, 1998), S. 147.

12 Jeffrey N. Wasserstrom, »Student Protests and the Chinese Tradition, 1919–1989«. In: Tony Saich, Hrsg., *The Chinese People's Movement. Perspectives on Spring 1989* (Armonk: M. E. Sharpe, 1990), S. 6.

13 Philip S. Williams, »Some Provincial Precursors of Popular Dissent Movements in Beijing«. *China Information*, Jg. 6, Nr. 1 (Juni 1991), S. 3.

14 Heilmann, »The Social Context«, S. 6f., 16f.

15 Heilmann, *Nanking 1976*, S. 80.

16 Heilmann, »The Social Context«, S. 17.

17 Brodsgaard, »The Democracy Movement«, S. 758.

18 Zitiert in Sheehan, *Chinese Workers*, S. 162.

19 Frederick C. Teiwes und Warren Sun, »China's New Economic Policy under Hua Guofeng: Party Consensus and Party Myths«. *The China Journal* 66 (2011), S. 7.

20 Isabella Weber, *How China Escaped Shock Therapy. The Market Reform Debate* (London/New York: Routledge, 2021), S. 106.

21 Weitere Informationen zur Demokratiemauer-Bewegung finden sich unter anderem in Flemming Christiansen, Susanne Posborg und Anne Wedell-Wedellsborg, *Die demokratische Bewegung in China: Revolution im Sozialismus?* (München: Verlag Simon und Magiera, 1981) und in Helmut Opletal, »Der ›Pekinger Frühling‹ – Erinnerungen an die chinesische Demokratiebewegung 1978 bis 1981«. Webseite der Universität Wien, 2020. https://tinyurl.com/yckwn66z (Zugriff am 20. April 2022). Für Dokumente der Bewegung, siehe Gregor Benton und Alan Hunter, Hrsg., *Wild Lily, Prairie Fire: China's Road to Democracy, Yan'an to Tian'anmen, 1942–1989* (Princeton: Princeton University Press, 1995), Kapitel 4, und Claude Widor, Hrsg., *Documents on the Chinese Democratic Movement, 1978–1980. Unofficial Magazines and Wall Posters, Volume 2* (Paris: Éditions de l'École des hautes études en sciences sociales, 1984).

22 Chen Ruoxi, *Democracy Wall and the Unofficial Journals* (Berkeley: University of California Press, 1982), S. 107–115. Siehe auch Garside, *Coming Alive*, S. 200f.

23 Weitere Informationen zu diesen Zeitschriften finden sich in Brodsgaard, »The Democracy Movement«, S. 764–768.

24 Ebd., S. 747f.

25 Lauri Paltemaa, »The Democracy Wall Movement, Marxist Revisionism, and the Variations on Socialist Democracy«. *Journal of Contemporary China*, Jg. 16, Nr. 53 (2007), S. 610.

26 Brodsgaard, »The Democracy Movement«, S. 762.

27 Ebd., S. 762f. Hier liegt ein Unterschied im Vergleich zu Dissidentengruppen in den sozialistischen Ländern Osteuropas. In der

Volksrepublik China hatte die Intelligenzia unter der Anti-Rechts-Kampagne sowie während der Kulturrevolution und danach gelitten. Viele Intellektuelle waren nicht bereit, die mit politischem Aktivismus verbundenen Risiken einzugehen. Zudem erwarteten sie von Dengs Partei eine Verbesserung. Da die Reformen neue Möglichkeiten boten, ihr »soziales Prestige und ihren Status« zu erhöhen, ließen sie sich bereitwillig vereinnahmen (ebd., S. 763).

28 Gregor Benton und Alan Hunter, »Introduction«. In: Benton und Hunter, Hrsg., *Wild Lily, Prairie Fire*, S. 21.

29 Brodsgaard, »The Democracy Movement«, S. 763.

30 Sheehan, *Chinese Workers*, S. 158.

31 Dies lag auf der Linie von Li Yi Zhe und Leuten wie Chen Erjin, einem ehemaligen rebellischen Rotgardisten, der Aufsätze über eine »proletarisch-demokratische« Revolution oder ein »proletarisches« System schrieb. Zu Chen Erjins Kritik am Aufstieg einer bürokratischen privilegierten Klasse siehe Chen Erjin, *China – Crossroads Socialism: An Unofficial Manifesto for Proletarian Democracy* (London: Verso, 1984).

32 Sheehan, *Chinese Workers*, S. 162.

33 Brodsgaard, »The Democracy Movement«, S. 770.

34 Stanley Rosen, »Guangzhou's Democracy Movement in Cultural Revolution Perspective«. *The China Quarterly* 101 (März 1985), S. 16, Benton und Hunter, »Introduction«, S. 24f.

35 Sheehan, *Chinese Workers*, S. 167.

36 Wei Jingsheng war einer der prominentesten liberalen und antimarxistischen Aktivisten in der Demokratiemauer-Bewegung. Weitere Informationen finden sich in He Baogang, »Democracy as Viewed by Three Chinese Liberals: Wei Jingsheng, Hu Ping und Yan Jiaqi«. *China Information*, Jg. 6, Nr. 2 (Herbst 1991), S. 23–43.

37 Sheehan, *Chinese Workers*, S. 167.

38 Tony Saich, »Workers in the Workers' State: Urban Workers in the PRC«. In: David S. G. Goodman, Hrsg., *Groups and Politics in the People's Republic of China* (Cardiff: University College Cardiff Press, 1984), S. 164.

39 Kommunistische Partei Chinas, *Resolution über einige Fragen zur Geschichte der Kommunistischen Partei Chinas seit 1949* (Beijing: Verlag

für fremdsprachige Literatur, 1981). Die englischsprachige Fassung der Resolution ist verfügbar unter https://tinyurl.com/ym8mafjt (Zugriff am 8. Dezember 2022).

40 Paltemaa, »The Democracy Wall Movement«, S. 607f.

41 Benton und Hunter, »Introduction«, S. 26.

42 Dokumentiert in Benton und Hunter, *Wild Lily, Prairie Fire*, S. 280f.

43 Kathleen Hartford, »The Political Economy Behind Beijing Spring«. In: Saich, *The Chinese People's Movement*, S. 58.

44 Pat Howard, »Rice Bowls and Job Security: The Urban Contract Labour System«. *The Australian Journal of Chinese Affairs* 25 (Januar 1991), S. 99. In der Tat gab es bereits in der sozialistischen Periode Vertragsarbeit, zum Beispiel für befristet Beschäftigte vom Land. Nach dem neuen System sollten auch neue reguläre oder festeingestellte Arbeiter:innen einen Arbeitsvertrag erhalten (anstelle der lebenslangen Beschäftigung in einer Arbeitseinheit). Für weitere Informationen über das Arbeitsvertragssystem siehe Michael Korzec, *Labour and the Failure of Reform in China* (New York: St. Martin's Press, 1992).

45 »1988 ging das Realeinkommen von über 50 Prozent der städtischen Familien zurück, und 25 bis 30 Prozent der Arbeiter:innen in China lebten am Existenzminimum« (Jeanne L. Wilson, »›The Polish Lesson‹: China and Poland 1980–1990«. *Studies in Comparative Communism*, Jg. XXIII, Nr. 3/4 [Herbst/Winter 1990], S. 270). Siehe auch Andrew G. Walder, »Workers, Managers and the State: The Reform Era and the Political Crisis of 1989«. *The China Quarterly* 127 (September 1991), S. 470f.

46 Wilson, »The Polish Lesson«, S. 270. Zu den negativen Auswirkungen der Reformen siehe Mark Selden, »The Social Origins and Limits of the Democratic Movement«. In: Roger V. Des Forges, Luo Ning und Wu Yen-Bo, Hrsg., *Chinese Democracy and the Crisis of 1989: Chinese and American Reflections* (Albany: State University of New York Press, 1993), S. 118ff.

47 Laut Leung Wing-yue »wurde die Beteiligung von Arbeiter:innen an den Demonstrationen in der Öffentlichkeit kaum erwähnt. Berichten zufolge war die oberste Führung jedoch erst dann wirklich

alarmiert, als sie erfuhr, dass Arbeiter:innen an den Protesten teilnahmen und Streiks organisierten. Rundschreiben sollen an alle Fabriken und Unternehmen verschickt worden sein, in denen die Beschäftigten eindringlich vor der Teilnahme an den Protesten gewarnt und darauf hingewiesen wurden, dass jeder Versuch, zu Streiks aufzurufen, streng geahndet würde« (Leung Wing-Yue, *Smashing the Iron Rice Pot: Workers and Unions in China's Market Socialism* [Hong Kong: Asia Monitor Resource Center, 1988], S. 119).

48 Siehe dazu Zhang Yueran, »Workers on Tian'anmen Square«. In: Ivan Franceschini und Christian Sorace, Hrsg., *Proletarian China: A Century of Chinese Labour* (London/New York: Verso, 2022), S. 151.

49 Ausführlichere Informationen über die Bewegung auf dem Tian'anmen Platz finden sich unter anderem in Tony Saich, Hrsg., *The Chinese People's Movement. Perspectives on Spring 1989* (Armonk: M. E. Sharpe, 1990) und Theodore Han und John Li, *Tian'anmen Square Spring 1989. A Chronology of the Chinese Democracy Movement* (Berkeley: Institute of East Asian Studies, 1992); zur Beteiligung von Arbeiter:innen siehe die Beiträge in Lu Ping, Hrsg., *A Moment of Truth: Workers' Participation in China's 1989 Democracy Movement and the Emergence of Independent Unions* (Hong Kong: Hong Kong Trade Union Education Center/Asia Monitor Resource Center, 1990). Für Dokumente der Bewegung siehe Benton und Hunter, *Wild Lily, Prairie Fire*, Kapitel 5.

50 Zhang Yueran, »Workers on Tian'anmen Square«, S. 152.

51 Andrew G. Walder und Gong Xiaoxia, »Workers in the Tian'anmen Protests: The Politics of the Beijing Workers' Autonomous Federation«. *The Australian Journal of Chinese Affairs*, 29 (Januar 1993), S. 2f. Für eine ausführliche Darstellung von Gongzilian siehe Leung Wing-Yue, »The Politics of Labour Rebellions in China, 1989–1994« (PhD Diss., Universität Hongkong, 1998), S. 233ff.

52 Wang Shaoguang, »From a Pillar of Continuity to a Force for Change: Chinese Workers in the Movement«. In: Des Forges et al., Hrsg., *Chinese Democracy and the Crisis of 1989*, S. 179; Lu Ping, »A Brief History of the Workers' Autonomous Federation«. In: Lu

Ping, *A Moment of Truth*, S. 17. Siehe mehr über die Aktivitäten anderer autonomer Arbeiterföderationen in Mary S. Erbaugh und Richard C. Kraus, »The 1989 Democracy Movement in Fujian and its Aftermath«. In: Jonathan Unger, Hrsg., *The Pro-democracy Protests in China: Reports from the Provinces* (Armonk: M. E. Sharpe, 1991), S. 150–165; Leung Wing-Yue, »The Politics of Labour Rebellions«, S. 244ff.; und Anita Chan und Jonathan Unger, »Voices from the Protest Movement, Chongqing, Sichuan«. *Australian Journal of Chinese Affairs* 24 (Juli 1990), S. 259–279.

53 Gongzilian-Aktivist:innen nannten diese Zahl, siehe Walder und Gong, »Workers in the Tian'anmen Protests«, S. 9.

54 Lu Ping, »A Brief History«, S. 13.

55 Chan und Unger, »Voices from the Protest Movement«, S. 274.

56 Walder und Gong, »Workers in the Tian'anmen Protests«, S. 15.

57 Merle Goldman, »The Potential for Instability Among Alienated Intellectuals and Students in Post-Mao China«. In: David Shambaugh, Hrsg., *Is China Unstable? Assessing the Factors* (Armonk/London: M. E. Sharpe, 2000), S. 122f.

58 Sheehan, *Chinese Workers*, S. 213.

59 Walder und Gong, »Workers in the Tian'anmen Protests«, S. 3; Wang Shaoguang, »Deng Xiaoping's Reforms and the Chinese Workers' Participation in the Protest Movement of 1989«. In: Paul Zarembka, Hrsg., *Research in Political Economy, Volume 13* (London: JAI Press, 1992), S. 178f.

60 Walder und Gong, »Workers in the Tian'anmen Protests«, S. 7.

61 Wang Shaoguang, »From a Pillar of Continuity«, S. 179.

62 Walder und Gong, »Workers in the Tian'anmen Protests«, S. 8.

63 Ebd., S. 9.

64 Zhang Yueran, »Workers on Tian'anmen Square«, S. 152.

65 Walder und Gong, »Workers in the Tian'anmen Protests«, S. 10.

66 Zhang Yueran, »Workers on Tian'anmen Square«, S. 153.

67 Zur Kluft zwischen Student:innen und Arbeiter:innen siehe unter anderem Walder und Gong, »Workers in the Tian'anmen Protests«, S. 23f., Maurice Meisner, *Mao's China and After: A History of the People's Republic, Third Edition* (New York: The Free

Press, 1999), S. 508, und Zhang Yueran, »Workers on Tian'anmen Square«, S. 156f.

68 Walder und Gong, »Workers in the Tian'anmen Protests«, S. 25.

69 Lu Ping, »A Brief History«, S. 19.

70 Sheehan, *Chinese Workers*, S. 219. Siehe die Berichte über Xi'an, Hangzhou und Shenyang in Joseph W. Esherick, »Xi'an Spring«. *Australian Journal of Chinese Affairs* 24 (Juli 1990), S. 230; Keith Forster, »The Popular Protest in Hangzhou«. In: Unger, *The Pro-Democracy Protests in China*, S. 183; Anne Gunn, »›Tell the World About Us‹: The Student Movement in Shenyang, 1989«. In: Unger, *The Pro-Democracy Protests in China*, S. 77.

71 Wang Shaoguang, »From a Pillar of Continuity«, S. 178.

72 Siehe unter anderem Anita Chan, »Protest in a Hunan County Town: The Profile of a Democracy Movement Activist in China's Backwaters«. In: Unger, *The Pro-Democracy Protests in China*, S. 137–149.

73 Wang Shaoguang, »Deng Xiaoping's Reforms«, S. 22.

74 Leung Wing-Yue, »The Politics of Labour Rebellions«, S. 224.

75 Weitere Informationen zu den historischen Verbindungen zwischen der Kulturrevolution und der Bewegung von 1989 siehe Craig Calhoun und Jeffrey N. Wasserstrom, »The Cultural Revolution and the Democracy Movement of 1989: Complexity in Historical Connections«. In: Law Kam-yee, Hrsg., *The Chinese Cultural Revolution Reconsidered. Beyond Purge and Holocaust* (Basingstoke/New York: Palgrave Macmillan, 2003), S. 241–261, und Yang Guobin, »The Liminal Effects of Social Movements: Red Guards and the Transformation of Identity«. *Sociological Forum*, Jg. 15, Nr. 3 (September 2000), S. 379–406.

76 Walder und Gong, »Workers in the Tian'anmen Protests«, S. 28.

77 Zhang Yueran interpretiert dies anders. Seiner Meinung nach hatten die Arbeiter:innen verstanden, dass »der einzige Weg zur Beseitigung von Inflation und Ungleichheit darin bestand, die Bürokratie als Ganzes zu stürzen und den Arbeiter:innen die Entscheidungsgewalt und Kontrolle über Produktion und Warenzirkulation zurückzugeben«. Zu ihrem Verständnis von Demokratie »gehörte die Ersetzung der Bürokratie durch die Selbstverwaltung der Arbei-

ter:innen, und der erste Schritt auf dem Weg zu diesem Ziel war die Schaffung demokratischer und unabhängiger Organisationen in den Betrieben. Diese Vision von Demokratie orientierte sich eindeutig an den Klassenauseinandersetzungen und stellte die Handlungsfähigkeit der Arbeiterklasse in den Mittelpunkt« (Zhang Yueran, »Workers on Tian'anmen Square«, S. 156).

78 Anita Chan, »China's Long Winter«. *Monthly Review*, Jg. 41, Nr. 8 (Januar 1990), S. 10.

79 Zhang Yueran schreibt, dass nach der Niederschlagung und der Repressionswelle »viele Student:innen aus der Bewegung von 1989 Teil der neuen städtischen Mittelklasse wurden […] Die Wirtschaftsreformen der 1990er Jahre boten der KPCh in gewisser Weise die Chance, die Generation der 1989 beteiligten Student:innen zu absorbieren und zu vereinnahmen« (Zhang Yueran. »Workers on Tian'anmen Square«, S. 158).

Kapitel 4 – Verteidigung und Nostalgie

1 Zitiert in Elizabeth J. Perry, »›To Rebel is Justified‹: Cultural Revolution Influences on Contemporary Chinese Protest«. In: Law Kam-yee, Hrsg., *The Chinese Cultural Revolution Reconsidered. Beyond Purge and Holocaust* (Basingstoke/New York: Palgrave Macmillan, 2003), S. 271.

2 Alexander F. Day und Mindi Schneider, »The End of Alternatives? Capitalist Transformation, Rural Activism and the Politics of Possibility in China«. *Journal of Peasant Studies*, Jg. 45, Nr. 7 (November 2017), S. 1123.

3 Für eine ausführliche Darstellung siehe Barry Naughton, *The Chinese Economy: Adaptation and Growth, Second Edition* (Cambridge/London: MIT Press, 2018), S. 268ff.

4 Die meisten TVEs wurden bei der Auflösung der ländlichen Kollektive Anfang der 1980er Jahre als Kooperativen oder private kleine und mittlere Unternehmen gegründet. Sie erlebten in den 1980er und frühen 1990er Jahren einen enormen Aufschwung. Für eine

ausführliche Darstellung siehe Naughton, *The Chinese Economy*, Kapitel 13.

5 Ausführlichere Informationen über die Situation und die Kämpfe der Bäuerinnen und Bauern in den letzten Jahrzehnten finden sich unter anderem in Thomas P. Bernstein und Lü Xiaobo, *Taxation without Representation in Contemporary Rural China* (Cambridge/New York: Cambridge University Press, 2003); Chen Guidi and Wu Chuntao, *Zur Lage der chinesischen Bauern* (Frankfurt: Zweitausendeins, 2006); Kevin J. O'Brien und Li Lianjiang, *Rightful Resistance in Rural China* (Cambridge: Cambridge University Press, 2006); und Alexander F. Day, *The Peasant in Post-Socialist China: History, Politics, and Capitalism* (Cambridge: Cambridge University Press, 2013).

6 Thomas P. Bernstein, »Instability in Rural China«. In: David Shambaugh, Hrsg., *Is China Instable? Assessing the Factors* (Armonk/London: M. E. Sharpe, 2000), S. 95.

7 Ebd., S. 96. Zu den Schuldscheinen oder IOU (»I owe you«), siehe Andrew Wedeman, »Stealing from the Farmers: Institutional Corruption and the 1992 IOU Crisis«. *The China Quarterly* 152 (Dezember 1997), S. 805–31 und Kathy L. Walker, »›Gangster Capitalism‹ and Peasant Protest in China: The Last Twenty Years«. *Journal of Peasant Studies*, Jg. 33, Nr. 1 (Januar 2006), S. 7. Schuldscheine ersetzten Bargeldzahlungen und wurden von lokalen Beamten ausgestellt.

8 Day und Schneider, »The End of Alternatives?«, S. 4.

9 Ebd.

10 Bernstein, »Instability in Rural China«, S. 97. Weitere Informationen über die Ein-Kind-Politik finden sich in Kapitel 5.

11 Bernstein, »Instability in Rural China«, S. 97.

12 Kathy L. Walker, »From Covert to Overt: Everyday Peasant Politics in China and the Implications for Transnational Agrarian Movements«. *Journal of Agrarian Change*, Jg. 8, Nr. 2 und 3 (April und Juli 2008), S. 467.

13 Bernstein, »Instability in Rural China«, S. 103f., Li Lianjiang und Kevin J. O'Brien, »Protest Leadership in Rural China«. In: Peter

Hays Gries und Stanley Rosen, Hrsg., *Chinese Politics: State, Society and the Market* (London/New York: Routledge, 2010), S. 90f.

14 Bernstein, »Instability in Rural China«, S. 97f. Siehe auch Walker, »From Covert to Overt«, S. 470.

15 O'Brien und Li Lianjiang belegen mit Beispielen, wie »Dorfbewohner:innen ihre Ansprüche vorbrachten mit Hinweisen auf die Politik der Kommunistischen Partei, Gesetze und offiziell vertretene Wertvorstellungen. Sie suchten Unterstützung bei einflussreichen Verbündeten und setzten sowohl auf juristische Mittel als auch kollektive Aktionen, um ihre ›gesetzmäßigen Ansprüche und Interessen‹ (*hefa quanyi*) zu verteidigen« (O'Brien und Li, *Rightful Resistance*, S. 5). Siehe auch die Beschreibung von »alltäglichen Formen« bäuerlichen Widerstands gegen staatliche Maßnahmen sowie »Bewältigungsstrategien« seit den 1950er Jahren in Gao Wangling, »A Study of Chinese Peasant ›Counter-Action‹«. In: Kimberley Ens Manning und Felix Wemheuer, Hrsg., *Eating Bitterness: New Perspectives on China's Great Leap Forward and Famine* (Vancouver/Toronto: UBC Press, 2011), S. 276.

16 Perry, »To Rebel is Justified«, S. 271.

17 Bernstein, »Instability in Rural China«, S. 103f.

18 Walker, »Gangster Capitalism«, S. 19. Für weitere Informationen zur Wiederentdeckung Maos siehe den dritten Abschnitt dieses Kapitels.

19 Kevin J. O'Brien und Li Lianjiang, »Campaign Nostalgia in the Chinese Countryside«. *Asian Survey*, Jg. 39, Nr. 3 (Mai bis Juni 1999), S. 377.

20 Siehe den ersten Abschnitt in Kapitel 3 zu ähnlichen Forderungen nach den »großen Freiheiten« in den 1970er Jahren.

21 O'Brien und Li, »Campaign Nostalgia«, S. 387.

22 Walker, »From Covert to Overt«, S. 474.

23 Zur Unterdrückung ländlicher Protestanführer:innen siehe Li und O'Brien, »Protest Leadership«, S. 96–100.

24 Walker, »Gangster Capitalism«, S. 10; Day und Schneider, »The End of Alternatives?«, S. 6; und Bernstein, »Instability in Rural China«, S. 96.

25 Day und Schneider, »The End of Alternatives?«, S. 8. Siehe auch Walker, »Gangster Capitalism«, S. 15; und Walker, »From Covert to Overt«, S. 470.

26 Für eine ausführliche Darstellung dieser Politik siehe Anna L. Ahlers, *Rural Policy Implementation in Contemporary China. New Socialist Countryside* (London/New York: Routledge, 2014).

27 Day und Schneider, »The End of Alternatives?«, S. 10.

28 Die Urbanisierungsrate stieg in der Volksrepublik China von etwa zwanzig Prozent 1980 auf etwa fünfzig Prozent 2010 und fast 65 Prozent im Jahr 2021, siehe Statista, »Degree of Urbanization in China from 1980 to 2021«. statista.com, 2022. https://tinyurl.com/2p8c9rr7 (Zugriff am 20. April 2022).

29 Day und Schneider, »The End of Alternatives?«, S. 13.

30 Jay Chen Chih-Jou, »Peasant Protests over Land Seizures in Rural China«. *Journal of Peasant Studies*, Jg. 47, Nr. 6 (Oktober 2020), S. 1328, 1330. Siehe auch die Berichte über Kämpfe von Bäuerinnen und Bauern gegen (illegale) Landenteignungen und über Entschädigungen für Landnahme in Zhejiang in Christopher Heurlin, »Land Protests in Rural China«. In: Teresa Wright, Hrsg., *Handbook of Protests and Resistance in China* (Cheltenham/Northampton: Edward Elgar, 2019), S. 184–202. Zu den Auswirkungen der Landenteignungen auf die Entwicklung ländlicher Arbeitslosigkeit von Bäuerinnen und Bauern »ohne Einkommen und ohne Land«, siehe Rachel Murphy und Tao Ran, »No Wage and No Land: New Forms of Unemployment in Rural China«. In: Grace O. M. Lee und Malcolm Warner, Hrsg., *Unemployment in China: Economy, Human Resources and Labour Markets* (London/New York: Routledge, 2007), S. 128–148. Zum prominentesten Fall des Widerstands gegen die Landenteignung in Wukan, Guangdong, siehe Johan Lagerkvist, »The Wukan Uprising and Chinese State-Society Relations: Toward ›Shadow Civil Society‹?« *International Journal of China Studies*, Jg. 3, Nr. 3. (Dezember 2012), S. 345–361; und Sally Sargeson, »Violence as Development: Land Expropriation and China's Urbanization«. *Journal of Peasant Studies*, Jg. 40, Nr. 6 (2013), S. 1063–1085.

31 Chen Chih-Jou, »Peasant Protests«, S. 1341f. Chen erwähnt zudem, dass »aufgrund der strengen Zensur auch weniger Proteste gemeldet wurden« (ebd., S. 1343), sodass wir vielleicht lediglich weniger als früher von Protesten hören und deren Zahl vielleicht doch nicht (so stark) zurückgegangen ist.

32 Ebd., S. 1342.

33 Ebd.

34 Zitiert in Antoine Kernen, »The Reemergence of Street Protests: State Workers Challenge the Chinese State«. In: Thomas B. Gold, William Hurst, Won Jaeyoun und Li Qiang, Hrsg., *Laid-off Workers in a Workers' State. Unemployment with Chinese Characteristics* (New York: Palgrave Macmillan, 2009), S. 234.

35 Ausführliche Informationen über die Situation und die Kämpfe der Arbeiter:innen staatlicher Betriebe in den Städten finden sich beispielsweise in Cai Yongshun, *State and Laid-off Workers in Reform China: The Silence and Collective Action of the Retrenched* (London/New York: Routledge, 2006); John Hassard, Jackie Sheehan, Zhou Meixiang, Jane Terpstra-Tong und Jonathan Morris, *China's State Enterprise Reform: From Marx to the Market* (London/New York: Routledge, 2007); und die Beiträge in Gold et al., *Laid-off Workers in a Workers' State*.

36 Zur Umstrukturierung und ihren Auswirkungen siehe zum Beispiel Ross Garnaut, Song Ligang und Yao Yang, »Impact and Significance of State-owned Enterprise Restructuring in China«. *The China Journal* 55 (Januar 2006), S. 35–63; und Hassard et al., *China's State Enterprise Reform*.

37 Die Zahlen schwanken zwischen dreißig und fünfzig Millionen in der zweiten Hälfte der 1990er Jahre. Siehe Dorothy J. Solinger, »Labour Market Reform and the Plight of the Laid-off Proletariat«. *The China Quarterly* 170 (Juni 2002), S. 304; Cai Yongshun, »State Policies and Chinese Laid-off Workers' Limited Resistance«. In: Gold et al., *Laid-off Workers in a Workers' State*, S. 203; Mary E. Gallagher, »China's Older Workers: Between Law and Policy, Between Laid-off and Unemployed«. In: Gold et al., *Laid-off Workers in a Workers' State*, S. 138; und Human Rights Watch, *Paying the Price: Wor-*

ker Unrest in Northeast China. Refworld, UNHCR, 2. August 2002. https://tinyurl.com/f4kbrdnh (Zugriff am 20. April 2022).

38 »Offiziell gehört zu den *xiagang*-Arbeiter:innen jemand, der die drei folgenden Bedingungen erfüllt: Er oder sie nahm seine oder ihre Arbeit vor Einführung des Arbeitsvertragssystems 1986 auf und hatte einen formellen, festen Arbeitsplatz im staatlichen Sektor (plus die Arbeiter:innen mit Arbeitsvertrag, deren Vertragslaufzeit noch nicht beendet ist); er oder sie ist aufgrund der wirtschaftlichen und betrieblichen Probleme seines oder ihres Unternehmens entlassen worden, hat jedoch die Beziehungen zum betreffenden Unternehmen noch nicht abgebrochen; und er oder sie hat noch keine Arbeit in anderen Bereichen gefunden« (Solinger, »Labour Market Reform«, S. 304).

39 Kernen, »The Reemergence of Street Protests«, S. 226.

40 Li Ju, »Victory and Defeat: The Contentious Politics of One Generation of State Workers in China since the 1960s«. *International Review of Social History*, Jg. 61, Nr. 2 (August 2016), S. 213.

41 Siehe unter anderem Marc Blecher, »Hegemony and Workers' Politics in China«. *The China Quarterly* 170 (Juni 2002), S. 283–303, und Cai Yongshun, »State Policies«.

42 Siehe die Beispiele für »Verschleppung«, »Gleichgültigkeit« und mehr in Li Ju, »Fight Silently: Everyday Resistance in Surviving State-owned Enterprises in Contemporary China«. *Global Labour Journal*, Jg. 3, Nr. 2 (September 2012), S. 194–216.

43 Kernen, »The Reemergence of Street Protests«, S. 225.

44 Ebd., S. 227.

45 Ebd., S. 234.

46 William Hurst, »The Power of the Past: Nostalgia and Popular Discontent in Contemporary China«. In: Gold et al., *Laid-off Workers in a Workers' State*, S. 120f.; William Hurst und Kevin O'Brien, »China's Contentious Pensioners«. *The China Quarterly* 170 (Juni 2002), S. 356.

47 Ching-Kwan Lee, »Pathways of Labour Insurgency«. In: Elizabeth J. Perry und Mark Selden, Hrsg., *Chinese Society: Change, Conflict and Resistance. Second Edition* (London/New York: RoutledgeCurzon, 2003), S. 82.

48 Für eine Beschreibung dieser Ereignisse siehe unter anderem Human Rights Watch, »Paying the Price« und China Labour Bulletin, »The Liaoyang Workers' Struggle: Portrait of a Movement«. China Labour Bulletin, Juli 2003. https://tinyurl.com/bdewzx9b (Zugriff am 20. April 2022).

49 Solinger, »Labour Market Reform«, S. 315ff.

50 Cai Yongshun, »State Policies«, S. 204, 211ff.

51 Li Ju, »Victory and Defeat«, S. 216.

52 »Die ›Harmonische Gesellschaft‹ oder *hexie shehui* […] wurde 2004 von der Kommunistischen Partei Chinas unter Hu Jintao als strategisches Ziel formuliert, als Antwort auf die wachsende soziale Unzufriedenheit, die mit der wirtschaftlichen und sozialen Entwicklung der beiden vorangegangenen Jahrzehnte sowie der zunehmenden Globalisierung zusammenhing« (China Media Project, »The CMP Dictionary: Harmonious Society«. China Media Project, 14. Mai 2021. https://tinyurl.com/yckzhvrx [Zugriff am 20. April 2022]).

53 Zitiert in Wang Shaoguang, »Deng Xiaoping's reforms and the Chinese Workers' Participation in the Protest Movement of 1989«. In: Paul Zarembka, Hrsg., *Research in Political Economy, Volume 13* (London: JAI Press, 1992), S. 163–197.

54 Büchern über die Neuerfindung und Modifikation des Maoismus seit den 1990er Jahren in der Volksrepublik China fehlt es oft an Tiefe und Konsistenz. Beispiele sind Kerry Brown und Simone van Nieuwenhuizen, *China and the New Maoists* (London: Zed Books, 2016) und Jude Blanchette, *China's New Red Guards. The Return of Radicalism and the Rebirth of Mao Zedong* (Oxford: Oxford University Press, 2019).

55 Wang Shaoguang, »Deng Xiaoping's Reforms«. Siehe auch Geremie R. Barmé, »The Irresistible Fall and Rise of Chairman Mao«. In: Geremie R. Barmé, Hrsg., *Shades of Mao. The Posthumous Cult of the Great Leader* (New York/London: M. E. Sharpe, 1996), S. 4.

56 Ebd., S. 5.

57 In diesem Teil des Buches konzentriere ich mich auf die politischen Bezüge zum Maoismus oder Mao Zedong sowie ihre politische Verwendung und nicht auf die kulturellen, modischen oder

religiösen Aspekte. Zu diesen siehe die Beiträge in Barmé, *Shades of Mao*.

58 Zhang Weihong, »A Typology of the Mao Craze«. In: Barmé, *Shades of Mao*, S. 158.

59 Yang Guobin, »China's Zhiqing-Generation: Nostalgia, Identity, and Cultural Resistance in the 1990s«. *Modern China*, Jg. 29, Nr. 3 (Juli 2003), S. 267f.

60 Ebd., S. 268.

61 Ebd., S. 285.

62 Chen Feng, »An Unfinished Battle in China: The Leftist Criticism of the Reform and the Third Thought Emancipation«. *The China Quarterly* 158 (Juni 1999), S. 454f.

63 Ebd., S. 447.

64 Die Rechten unterstützten hingegen die Wirtschaftsreformen, lehnten jedoch Teile der politischen Maßnahmen ab, welche die KPCh-Herrschaft, den Staat und die Ideologie betrafen. »Was die Partei ablehnte, waren Positionen der Linken zu ökonomischen Fragen, weil diese Positionen vielen aktuell verfolgten Strategien zuwiderliefen. In politischen Fragen vertraten die Linken ähnliche Ansichten wie die Partei: keine Infragestellung der Führungsrolle der Partei, Einschränkung der bürgerlichen Freiheiten, ideologische Kontrolle und so weiter« (ebd., S. 460).

65 Ebd., S. 450.

66 Blanchette, *China's New Red Guards*, S. 46.

67 Merle Goldman, »The Potential for Instability Among Alienated Intellectuals and Students in Post-Mao China«. In: David Shambaugh, Hrsg., *Is China Unstable? Assessing the Factors* (Armonk/London: M. E. Sharpe, 2000), S. 116.

68 Chen Feng, »An Unfinished Battle in China«, S. 459.

69 »›Che Guevara‹ wurde 37-mal aufgeführt, darunter waren drei zusätzliche, nicht geplante Vorstellungen und eine kostenlose Sondervorstellung für Student:innen, die sich den Eintrittspreis nicht leisten konnten. Die durchschnittliche Theaterauslastung lag bei bis zu 120 Prozent. Insgesamt besuchten mehr als 10 000 Menschen die Vorstellungen« (Huang Jisu, »Che Guevara: Notes on the Play, Its

Production, and Reception«. In: Zhong Xueping and Wang Ban, Hrsg., *Debating the Socialist Legacy and Capitalist Globalization in China* [Basingstoke/New York: Palgrave Macmillan, 2014], S. 208).

70 Cheng Yinghong, »Che Guevara: Dramatizing China's Divided Intelligentsia at the Turn of the Century«. *Modern Chinese Literature and Culture*, Jg. 15, Nr. 2 (Herbst 2003), S. 14, 18, 19.

71 »Letztendlich ist es uns gelungen, Unruhe in die Debatte um das ›Ende der Geschichte‹ und den ›Abschieds von der Revolution‹ zu bringen, was für einen Moment bei denen Unmut hervorrief, die bereitwillig ihre Illusionen pflegten« (Huang Jisu, »Che Guevara«, S. 209). Mehr über das Stück »Che Guevara« und seine Autor:innen findet sich in Claire Conceison, *Significant Other. Staging the American in China* (Honolulu: University of Hawai'i Press, 2004), S. 177ff.

72 Robert Weil, »Conditions of the Working Classes in China«. *Monthly Review*, Jg. 58, Nr. 2 (Juni 2006). https://tinyurl.com/4xdtuv6b (Zugriff am 20. April 2022).

73 Ibid.; Monthly Review, »On December 24, 2004, Maoists in China Get Three-year Prison Sentences for Leafleting«. MR online, 21. Januar 2005. https://tinyurl.com/5bc36zu6 (Zugriff am 20. April 2022).

74 Siehe dazu Cheng Zhiming, »The Changing Pattern of State Workers' Labour Resistance in Shaanxi Province, China«. *Communication, Politics and Culture*, Jg. 45, Nr. 2 (2012), S. 197–216.

75 Zu Utopia siehe Blanchette, *China's New Red Guards*, S. 75ff.; und Brown und Nieuwenhuizen, *China and the New Maoists*, Kapitel 6.

76 Andreas Møller Mulvad, »China's Ideological Spectrum: A Two-dimensional Model of Elite Intellectuals' Visions«. *Theory and Society*, Jg. 47 (2018), S. 643.

77 Intellektuelle setzten diese liberalen Diskurse in den 2000er und frühen 2010er Jahren fort und nutzten dabei die Möglichkeiten des Internets, bevor Zensur und Repression unter dem KPCh-Regime von Xi Jinping die Veröffentlichung liberaler Positionen erschwerten. Für eine ausführliche Darstellung der Liberalen und ihrer Debatten und Aktivitäten siehe Li Junpeng, »The Making of Liberal Intellectuals in Post-Tiananmen China« (PhD diss., Gradu-

ate School of Arts and Sciences, Columbia University, New York, 2017). https://tinyurl.com/2wuc8vrn (Zugriff am 20. April 2022). Für englische Übersetzungen von Texten chinesischer Liberaler siehe https://www.readingthechinadream.com/liberals.html.

78 Li Junpeng, »The Making of Liberal Intellectuals in Post-Tiananmen China«, S. 60. Shi Anshu et al. schreiben: »Aus der Perspektive einer antimodernen Moderne untersuchte Wang Hui das kurze 20. Jahrhundert; Cui Zhiyuan antizipierte die ferne Zukunft eines liberalen Sozialismus und rief zu einer zweiten gedanklichen Befreiung und institutionellen Innovation auf; Wang Shaoguang konzentrierte sich auf die Beziehung zwischen dem sozialistischen Staat, der Gesellschaft und dem Markt und suchte nach Theorien der repräsentativen Demokratie und einer Gesellschaft des Volkes; und Gan Yang sprach sich für die Integration der drei Traditionen [Konfuzianismus, Maoismus und Dengismus] aus, weil er an die Möglichkeit eines konfuzianischen Sozialismus glaubte. Sie alle wollten Antworten geben auf die Frage, wie man die Funktionsweise und Legitimität des chinesischen Sozialismus wiederherstellen kann« (Shi Anshu, François Lachapelle und Matthew Galway, »The Recasting of Chinese Socialism: The Chinese New Left since 2000«. *China Information*, Jg. 32, Nr. 1 [2018], S. 153). Für englische Übersetzungen von Texten chinesischer Autor:innen der Neuen Linken siehe https://www.readingthechinadream.com/new-left.html.

79 Li Junpeng, »The Making of Liberal Intellectuals«, S. 53f.

80 Wen Dale, *China Copes with Globalization: A Mixed Review* (San Francisco: International Forum on Globalization, 2006), S. 39. https://www.yumpu.com/en/document/read/26201346/china-report-with-cover-international-forum-on-globalization (Zugriff am 20. April 2022).

81 Siehe unter anderem Zheng Yongnian, *Globalization and State Transformation in China* (Cambridge: Cambridge University Press, 2004), Kapitel 8; und Zhang Taisu, »What it Means to Be ›Liberal‹ or ›Conservative‹ in China. Putting the Country's Most Significant Political Divide in Context«. China File, 24. April 2015. https://tinyurl.com/yv34sfn5 (Zugriff am 20. April 2022).

82 Christopher Connery, »The Chinese Left: Contexts and Strategies«. theasiadialogue.com, 21. Oktober 2016. https://tinyurl.com/yckpypnf (Zugriff am 20. April 2022).

83 Ebd. Siehe auch Brian Hioe, »The Chinese New Left: Anti-capitalist within China, Imperialist outside of China?« New Bloom, 3. Dezember 2016. https://tinyurl.com/3ruccvmm (Zugriff am 20. April 2022).

84 Der Nationalismus linker Gruppen innerhalb und außerhalb der Partei nahm beispielsweise deutlich zu, als die (versehentliche) Bombardierung der chinesischen Botschaft in Belgrad durch die NATO im Jahr 1999 zu diplomatischen Auseinandersetzungen führte, und auch während des Territorialstreits um die Diaoyu/Senkaku-Inseln zwischen der Volksrepublik China und Japan im Jahr 2012.

85 Beispiele für kleine kommunistische Parteien, die unterdrückt wurden, sind die 1991 gegründete Kommunistische Partei Chinas des Marxismus-Leninismus und der Mao-Zedong-Lehre (oder Mamao-Partei), die 2008 gegründete Kommunistische Partei Chinas der Mao-Zedong-Lehre, das 2010 gegründete Zentralkomitee der Chinesischen Proletarischen Revolution oder die sogenannte Wirkliche Kommunistische Partei und die 2013 gegründete Oberste Verfassungspartei (Dui Hua, »Leftist Subversion in China: 1980 to Present«. Dui Hua Reference Materials, 29. Oktober 2013. https://tinyurl.com/ytyjfpc6 [Zugriff am 20. April 2022]; Dui Hua, »Leftist Dissent Under Xi: The Old Leftists, Part II«. *Dui Hua, Human Rights Journal*, 23. Oktober 2019. https://tinyurl.com/bdda455f [Zugriff am 20. April 2022]).

86 Für weitere Informationen zu den Wanderarbeiter:innen siehe das nächste Kapitel.

87 Beverly Silver bezeichnet diese Kämpfe als solche »polanyischen Typs«: »Unter Arbeiterunruhe des polanyischen Typs verstehen wir den Widerstand gegen die Ausdehnung eines globalen selbstregulierenden Marktes – insbesondere den Widerstand der Arbeiterklassen, die durch die weltweiten ökonomischen Transformationen zersetzt werden, sowie der Arbeiter und Arbeiterinnen, die von den nun von oben aufgekündigten Sozialpakten profitiert hatten«

(Beverly J. Silver, *Forces of Labor. Arbeiterbewegungen und Globalisierung seit 1870* [Berlin: Assoziation A, 2005], S. 38).

Kapitel 5 – Soziale Proteste und Organisierung

1 Zitiert in Pun Ngai und Li Wanwei, *Dagongmei: Arbeiterinnen aus Chinas Weltmarktfabriken erzählen.* Übersetzt und herausgegeben von Ralf Ruckus (Berlin/Hamburg: Assoziation A, 2008), S. 149.

2 Siehe den zweiten Abschnitt in Kapitel 2.

3 Doug Guthrie, Soziologe und ehemaliger Mitarbeiter der Apple University, beschrieb kürzlich, wie das KPCh-Regime das Migrationsregime genutzt hat, um das (globale) Kapital bis heute mit Arbeitskräften zu versorgen: »Es gibt 350 Millionen Menschen, die im ganzen Land ›umherschweifen‹, aber eigentlich werden sie von der Regierung hin und her geschoben. Dieses System, mit dessen Hilfe die Regierung Arbeitskräfte gruppenweise bewegt, ist ungeheuer mächtig. Die chinesische Regierung schickt Menschen durch das ganze Land, damit sie in irgendeiner Fabrik arbeiten, die sie für die saisonale Produktion benötigt. Das ist erstaunlich. Es ist ein erstaunliches System« (Chris Marquis, »The China Story behind Apple's $3 trillion Valuation with Doug Guthrie«. SupChina, 7. Januar 2022. https://tinyurl.com/2utpe8bc [Zugriff am 20. April 2022]).

4 Für Informationen über Sun Zhigang siehe China Digital Space, »Sun Zhigang«, China Digital Space-Webseite, ohne Datum. https://tinyurl.com/2a95npra (Zugriff am 7. August 2022).

5 Jenny Chan und Mark Selden, »China's Rural Migrant Workers and Labour Politics«. In: Guo Yingjie, Hrsg., *Handbook on Class and Social Stratification in China* (Cheltenham/Northampton: Edward Elgar, 2016), S. 364; Pun Ngai, *Migrant Labor in China: Post-Socialist Transformations* (Cambridge: Polity Press, 2016), S. 68.

6 Siehe den ersten Abschnitt in Kapitel 4.

7 Für weitere Informationen über das Wohnheim-Arbeitsregime siehe Pun Ngai und Chris Smith, »Putting Transnational Labour Process

in its Place: The Dormitory Labour Regime in Post-socialist China«. *Work, Employment and Society*, Jg. 21, Nr. 1 (2007), S. 27–45.

8 Ching-Kwan Lee, »Pathways of labor activism«. In: Elizabeth J. Perry und Mark Selden, Hrsg., *Chinese Society: Change, Conflict and Resistance. Third Edition* (New York: Routledge, 2010), S. 65; Qin Ling, »Zwanzig Jahre Arbeiterwiderstand in Privatunternehmen an Chinas Ostküste«. In: Hao Ren u. a., *Streiks im Perlflussdelta. ArbeiterInnenwiderstand in Chinas Weltmarktfabriken*. Herausgegeben und übersetzt von Ralf Ruckus (Wien: Mandelbaum, 2014), S. 12–42.

9 James C. Scott, *Weapons of the Weak. Everyday Forms of Peasant Resistance* (New Haven/London: Yale University Press, 1985).

10 Zu Protesten von Wanderarbeiter:innen siehe unter anderem Manfred Elfstrom, *Workers and Change in China. Resistance, Repression, Responsiveness* (Cambridge/New York: Cambridge University Press, 2021); Manfred Elfstrom und Sarosh Kuruvilla, »The Changing Nature of Labor Unrest in China«. *ILR Review*, Jg. 67, Nr. 2 (April 2014), S. 453–480; Xu Zhun und Chen Ying, »Spatial Shift in China's Labour Struggles: Evidence and Implication«. *Journal of Labor and Society*, Jg. 22, Nr. 1 (März 2019), S. 129–138; Daniel Fuchs, »Going West – Industrial Relocation and Migrant Labour Unrest in Chengdu and Chongqing« (PhD diss., Department of Development Studies, SOAS, University of London, 2019); Chan und Selden, »China's Rural Migrant Workers«; Pun Ngai, *Migrant Labor in China*; Rho Sungmin, »The Workers' Dilemma: Collective Action and Factory Workers in China« (PhD diss., Department of Political Science der Stanford University, 2015). https://tinyurl.com/3dtx5t8f (Zugriff am 20. April 2022); Jeffrey Becker, *Social Ties, Resources, and Migrant Labor Contention in Contemporary China: From Peasants to Protesters* (Lanham/Boulder: Lexington Books, 2014); und Ching-Kwan Lee, »Pathways of labor activism«.

11 Rho Sungmin, »The Workers' Dilemma«, S. 55.

12 Elfstrom, *Workers and Change*, S. 33; Elfstrom und Kuruvilla, »The Changing Nature«, S. 457, 466.

13 Rho Sungmin, »The Workers' Dilemma«, S. 29, 31.

14 Silver, Beverly J., und Zhang Lu, »China als neuer Mittelpunkt der globalen Arbeiterunruhe«. *Prokla* 161, Jg. 40, Nr. 4 (2010), S. 605–618. https://tinyurl.com/bdz8844w (Zugriff am 8. Dezember 2022).

15 Christian Göbel, »Social Unrest in China: A Bird's-eye View«. In: Teresa Wright, Hrsg., *Handbook of Protests and Resistance in China* (Cheltenham/Northampton: Edward Elgar, 2019), S. 27–45; Jay Chen Chih-Jou, »A Protest Society Evaluated: Popular Protests in China, 2000–2019«. *Mobilization: An International Journal*, Jg. 25, Nr. 5 (2020), S. 641–660.

16 Zu Betriebsverlagerungen siehe Fuchs, »Going West«, Kapitel 5, und Xu Zhun und Chen Ying, »Spatial Shift«, S. 129f.; zu Standortverlagerungen und Lohnrückständen als Ursachen für Kämpfe in Shenzhen und Chongqing siehe Jake Lin, *Chinese Politics and Labor Movements* (Cham: Palgrave Macmillan, 2020), S. 172; zur Verlagerung der Kämpfe Richtung Westen siehe Xu Zhun und Chen Ying, »Spatial Shift«, S. 134f.

17 Siehe China Labour Bulletin, »Tower Crane Operators across China Organise Labour Day Strike over Low Pay«. China Labour Bulletin, 2. Mai 2018. https://tinyurl.com/yxnep823 (Zugriff am 20. April 2022); Wang Jiangsong, »The Significance of Crane Operators Across China Going on Strike«. China Change, 7. Mai 2018. https://tinyurl.com/s5fntx5a (Zugriff am 20. April 2022); und Tan Jiangying, »Truckers on Strike and the Structural Contradictions of China's Logistics Industry«. China Change, 15. Juni 2018. https://tinyurl.com/mtpy37cz (Zugriff am 20. April 2022).

18 Zu den verschiedenen Formen des Protests und Widerstands von Wanderarbeiter:innen siehe Elfstrom, *Workers and Change*, S. 27–31.

19 Die Gesamtzahl der Schlichtungs-, Vermittlungs- und Arbeitsgerichtsverfahren stieg seit den 1990er Jahren kontinuierlich an und stagnierte ab der zweiten Hälfte der 2010er Jahre auf hohem Niveau; siehe China Labour Bulletin, »Beijing Court Tells Employers to Resolve Labour Disputes through Negotiation«. China Labour Bulletin, 9. April 2018. https://tinyurl.com/ypr3afj9 (Zugriff am 20. April 2022) und Zhuang Wenjia und Chen Feng, »›Medi-

ate First‹: The Revival of Mediation in Labour Dispute Resolution in China«. *The China Quarterly* 222 (2015), S. 380–402.

20 Pun Ngai, *Migrant Labor in China*, S. 80f.

21 Die zweite Generation zeichnet sich angeblich durch »drei Hochs und ein Tief« (*san gao yi di*) aus: »hohes Bildungsniveau, hohe Erwartungen die berufliche Karriere betreffend und hohe Ansprüche bezüglich materieller und mentaler Genüsse, aber eine geringe Fähigkeit, Entbehrungen zu ertragen« (Rho Sungmin, »The Workers' Dilemma«, S. 30).

22 Chris Chan King-Chi, »The Challenge of Labour in China: Strikes and the Changing Labour Regime in Global Factories« (PhD diss., Department of Sociology, University of Warwick, 2008). https://tinyurl.com/bdfvhbyd (Zugriff am 20. April 2022), S. 30.

23 Chris Chan King-Chi und Pun Ngai, »The Making of a New Working Class? A Study of Collective Actions of Migrant Workers in South China«. *The China Quarterly* 198 (Juni 2009), S. 287–303.

24 Siehe Chan und Selden, »China's Rural Migrant Workers«, S. 362, Pun Ngai und Chris Chan King-Chi, »The Subsumption of Class Discourse in China«. *boundary 2*, Jg. 35, Nr. 2 (2008), S. 75–91; und Ann Anagnost, »From ›Class‹ to ›Social Strata‹: Grasping the Social Totalality in Reform-era China«. *Third World Quarterly*, Jg. 29, Nr. 3 (2008), S. 497–519.

25 Pun Ngai, *Migrant Labor in China*, S. 60.

26 Xu Zhun und Chen Ying, »Spatial Shift«, S. 136f.

27 Rho Sungmin bezeichnet diesen Prozess als »atomisierte Einbindung« (*automized incorporation*), was bedeutet, dass »der Staat die Arbeiter:innen als Individuen über juristische Kanäle institutionell einbindet und gleichzeitig isolierte Arbeiterproteste duldet. Der Staat hat jedoch auch immer wieder gezeigt, dass er entschlossen ist, jede entstehende organisierte Arbeiterbewegung im Keim zu ersticken« (Rho Sungmin, »The Workers' Dilemma«, S. 33f.).

28 Elfstrom, *Workers and Change*, S. 3.

29 Elfstrom unterscheidet ein »orthodoxes« Modell, das gegen begrenzte oder kleinere grenzüberschreitende Formen von Kämpfen eingesetzt wurde (die relativ leicht zu kontrollieren waren), und

ein »risikoreiches« Modell, das gegen größere grenzüberschreitende und transgressive Formen von Kämpfen eingesetzt wurde (die dem Staat größere Mühen bereiteten und Maßnahmen verlangten, die den Ausbruch weiterer Kämpfe erst möglich machen oder diese sogar provozieren konnten). Siehe Elfstrom, *Workers and Change*, S. 9.

30 Ebd., S. 6.

31 Chuang, »Seeing through Muddied Waters, Part 2: An Interview on Jasic and Maoist Labor Activism«. Chuang-Webseite, 2. Juli 2019. https://tinyurl.com/226ywhv6 (Zugriff am 20. April 2022).

32 Ein Phänomen, das nicht auf die Volksrepublik China beschränkt ist, siehe Aziz Choudry und Dip Kapoor, Hrsg., *NGOization. Complicity, Contradictions and Prospects* (London/New York: Zed Books, 2013).

33 Der Schwerpunkt liegt hier auf den NGOs, die sich auf Arbeitskämpfe bezogen. Feministische NGOs werden im vierten Abschnitt behandelt. Für eine kurze Geschichte der LGBTIQ*-NGOs in der Volksrepublik China, siehe Stephanie Wang Yingyi, »Unfinished Revolution. An Overview of Three Decades of LGBT Activism in China«. *Made in China Journal*, Jg. 6, Nr. 1 (2021), S. 90–95. https://tinyurl.com/56ej7u3d (Zugriff am 20. April 2022).

34 Aktivist:innen hatten in diesen Jahren in Hongkong mehr Spielraum, weil das britische Kolonialregime die Gründung unabhängiger Organisationen erlaubte. Auch nach der Übergabe Hongkongs an die Volksrepublik China im Jahr 1997 konnten die NGOs ihre Tätigkeit in der neuen Sonderverwaltungszone der Volksrepublik China fortsetzen. Bei der Organisierung und den Kämpfen von Arbeiter:innen in der an Hongkong angrenzenden Fabrikzone spielten sie fortan eine gewisse Rolle. Ab 2015 erhöhte das KPCh-Regime dann den Druck auf Gruppen, die Arbeiterkämpfe in der Volksrepublik China unterstützten, und 2020 und 2021 verschärfte es die Kontrolle über soziale Organisationen in Hongkong.

35 Die NGOs, die Arbeiter:innen unterstützten, füllten auch eine Lücke. Das KPCh-Regime ließ eine unabhängige Organisierung der Arbeiter:innen nicht zu. Die staatlichen Gewerkschaften des ACGB unterstützten die Kämpfe der Arbeiter:innen nicht, und die Arbei-

ter:innen akzeptierten die ACGB-Gewerkschaften nicht als legitime Vertreter ihrer Interessen gegenüber staatlichen und privaten Unternehmen. Die NGOs übernahmen in Regionen wie der Provinz Guangdong, in denen es viele Proteste gab, eine vermittelnde Rolle, organisierten materielle Unterstützung und »schulten« Wanderarbeiter:innen im Umgang mit ihren in Gesetzen und Verordnungen gewährten »Rechten«.

36 Chen Feng und Yang Xuehui, »Movement-oriented Labour NGOs in South China: Exit with Voice and Displaced Unionism«. *China Information*, Jg. 31, Nr. 2 (2017), S. 155–175. Moderate NGOs wurden von Aktivist:innen und linken Beobachter:innen auch für ihren Paternalismus und ihren Fokus auf gesetzliche Rechte und juristische Schulungen kritisiert. Siehe unter anderem Ching-Kwan Lee und Shen Yuan, »The Anti-Solidarity Machine? Labor Nongovernmental Organizations in China«. In: Sarosh Kuruvilla, Ching-Kwan Lee und Mary E. Gallagher, Hrsg., *From Iron Rice Bowl to Informalization: Markets, Workers, and the State in a Changing China* (Ithaca/London: ILR Press, 2011), S. 173–187; und Eli Friedman, »External Pressure and Local Mobilization: Transnational Activism and the Emergence of the Chinese Labor Movement«. *Mobilization*, Jg. 14, Nr. 2, (Juni 2009), S. 199–218.

37 Diana Fu, »Disguised Collective Action in China«. *Comparative Political Studies*, Jg. 50, Nr. 4 (2017), S. 499–527; Diana Fu, *Mobilizing without the Masses. Control and Contention in China* (Cambridge/New York: Cambridge University Press, 2018).

38 Rho Sungmin, »The Workers' Dilemma«, S. 41.

39 Für weitere Informationen siehe Kevin Lin, »Workers on the Move – the Lide Strike«. International Viewpoint, 14. Juli 2015. https://tinyurl.com/2n34ttec (Zugriff am 20. April 2022); China Labour Bulletin, »The Lide Shoe Factory Workers' Campaign for Relocation Compensation«. China Labour Bulletin, 22. Juni 2015. https://tinyurl.com/5c8a54ph (Zugriff am 20. April 2022); und Chen Feng und Yang Xuehui, »Movement-oriented Labour NGOs«. Das »Panyu Service-Zentrum für Wanderarbeiter:innen« gehörte zu den Gruppen, die bei den Razzien im Dezember 2015 ins Visier von Polizei

und Staatssicherheit standen (siehe den Unterabschnitt »Unterdrückung durch das Regime«).

40 Siehe die Webseite der Organisation: https://clb.org.hk.

41 Heute hat der Trotzkismus nur wenige Anhänger:innen in der Volksrepublik China. Das war in den 1920er und 1930er Jahren anders, also bevor Kampagnen und Säuberungen sie in den 1940er Jahren stark dezimierten.

42 Eine sehr nützliche Quelle war der Blog »Wickedonna« (*feixinwen*, wörtlich: Keine Neuigkeiten). Lu Yuyu und Li Tingyu durchsuchten täglich Online-Ressourcen und stellten eine Liste von Arbeitskämpfen im ganzen Land zusammen. Zwischen 2013 und 2016 sammelten sie etwa 70 000 Fälle, dann wurden sie von den Sicherheitskräften verhaftet und wegen »Streitprovokation und Unruhestiften« (*xunxin zishi*) angeklagt. Für weitere Informationen siehe Chuang, »Picking Quarrel. Lu Yuyu, Li Tingyu and the Changing Cadence of Class Struggle in China«. *Chuang Journal*, Nr. 2 (2019), S. 361–422. https://tinyurl.com/bddrmzd5 (Zugriff am 20. April 2022); Cao Yaxue, »Documenting Mass Protest Incidents: The Extraordinary Story of Two Ordinary Chinese«. China Change, 31. Oktober 2020. https://tinyurl.com/ya58sd7a (Zugriff am 20. April 2022); und den Wickedonna-Blog: https://newsworthknowingcn.blogspot.com.

43 Zu den Webseiten gehörten Utopia (*wu you zhi xiang*), China-Arbeiter:innen-Netz (*zhongguo gongren wang*), Neue Arbeiter:innen (*xin gongren wang*), Rote-Lieder-Gesellschaft (*zhongguo honge hui*), Linkes Ufer (*zuo an*) und Mao-Fahne (*maozedong qizhi wang*).

44 Elfstrom, *Workers and Change*, S. 35; Pun Ngai, Lu Huilin, Guo Yuhua und Shen Yuan, Hrsg., *iSlaves: Ausbeutung und Widerstand in Chinas Weltmarktfabriken*. Herausgegeben und übersetzt von Ralf Ruckus (Wien: Mandelbaum, 2013).

45 Shannon Lee, »›Doing Worker Work‹: Activist Workers and the Jasic Affair«. Shannon Lee's China Blog, 27. Februar 2019. https://tinyurl.com/26zheydt (Zugriff am 20. April 2022); Au Loong-Yu, »The Jasic Struggle in China's Political Context«. *New Politics*, Jg. XVII, Nr. 2 (2019). https://tinyurl.com/bddnnxds (Zugriff am 20. April 2022).

46 Yi Xi, »New Foundations for Struggle and Solidarity: The Culmination of Development and Privatization on a Guangzhou Island«. libcom.org, 7. Oktober 2014. https://tinyurl.com/e5frz8jx (Zugriff am 20. April 2022). Zu den Initiativen, die versuchten, feministische oder LGBTIQ*-Themen mit Problemen oder Protesten von Arbeiter:innen zu verbinden, gehören *ku'er gongyou* (Queere Arbeiter:innen) und *jianjiao buluo* (Pfeffer-Stamm); siehe Ian Tian Liujia, »Socialism from the Grassroots. New Directions of Leftist Organizing in Post-Socialist China«. *Upping the Anti*, Nr. 22 (30. Januar 2022). https://tinyurl.com/2p9uvha8 (Zugriff am 20. April 2022).

47 Siehe die Webseite der Unterstützergruppe: https://jiashigrsyt1.github.io/727oneyear (Zugriff am 20. April 2022).

48 Wong Sue-Lin, »Chinese Students Assaulted at Pro-Marxist Society Protest«. Reuters, 2. November 2018. https://tinyurl.com/2k2vew9z (Zugriff am 20. April 2022); Yang Yuan, »Inside China's Crackdown on Young Marxists. Why is the Communist Power Arresting and Detaining Leftist Students?« *Financial Times*, 14. Februar 2019. https://tinyurl.com/bdhwxrxd (Zugriff am 20. April 2022).

49 Für weitere Informationen über den Fall Jasic und die Kritik an der Strategie der maoistischen Gruppen siehe Zhang Yueran, »The Jasic Struggle and the Future of the Chinese Labour Movement«. *Made in China Journal*, Jg. 3, Nr. 3 (Juli bis September 2018), S. 12–17. https://tinyurl.com/mvwbvpzz (Zugriff am 20. April 2022); Shannon Lee, »Preliminary Thoughts on the Shenzhen Jasic Events«. Shannon Lee's China Blog, 17. September 2018. https://tinyurl.com/mbkhad2c (Zugriff am 20. April 2022), Chuang, »Seeing through Muddied Waters, Part 1: Jasic: Strikes and Unions«. Chuang-Webseite, 10. Juni 2019. https://tinyurl.com/5n6wdemc (Zugriff am 20. April 2022); Chuang, »Seeing through Muddied Waters, Part 2«; Qian Benli, »Jasic Struggle: Debate among Chinese Maoists«. *Against the Current*, Nr. 200 (Mai bis Juni 2019). https://tinyurl.com/89d84e8t (Zugriff am 20. April 2022); sowie Ralf Ruckus, »Critical Perspectives on the ›Jasic Movement‹ – Suitable Tactics of Intervention?« nqch.org, 18. Januar 2020. https://tinyurl.com/yeycuts3

(Zugriff am 20. April 2022), mit einer Liste englischer und chinesischer Artikel über die Auseinandersetzungen um Jasic.

50 Zum Chongqing-Modell und zur Unterstützung durch Maoist:innen und die Neue Linke siehe Cui Zhiyuan, »The Chongqing Experiment: The Way Forward for China?« In: Mark Leonard, Hrsg., *China 3.0* (London: European Council on Foreign Relations, 2012), S. 26–31; Wang Hui, »The Rumour Machine. Wang Hui on the Dismissal of Bo Xilai«. *London Review of Books*, Jg. 34, Nr. 9 (2012), S. 13f.; und Kerry Brown und Simone van Nieuwenhuizen, *China and the New Maoists* (London: Zed Books, 2016), Kapitel 4.

51 Chen Ziming, »Jian xi liang zhong Maopai: baohuangpai yu zaofanpai« (Eine kurze Analyse der beiden Typen von Maoist:innen: die Royalist:innen und die Rebell:innen). aisixiang.com, 6. Mai 2013. http://www.aisixiang.com/data/63649.html (Zugriff am 20. April 2022).

52 Chris Buckley und Andrew Jacobs, »Maoists in China, Given New Life, Attack Dissent«. *The New York Times*, 4. Januar 2015. http://nyti.ms/1KcSQiZ (Zugriff am 20. April 2022).

53 Arif Dirlik, »Back to the Future: Contemporary China in the Perspective of Its Past, Circa 1980«. In: Wang Ban und Lu Jie, Hrsg., *China and New Left Visions: Political and Cultural Interventions* (Lanham/Boulder: Lexington Books, 2012), S. 33f.

54 Zhao Suisheng, »Xi Jinping's Maoist Revival«. *Journal of Democracy*, Jg. 27, Nr. 3 (Juli 2016), S. 83–97.

55 Timothy Cheek und David Ownby, »Make China Marxist Again: Under Xi Jinping, the Chinese Communist Party has reembraced Marx. But Xi's state Marxism is a top-down attempt to unify the population behind a nationalist ideology, not to inspire class struggle«. *Dissent Magazine* (Herbst 2018). https://tinyurl.com/4r9yzpe7 (Zugriff am 20. April 2022).

56 Diese neuen Kampagnen stützen sich auf bestehende nationalistische Diskurse, die von der KPCh-Führung bedient werden, beispielsweise zur Behauptung gegenüber den Interessen oder dem Einfluss der Regime in den USA oder Japan. In der Vergangenheit haben vor allem Vertreter:innen der maoistischen Rechten natio-

nalistische Kampagnen unterstützt, zum Beispiel die weitgehend von der Regierung gesteuerten antijapanischen Proteste im Jahr 2012, bei denen es um die zwischen den Regimen der Volksrepublik China und Japans umstrittenen Diaoyu/Senkaku-Inseln ging; siehe Atsushi Okudera und Nozomu Hayashi, »Mao References in Anti-Japan Protests a Concern for Chinese Authorities«. *Asahi Shimbun*, 18. September 2012. https://tinyurl.com/ms2b7aru (Zugriff am 31. Juli 2022).

57 Ralf Ruckus, »Leitplanken für den Kapitalismus«. *WOZ*, 9. September 2021. https://tinyurl.com/v3r7bupx (Zugriff am 20. April 2022). In gewisser Weise ähneln die Förderung des »gemeinsamen Wohlstands« und die Intervention des Regimes in Arbeitskonflikte (zum Beispiel in der Gig-Ökonomie) den Verlautbarungen zur »harmonischen Gesellschaft« und den Maßnahmen, die Mitte und Ende der 2000er Jahre unter Hu Jintao ergriffen wurden. Beides sind begrenzte staatliche Eingriffe in die Klassenbeziehungen mit dem Ziel, soziale Spannungen zu verringern, ohne die kapitalistischen Strukturen zu verändern.

58 Zhang Yiqi, »Sheng wa shi jiashi yeshi guoshi« (Die Geburt eines Kindes geht nicht nur die Familie was an, sie ist auch eine Angelegenheit des Staats). *Renmin Ribao* (*Volkszeitung*), 6. August 2018. http://politics.people.com.cn/n1/2018/0806/c1001-30210179.html (Zugriff am 13. April 2022).

59 Friedrich Engels, »Der Ursprung der Familie, des Privateigentums und des Staats« [1884]. In: *Marx-Engels-Werke (MEW), Band 21* (Berlin: Dietz Verlag, 1962), S. 25–173. https://tinyurl.com/2p8ce5u5 (Zugriff am 8. Dezember 2022).

60 Marilyn B. Young, »Chicken Little in China: Women After the Cultural Revolution«. In: Sonia Kruks, Rayna Rapp und Marilyn B. Young, Hrsg., *Promissory Notes. Women in the Transition to Socialism* (New York: Monthly Review Press, 1989), S. 236.

61 In linken feministischen Kreisen war diese Position umstritten. Einige betonten eher die Verbesserungen für Frauen* in der Volksrepublik China in der sozialistischen Periode (beispielsweise in Bezug auf ihren rechtlichen Status und ihre Beteiligung an der Lohnar-

beit). Phyllis Andors prägte jedoch den Begriff der »unvollendeten Befreiung der chinesischen Frauen« im Sozialismus (Phyllis Andors, *The Unfinished Liberation of Chinese Women, 1949–1980* [Bloomington: Indiana University Press, 1983]). Und Judith Stacey schrieb, dass in der Volksrepublik China »der Sozialismus die Frauen nicht befreit hat, weil es sich erwiesen hat, dass die sozialistische Produktionsweise mit einem patriarchalen Geschlechtersystem vereinbar ist. [...] Der Sozialismus kann eine ins Wackeln geratene patriarchale Ordnung reformieren und umbauen, sodass sie auf neuen und festeren Fundamenten ruht« (Judith Stacey, *Patriarchy and Socialist Revolution in China* [Berkeley/Los Angeles: University of California Press, 1983], S. 266).

62 Das hängt in der Tat zusammen: Die Partei hatte auf dem Land die Kommunen aufgelöst, welche vorher die Geburtenkontrollmaßnahmen durchgeführt (und Frauen* kontrolliert) hatten. Nun fürchtete sie eine höhere Geburtenrate und führte die Ein-Kind-Politik ein, um eine solche Entwicklung zu verhindern.

63 Zur Prostitution siehe unter anderem Zheng Tiantian, *Red Lights: The Lives of Sex Workers in Postsocialist China* (Minneapolis/London: University of Minnesota Press, 2009); zu Formen des Konkubinats oder den »*ernai*« (Mätressen; wörtlich: zweite Ehefrau) siehe Xiao Suowei, »Women's Work: How ›Ernai‹ Mistresses Bolster Fragile Masculinity (Part 1)«. *Sixth Tone*, 15. Mai 2019. https://tinyurl.com/5c5xh8rd (Zugriff am 20. April 2022), und Xiao Suowei, »For Love or Money: What Drives China's Migrant Mistresses? (Part 2)«. *Sixth Tone*, 21. Mai 2019. https://tinyurl.com/6y96ph62 (Zugriff am 20. April 2022).

64 Zhang Qin, »Negotiating Change: The Emergence and Development of the Women's Movement in Contemporary China« (PhD Diss., Rutgers, State University of New Jersey, New Brunswick, 2008), S. 4.

65 Yan Hairong, *New Masters, New Servants: Migration, Development, and Women Workers in China* (Durham/London: Duke University Press, 2008), Kapitel 3.

66 Hannah Schling, »Gender, Temporality, and the Reproduction of Labour Power: Women Migrant Workers in South China«. *Sozial.*

Geschichte Online 14 (2014), S. 42–61. https://tinyurl.com/5n6bd4wh (Zugriff am 20. April 2022).

67 Liu Jieyu, *Gender and Work in Urban China: Women Workers of the Unlucky Generation* (London/New York: Routledge, 2007).

68 »Zwischen 1990 und 2010 sank das durchschnittliche Einkommen chinesischer Frauen in den Städten im Verhältnis zu den Männern von 78 auf 67 Prozent, während dieses Verhältnis bei Frauen auf dem Land von 79 auf 60 Prozent zurückging« (Dong Yige, »Does China Have a Feminist Movement from the Left?« *Made in China Journal*, Jg. 4, Nr. 1 [2019], S. 61 [unter Bezugnahme auf ACFV-Quellen]. https://tinyurl.com/y795fjf7 [Zugriff am 20. April 2022]).

69 Helen Davidson, »China's Birthrate Falls to 61-year Low Despite Moves to Stave Off Demographic Crisis«. *The Guardian*, 17. Januar 2022. https://tinyurl.com/4k674p75 (Zugriff am 20. April 2022).

70 Hier spielen mehrere Faktoren eine Rolle, darunter die »Überalterung« der Bevölkerung, die Tatsache, dass aufgrund der Ein-Kind-Politik ein Kind allein für die Situation seiner Eltern (oder sogar Großeltern) verantwortlich ist, die veränderte Einstellung der jüngeren Menschen in der Volksrepublik China zu ihren familiären Pflichten und der Anstieg der Kosten für Wohnen und Gesundheit.

71 Dazu zählen nicht nur die bloße Verweigerung von Heirat oder Kinderkriegen. Auch andere Formen der Auflehnung spielen eine Rolle, zum Beispiel die Entscheidung von Frauen*, sich nur auf ihre Karriere zu konzentrieren oder »nach oben zu heiraten«, ohne den Erwartungen zu entsprechen und Ehemännern oder männlichen Verwandten gegenüber gehorsam zu sein. Zum »Made-in-China«-Feminismus siehe Angela Wu Xiao und Dong Yige, »What is Made-in-China Feminism(s)? Gender Discontent and Class Friction in Post-socialist China«. *Critical Asian Studies*, Jg. 51, Nr. 4 (2019), S. 1–22.

72 Zeng Jinyan, »Chinese Feminism under (Self-)Censorship: Practice and Knowledge Production«. *Made in China Journal*, Jg. 6, Nr. 2 (2021), S. 166. https://tinyurl.com/2p8y75kc (Zugriff am 20. April 2022).

73 Peter Zarrow, »He Zhen and Anarcho-feminism in China«. *Journal of Asian Studies*, Jg. 47, Nr. 4 (November 1988), S. 796–813; Amy Qin,

»Qiu Jin (1875–1907) – A Feminist Poet and Revolutionary Who Became a Martyr Known as China's ›Joan of Arc‹«. *The New York Times*, 8. März 2018. https://www.nytimes.com/interactive/2018/obituaries/overlooked-qiu-jin.html (Zugriff am 20. April 2022); und Sharon R. Wesoky, »Bringing the Jia Back into Guojia: Engendering Chinese Intellectual Politics«. *Signs: Journal of Women in Culture and Society*, Jg. 40, Nr. 3 (2015), S. 647–666.

74 Zhang Qin, »Negotiating Change«, S. 126.

75 Christina Gilmartin, »Gender, Politics, and Patriarchy in China: The Experiences of Early Women Communists, 1920–27«. In: Kruks et al., *Promissory Notes*, S. 101. Mehr dazu in den folgenden Unterabschnitten.

76 Wang Zheng erwähnt die »frühe Verwendung des Begriffs ›Staatsfeministinnen‹ für Feministinnen, die als Bürokratinnen Machtpositionen besetzen oder sich als Politikerinnen für eine Politik der Gleichstellung der Geschlechter einsetzen« (Wang Zheng, »›State Feminism‹? Gender and Socialist State Formation in Maoist China«. *Feminist Studies*, Jg. 31, Nr. 3 [2005], S. 519). Für eine Erörterung des Begriffs »Staatsfeminismus« siehe Dorothy McBride Stetson und Amy Mazur, Hrsg., *Comparative State Feminism* (Thousand Oaks/London: Sage Publications, 1995). Die ACFV betreibt eine englischsprachige Webseite: https://www.womenofchina.cn.

77 Jin Yihong, »The All-China Women's Federation: Challenges and Trends«. In: Hsiung Ping-Chun, Maria Jaschok und Cecilia Milwertz, Hrsg., *Chinese Women Organizing: Cadres, Feminists, Muslims, Queers* (Oxford/New York: Berg, 2001), S. 125f.

78 So förderte die ACFV beispielsweise aktiv die Wiederbeschäftigung arbeitsloser Arbeiterinnen aus Staatsbetrieben in der Stadt als Hausangestellte; siehe Astrid Lipinsky, *Der Chinesische Frauenverband: Eine kommunistische Massenorganisation unter marktwirtschaftlichen Bedingungen* (Berlin: LIT Verlag, 2006), S. 230ff.

79 Maria Jaschok, Cecilia Milwertz und Hsiung Ping-Chun, »Introduction«. In: Hsiung Ping-Chun et al., *Chinese Women Organizing*, S. 9.

80 Zhang Qin, »Negotiating Change«, S. 4. Laut Wang Zheng ist es dennoch wichtig anzuerkennen, dass Frauen* in der Volksrepublik

China innerhalb der staatlichen Strukturen Räume finden, um sich für die Interessen von Frauen* einzusetzen – trotz der »patriarchalen zentralisierten Machtstruktur« und der Dominanz des »patriarchalen Staates« (Wang Zheng, »State Feminism«, S. 520).

81 Jaschok et al., »Introduction«, S. 9.

82 Die Debatten und unterschiedlichen Positionen von Feministinnen in der Volksrepublik China wurden teilweise von den Diskussionen über »Gleichheit« und »Differenz« in den USA und anderen (westlichen) Ländern in den 1980er und 1990er Jahren inspiriert und weisen daher Ähnlichkeiten auf. Kritik an feministischen Positionen, die sich auf Geschlecht und Differenz konzentrieren, kam später auch von Feministinnen in der Volksrepublik China, beispielsweise von den kritisch-sozialistischen Feministinnen (siehe den nächsten Unterabschnitt).

83 Zhang Qin, »Negotiating Change«, S. 6. Es ging um Verbesserungen für Frauen* und den Kampf gegen sexistische Gewalt, und einige dieser Aktivitäten füllten auch die Lücken, die der teilweise Rückzug des Staates aus der Sozialfürsorge und Bildung für Frauen* in der Reformperiode geschaffen hatte.

84 Elizabeth Croll, »New Spaces, New Voices: Women Organizing in Twentieth-Century China«. In: Hsiung Ping-Chun et al., *Chinese Women Organizing*, S. 35; Zhang Qin, »Negotiating Change«, S. 5, 112, 119. Das Global Feminisms Project führte Interviews mit einigen ACFV-Kadern, die in den 1990er und frühen 2000er Jahren auch in feministischen NGOs tätig waren; siehe Global Feminisms Project, »China Interviews«. Global Feminisms Project-Webseite (2021). https://tinyurl.com/3br6rz3n (Zugriff am 20. April 2022).

85 Jaschok et al., »Introduction«, S. 13.

86 Nicola Spakowski verwendet diesen Begriff; siehe Nicola Spakowski, »Socialist Feminism in Postsocialist China«. *positions*, Jg. 26, Nr. 4 (2018), S. 561–592.

87 Auch andere spielten eine Rolle in den Diskussionen um den kritisch-sozialistischen Feminismus, darunter Yan Hairong, Pun Ngai, Zhong Xueping, Bai Di, Lü Xinyu, He Guimei, Gao Xiaoxian und Zuo Jiping (Spakowski, »Socialist Feminism«, S. 562f.).

88 Ebd., S. 567; Dong Limin, »Nüxingzhuyi: Bentuhua ji qi weidu (Feminismus: Indigenisierung und ihre Dimensionen)«. *Nankai Xuebao*, Nr. 2 (2005), S. 11. Die Dominanz feministischer Akteurinnen aus den USA und anderen »westlichen« Ländern in den theoretischen Debatten und bei der Organisierung war in den 1990er Jahren auch in Osteuropa zu beobachten. Sie spiegelt die Reproduktion ungleicher und neokolonialer Verhältnisse in sozialen und linken Bewegungen wider. Eine Schwäche dieser Kritik ist die Verallgemeinerung von »westlich« und die einfache Gegenüberstellung von »westlichem« Feminismus und »östlichem« (oder chinesischem) Feminismus. Die Vielstimmigkeit der Debatten zu feministischen Themen innerhalb der »westlichen« Welt (Nordamerika, Europa, Australien/Neuseeland) wird unterschätzt und, was noch wichtiger ist, andere feministische Strömungen, die eine Rolle in den globalen Debatten spielen, werden ignoriert, das heißt die Vielzahl feministischer Positionen, die in den lokalen Erfahrungen in »östlichen« Weltregionen (Osteuropa, Ostasien) und »südlichen« Weltregionen (Afrika, Südamerika, Mittlerer Osten, Süd- und Südostasien, Pazifik) verwurzelt sind.

89 Spakowski, »Socialist Feminism«, S. 578f.

90 Ebd., S. 569; siehe auch Wesoky, »Bringing the Jia Back into Guojia«.

91 Zur Kritik von Nancy Fraser siehe unter anderem Nancy Fraser, »Feminism, Capitalism and the Cunning of History«. *New Left Review* 56 (2009), S. 97–117.

92 Dazu gehörten auch Gruppen, die sich aufgrund von (damals) von einigen Fraueninitiativen nicht anerkannten Belangen organisierten – beispielsweise Initiativen von Lesben. Siehe He Xiaopei, »Chinese Queer (Tongzhi) Women Organizing in the 1990s«. In: Hsiung Ping-Chun et. al., *Chinese Women Organizing*, S. 41–59.

93 Zhang Qin, »Negotiating Change«, S. 102.

94 Lü Pin, »Finding a Voice. A Leading Chinese Feminist Tells her Story«. *Logic*, Nr. 7 (2019). https://tinyurl.com/4b8ambdj (Zugriff am 20. April 2022).

95 Dong Yige, »Does China Have a Feminist Movement from the Left?«, S. 59.

96 Für weitere Informationen (und Fotos) zu den Straßenaktionen siehe Mimiyana, »Zhongguo qingnian nüquan yundong jianshi – shang (2012–2013)« (Kurze Geschichte der Bewegung junger Feministinnen in China, Teil 1, 2012–2013). chinesefeminism.org (5. April 2021). https://tinyurl.com/mv3upcrj (Zugriff am 20. April 2022) und Mimiyana, »Zhongguo qingnian nüquan yundong jianshi – xia (2014–2019)« (Kurze Geschichte der Bewegung junger Feministinnen in China, Teil 2, 2014–2019). chinesefeminism.org (5. April 2021). https://tinyurl.com/yc7tck5h (Zugriff am 20. April 2022).

97 Dong Yige, »Does China Have a Feminist Movement from the Left?«, S. 60.

98 Feministinnen in der Volksrepublik China (oder aus der Volksrepublik China) haben den Hashtag #MeToo angepasst, auch um die Zensur zu umgehen, und das Zeichen für *mi* (für Reis auf Chinesisch) und *tu* (für Kaninchen) verwendet.

99 »Drei zentrale Merkmale der #MeToo-Bewegung in China ermöglichten ihre Entstehung und Ausbreitung in einem autoritären, repressiven, strikt kontrollierten und überwachten Parteistaat: (1) die dezentrale Organisierung durch zahlreiche nichtprofessionelle Aktivistinnen [Gruppen von Leuten, die sich aus eigenem Antrieb beteiligten und oft nicht gut kannten]; (2) die umfangreiche Nutzung sozialer Medien [Menschen, die wussten, wie man die Zensur vorübergehend überlistet]; und (3) die aktive Zusammenarbeit von Leuten im In- und Ausland [einschließlich der Diaspora-Gruppen von Feministinnen, die China zuvor zum Teil aufgrund von Unterdrückungsmaßnahmen verlassen hatten]« (Xiong Jing und Dušica Ristivojević, »#MeToo in China: How Do the Voiceless Rise Up in an Authoritarian State?« *Politics & Gender*, Jg. 17, Nr. 3 [2021], S. 490).

100 Xiong Jing und Ristivojević, »#MeToo in China«, S. 494.

101 Zhang Qin, »Negotiating Change«, S. 104.

102 Wang Zheng, »Detention of the Feminist Five in China«. *Feminist Studies*, Jg. 41, Nr. 2 (2015), S. 476–482.

103 Xiong Jing und Ristivojević, »#MeToo in China«, S. 492.

104 Feng Jiayun, »China Contemplates Better Laws to Promote Gender Equality, but Remains Hostile to ›Radical‹ Feminist Campaigns«.

SupChina, 22. Dezember 2021. https://tinyurl.com/36t2f35f (Zugriff am 20. April 2022).

105 Xiong Jing und Ristivojević, »#MeToo in China«, S. 497, mit Verweis auf das Zivilgesetzbuch der Volksrepublik China, Artikel 1010, das am 1. Januar 2021 in Kraft trat.

106 Zeng Jinyan, »Chinese Feminism under (Self-)Censorship«, S. 166.

107 Elfstrom, *Workers and Change*, S. 13.

Kapitel 6 – Fazit

1 Die Kontinuität von Arbeiterunruhen und Streiks zwischen den frühen 1970er und den späten 1980er Jahren ist noch nicht gut dokumentiert und bedarf weiterer Untersuchungen.

2 Das Buch deckt nicht alle sozialen Proteste seit 1949 in der Volksrepublik China ab. Nicht behandelt werden beispielsweise die Proteste von Bäuerinnen und Bauern während des Großen Sprungs Ende der 1950er und Anfang der 1960er Jahre oder ihre Proteste der letzten Jahre gegen die Kapitalisierung der Landwirtschaft und den Landraub.

3 Elizabeth J. Perry, »Shanghai's Strike Wave of 1957«. *The China Quarterly* 137 (März 1994), S. 25.

4 Für eine historische Darstellung des Einsatzes von Zugeständnissen, Vereinnahmung und Repression durch das KPCh-Regime zur Eindämmung sozialer Bewegungen und des Widerstands von unten in der Volksrepublik China von 1949 bis heute sowie der Wirkung der Kämpfe von unten siehe Ralf Ruckus, *The Communist Road to Capitalism: How Social Unrest and Containment Have Pushed China's (R)evolution since 1949* (Oakland: PM Press, 2021).

5 Siehe Yang Guobin, *The Red Guard Generation and Political Activism in China* (New York: Columbia University Press, 2016).

6 Die Linke in (West-)Deutschland, dem in der Einleitung genannten Beispiel, konnte sich unter ganz andere Bedingungen entwickeln. Linke Akteure hatten meist die Möglichkeit, sich sozial und politisch offen zu organisieren, politische Programme zu veröffentlichen,

Kritik zu üben und sich an öffentlichen Debatten über Ausbeutung, Repression und die Rolle des Staates zu beteiligen. Allerdings mussten sich linke Kräfte auch in Deutschland gegen Unterdrückungsmaßnahmen wehren. Dazu gehörten in Westdeutschland (und nach der Wiedervereinigung 1990 in ganz Deutschland) zum Beispiel Parteiverbote, die Kriminalisierung linker Mobilisierungen, polizeiliche Schikanen und auch Berufsverbote für den öffentlichen Dienst. Aufgrund des Ausmaßes, der Härte und der Dauer der Maßnahmen gegen (oppositionelle) Linke in der Volksrepublik China entstand dort eine besondere Sphäre linker Aktivitäten, die sich im Laufe der Zeit veränderte. Es ist wichtig zu erwähnen, dass die Maßnahmen, mit denen linke Dissident:innen in der DDR von den späten 1940er Jahren bis 1989 konfrontiert waren, denen in der Volksrepublik China durchaus ähnlich waren.

7 Für eine ausführliche Erörterung dessen siehe Ruckus, *The Communist Road to Capitalism*, Conclusion.

8 Kurze Definitionen dieser vier Begriffe finden sich im dritten Abschnitt von Kapitel 1. Zu Ausbeutung siehe auch die Fußnote 10 in diesem Kapitel.

9 Um genauer zu unterscheiden und jede Gruppe oder Strömung nicht nur einem der vier Quadrate, sondern einer bestimmten Position entlang der beiden Skalen zuzuordnen, wären (wie in Kapitel 1 erwähnt) weitere Untersuchungen und genauere Informationen über ihre Haltungen zur Verteilung von Reichtum und Macht erforderlich. Wichtig in dem Zusammenhang wären zum Beispiel ihre Positionen zu Arbeitsbeziehungen, Geschlechterpolitik, Migrationsregimen, Umweltpolitik, der Hierarchie innerhalb der Organisationen und (direkter) Demokratie. Eine entsprechende Analyse würde den Rahmen dieser Untersuchung sprengen.

10 Der Begriff »ausbeuterisch« wird hier für die sozialistische und die kapitalistische Periode verwendet, die Mechanismen der Ausbeutung unterschieden sich jedoch in gewisser Weise. In beiden Perioden wurde die Arbeit von Frauen*, die in der Regel nicht oder nur gering entlohnt wurde, für die Reproduktion der Arbeitskraft ausgebeutet. Städtische und ländliche Arbeiter:innen mussten länger ar-

beiten als für ihre Reproduktion notwendig, und das Ergebnis ihrer überschüssigen Arbeit wurde angeeignet, akkumuliert und umverteilt. In der sozialistischen Periode geschah dies durch das staatliche System der Beschaffung, Preisbildung, Besteuerung und Allokation. Die meisten Bäuerinnen, Bauern und prekär Beschäftigten lebten in ärmlichen Verhältnissen, hatten niedrige Löhne und kaum Zugang zu Vergünstigungen, Sozialleistungen, höherer Bildung oder Positionen mit wirtschaftlichem oder politischem Einfluss und Macht, während bestimmte Teile der städtischen Beschäftigten bessere Bedingungen und Möglichkeiten hatten. Staatliche Kader der oberen Ebenen nutzten ihren Status, um höhere Einkommen und einen viel besseren Zugang zu Vergünstigungen, Sozialleistungen, höherer Bildung und Positionen mit wirtschaftlichem und politischem Einfluss und Macht zu erhalten. In der kapitalistischen Periode eigneten sich private und staatliche Unternehmer geschaffenen Mehrwert an, strebten nach persönlichen Gewinnen und nahmen Einfluss auf die politische Macht, während die staatlichen Strukturen weiterhin eine zentrale Rolle in der Reproduktion und Sicherung der Ausbeutungsmechanismen spielten.

11 Nicht verzeichnet ist hier die rechte, liberale oder pro-»westliche« und prokapitalistische Opposition gegen das KPCh-Regime, die sich zu verschiedenen Zeiten zwischen 1949 und den späten 1980er Jahren herausbildete. Diese Form der Opposition spielte zum Beispiel während der Hundert-Blumen-Bewegung 1957 und der Demokratiemauer-Bewegung 1978–1980 eine Rolle. Meist blieben die entsprechenden Gruppen klein und isoliert, und sie wurden hart unterdrückt (unter anderem durch Kampagnen gegen Rechte, die auch andere politische Strömungen trafen).

12 Für eine detaillierte Darstellung der Liberalen in der Volksrepublik China seit den 1990er Jahren siehe Li Junpeng, »The Making of Liberal Intellectuals in Post-Tiananmen China« (PhD Diss., Graduate School of Arts and Sciences, Columbia University, New York, 2017). https://tinyurl.com/2wuc8vrn (Zugriff am 20. April 2022). Zu den Liberalen gehörten »linke« Liberale, die für eine egalitärere Verteilung des Wohlstands eintraten. Sie bewegten sich irgendwo

am Rande zwischen dem linken unteren und dem rechten unteren Quadrat. Andere rechtsgerichtete Tendenzen standen für Nationalismus, Faschismus, männliche Vorherrschaft oder Han-Vorherrschaft. Sie tauchten innerhalb und außerhalb der KPCh auf, werden hier jedoch nicht analysiert.

13 Das historische Scheitern des Marxismus-Leninismus und der Sozialdemokratie wird in kurzer Form erörtert im Abschnitt »Failure of the Leftist Grand Narratives« in Ruckus, *The Communist Road to Capitalism*, S. 182ff.

14 Mao Tse-Tung, »The Debate on the Co-operative Transformation of Agriculture and the Current Class Struggle (October 11, 1955)«, in: *Selected Workers of Mao Tse-tung, vol. 5* (Oxford/New York: Pergamon Press, 1977), S. 230f.

15 Chen Feng, »An Unfinished Battle in China: The Leftist Criticism of the Reform and the Third Thought Emancipation«. *The China Quarterly* 158 (1999), S. 466.

16 Als das KPCh-Regime unter Xi Jinping im Jahr 2021 begann, den »gemeinsamen Wohlstand« (*gongtong fuyu*) zu fördern und private Unternehmen aufzufordern, einen Beitrag zur Gesellschaft zu leisten, sahen Kommentatoren dies als Zeichen für die sozialistische Ausrichtung des Regimes. In Wirklichkeit fördert die KPCh eine begrenzte Umverteilung des Wohlstands, um die soziale Stabilität zu erhalten. Ihre Programme zur Armutsbekämpfung oder andere Wohlfahrtsmaßnahmen sind Teil einer quasi-keynesianischen Politik. Siehe Ralf Ruckus, »Leitplanken für den Kapitalismus«. *WOZ*, 9. September 2021. https://tinyurl.com/v3r7bupx (Zugriff am 20. April 2022).

17 Auf weitere Einflüsse kann hier nicht eingegangen werden, beispielsweise auf den Neokonservatismus. Dessen Thesen waren »als theoretischer Treibstoff für die Entwicklung der KPCh-Ideologie in den letzten drei Jahrzehnten von entscheidender Bedeutung. Die Berufung eines ehemaligen neokonservativen Intellektuellen, Wang Huning, in den Ständigen Ausschuss des Politbüros, das höchste Gremium der KPCh, im Jahr 2017 ist ein Hinweis auf den anhaltenden Einfluss auf nachfolgende Führungsgenerationen. In der Tat

kann die Artikulation des ›Chinesischen Traums‹ unter Xi Jinping als Amalgam betrachtet werden aus dem neokonfuzianischen Appell für eine meritokratische Elitenführung und einer neokonservativen Verteidigung der ›autoritären Moderne‹« (Andreas Møller Mulvad, »China's ideological spectrum: a two-dimensional model of elite intellectuals' visions«. *Theory and Society*, Jg. 47 [2018], S. 645).

18 Die politischen Interventionen und finanziellen Investitionen der KPCh in die marxistische Wissenschaft bringen ihr auch die Unterstützung von Teilen der Linken in anderen Weltregionen ein.

19 Diejenigen, die nicht der offiziellen Linie folgen, sehen sich auch Online-Angriffen von Anhänger:innen der KPCh ausgesetzt, wie den sogenannten »kleinen Rosafarbenen« (*xiaofenhong*; junge Freiwillige, die beispielsweise auf Twitter oder Instagram aktiv sind und Menschen angreifen, die das KPCh-Regime kritisieren) oder der »50-Cent-Armee« (*wumao dang*; vom Staat bezahlte Online-Kommentatoren, die das KPCh-Regime unterstützen); siehe Fang Kecheng und Maria Repnikova, »Demystifying ›Little Pink‹: The Creation and Evolution of a Gendered Label for Nationalistic Activists in China«. *New Media & Society*, Jg. 20, Nr. 6 (2018), S. 2062–2086; Han Rongbin, »Defending the Authoritarian Regime Online: China's,›Voluntary Fifty-cent Army‹«. *The China Quarterly* 224 (2015), S. 1006–1025; und Jason Y. Wu, »Categorical Confusion: Ideological Labels in China«. Political Research Quarterly, zuerst online am 9. September 2020, S. 8. https://tinyurl.com/yskye96d (Zugriff am 20. April 2022).

20 Arif Dirlik, »Back to the Future: Contemporary China in the Perspective of Its Past, Circa 1980«. In: Wang Ban und Lu Jie, Hrsg., *China and New Left Visions: Political and Cultural Interventions* (Lanham/Boulder: Lexington Books, 2012), S. 18.

21 Cheng Yinghong, »Che Guevara: Dramatizing China's Divided Intelligentsia at the Turn of the Century«. *Modern Chinese Literature and Culture*, Jg. 15, Nr. 2 (Herbst 2003), S. 27.

22 Wer den chinesischen Nationalismus oder das gegenwärtigen KPCh-Regimes unterstützte, billigt nicht nur die autoritäre Politik der KPCh in der Volksrepublik China, einschließlich ihrer neokolonia-

len Strategie in Xinjiang, sondern auch ihr expansionistisches oder sogar imperialistisches Vorgehen weltweit und ihre Unterstützung kapitalistischer und autoritärer Regime in anderen Teilen der Welt.

23 Eine Liste zentraler Elemente linker Politik sowie eine weitere mit Vorschlägen für eine linke Strategie findet sich in Ruckus, *The Communist Road to Capitalism*, Conclusion, dritter Abschnitt.

24 Für eine ausführlichere Erörterung der Instabilität des KPCh-Regimes siehe ebenda, S. 173ff.

25 Manfred Elfstrom, *Workers and Change in China. Resistance, Repression, Responsiveness* (Cambridge/New York: Cambridge University Press, 2021), S. 161.

Epilog

1 Siehe z. B. Jack Shenker, »This Wave of Global Protest Is Being Led by the Children of the Financial Crash«. *Guardian*, 29. Oktober 2019. https://tinyurl.com/yy76gfw8 (Zugriff am 31. Juli 2022); und Joseph Choonara, »A New Cycle of Revolt«. *International Socialism*, Nr. 165, Dezember 2019. https://tinyurl.com/yckztb8r (Zugriff am 31. Juli 2022).

2 Nikhil Kumar, »War, Protest and Spiking Prices: How spiraling inflation is setting the world on fire. As the Ukraine rages on, driving up the cost of fuel and food, high prices have sparked unrest around the world«. *Grid*, 6. Juli 2022. https://tinyurl.com/24ynek9j (Zugriff am 31. Juli 2022).

Literatur

Ahlers, Anna L. *Rural Policy Implementation in Contemporary China: New Socialist Countryside*. London/New York: Routledge, 2014.

Anagnost, Ann. »From ›Class‹ to ›Social Strata‹: Grasping the Social Totality in Reform-era China«. *Third World Quarterly*, Jg. 29, Nr. 3 (2008), S. 497–519.

Andors, Phyllis. *The Unfinished Liberation of Chinese Women, 1949–1980*. Bloomington: Indiana University Press, 1983.

Andors, Stephen. *China's Industrial Revolution: Politics, Planning, and Management, 1949 to the Present*. New York: Pantheon Books, 1977.

Andreas, Joel. *Disenfranchised: The Rise and Fall of Industrial Citizenship in China*. Oxford: Oxford University Press, 2019.

Andreas, Joel, und Dong Yige. »The Brief, Tumultuous History of ›Big Democracy‹ in China's Factories«. *Modern China*, Jg. 44, Nr. 5 (2018), S. 455–496.

Au Loong-Yu. »The Jasic Struggle in China's Political Context«. *New Politics*, Jg. XVII, Nr. 2 (2019). https://tinyurl.com/bddnnxds (Zugriff am 20. April 2022).

Barme, Geremie R., Hrsg. *Shades of Mao: The Posthumous Cult of the Great Leader*. New York/London: M. E. Sharpe, 1996.

Barme, Geremie R. »The Irresistible Fall and Rise of Chairman Mao«, in: *Shades of Mao: The Posthumous Cult of the Great Leader*, herausgegeben von Geremie R. Barme, S. 3–73. New York/London: M. E. Sharpe, 1996.

Becker, Jeffrey. *Social Ties, Resources, and Migrant Labor Contention in Contemporary China: From Peasants to Protesters*. Lanham/Boulder: Lexington Books, 2014.

Benton, Gregor, und Alan Hunter, Hrsg. *Wild Lily, Prairie Fire: China's Road to Democracy, Yan'an to Tian'anmen, 1942–1989*. Princeton: Princeton University Press, 1995.

Benton, Gregor, und Alan Hunter. »Introduction«, in: *Wild Lily, Prairie Fire: China's Road to Democracy, Yan'an to Tian'anmen, 1942–1989*, herausgegeben von Gregor Benton and Alan Hunter, S. 3–68. Princeton: Princeton University Press, 1995.

Bernstein, Thomas P. »Instability in Rural China«, in: *Is China Unstable? Assessing the Factors*, herausgegeben von David Shambaugh, S. 95–111. Armonk/London: M. E. Sharpe, 2000.

Bernstein, Thomas P., und Lu Xiaobo. *Taxation without Representation in Contemporary Rural China*. Cambridge/New York: Cambridge University Press, 2003.

Blanchette, Jude. *China's New Red Guards: The Return of Radicalism and the Rebirth of Mao Zedong*. Oxford: Oxford University Press, 2019.

Blecher, Marc. »Hegemony and Workers' Politics in China«. *The China Quarterly* 170 (Juni 2002), S. 283–303.

Brodsgaard, Kjeld Erik. »The Democracy Movement in China, 1978–1979: Opposition Movements, Wall Poster Campaigns, and Underground Journals«. *Asian Survey*, Jg. 21, Nr. 7 (Juli 1981), S. 747–774.

Brodsgaard, Kjeld Erik. »Paradigmatic Change: Readjustment and Reform in the Chinese Economy, 1953–1981, Part I«. *Modern China*, Jg. 9, Nr. 1 (1983), S. 37–83.

Brown, Kerry, und Simone van Nieuwenhuizen. *China and the New Maoists*. London: Zed Books, 2016.

Bryson, Maurice C., und William R. McDill. »The Political Spectrum: A Bi-dimensional Approach«. *Rampart Journal of Individualist Thought*, Jg. IV, Nr. 2 (1968), S. 19–26. https://tinyurl.com/2p8d6zbr (Zugriff am 20. April 2022).

Buckley, Chris, und Andrew Jacobs. »Maoists in China, Given New Life, Attack Dissent«. *The New York Times*, 4. Januar 2015. http://nyti.ms/1KcSQiZ (Zugriff am 20. April 2022).

Byler, Darren. *Terror Capitalism: Uyghur Dispossession and Masculinity in a Chinese City*. Durham: Duke University Press, 2021.

Byler, Darren. »An der Seite der Unterdrückten. Zu Kolonialismus und Terror-Kapitalismus in Xinjiang«. nqch.org, 17. März 2021. https://tinyurl.com/ppvdt5kk (Zugriff am 27. November 2022).

Cai Yongshun. *State and Laid-off Workers in Reform China: The Silence and Collective Action of the Retrenched*. London/New York: Routledge, 2006.

Cai Yongshun. »State Policies and Chinese Laid-off Workers' Limited Resistance«, in: *Laid-off Workers in a Workers' State: Unemployment with Chinese Characteristics*, herausgegeben von Thomas B. Gold, William Hurst, Won Jaeyoun und Li Qiang, S. 203–223. New York: Palgrave Macmillan, 2009.

Calhoun, Craig, und Jeffrey N. Wasserstrom. »The Cultural Revolution and the Democracy Movement of 1989: Complexity in Historical Connections«, in: *The Chinese Cultural Revolution Reconsidered: Beyond Purge and Holocaust*, herausgegeben von Law Kam-yee, S. 241–261. Basingstoke/New York: Palgrave Macmillan, 2003.

Cao Yaxue. »Documenting Mass Protest Incidents: The Extraordinary Story of Two Ordinary Chinese«. China Change, 31. Oktober 2020. https://tinyurl.com/ya58sd7a (Zugriff am 20. April 2022).

Chan, Anita. »China's Long Winter«. *Monthly Review*, Jg. 41, Nr. 8 (Januar 1990), S. 1–14.

Chan, Anita. »Protest in a Hunan County Town: The Profile of a Democracy Movement Activist in China's Backwaters«, in: *The Prodemocracy Protests in China: Reports from the Provinces*, herausgegeben von Jonathan Unger, S. 137–149. Armonk: M. E. Sharpe, 1991.

Chan, Anita, und Jonathan Unger. »Voices from the Protest Movement, Chongqing, Sichuan«. *Australian Journal of Chinese Affairs* 24 (Juli 1990), S. 259–279.

Chan, Anita, Stanley Rosen und Jonathan Unger, Hrsg. *On Socialist Democracy and the Chinese Legal System: The Li Yizhe Debates*. Armonk: M. E. Sharpe, 1985.

Chan, Jenny, und Mark Selden. »China's Rural Migrant Workers and Labour Politics«, in: *Handbook on Class and Social Stratification in China*, herausgegeben von Guo Yingjie, S. 362–382. Cheltenham/Northampton: Edward Elgar, 2016.

Chan King-Chi, Chris. »The Challenge of Labour in China: Strikes and the Changing Labour Regime in Global Factories«. PhD diss., Department of Sociology, University of Warwick, 2008. https://tinyurl.com/bdfvhbyd (Zugriff am 20. April 2022).

Chan King-Chi, Chris, und Pun Ngai. »The Making of a New Working Class? A Study of Collective Actions of Migrant Workers in South China«. *The China Quarterly* 198 (Juni 2009), S. 287–303.

Chang, Parris H. »The Anti-Lin Piao and Confucius Campaign: Its Meaning and Purposes«. *Asian Survey*, Jg. 14, Nr. 10 (Oktober 1974), S. 871–886.

Cheek, Timothy, und David Ownby. »Make China Marxist Again: Under Xi Jinping, the Chinese Communist Party has reembraced Marx. But Xi's state Marxism is a top-down attempt to unify the population behind a nationalist ideology, not to inspire class struggle«. *Dissent Magazine* (Herbst 2018). https://tinyurl.com/4r9yzpe7 (Zugriff am 20. April 2022).

Chen Chih-Jou, Jay. »A Protest Society Evaluated: Popular Protests in China, 2000–2019«. *Mobilization: An International Journal*, Jg. 25, Nr. 5 (2020), S. 641–660.

Chen Chih-Jou, Jay. »Peasant Protests over Land Seizures in Rural China«. *Journal of Peasant Studies*, Jg. 47, Nr. 6 (Oktober 2020), S. 1327–1347.

Chen Erjin. *China – Crossroads Socialism: An Unofficial Manifesto for Proletarian Democracy*. London: Verso, 1984.

Chen Feng. »An Unfinished Battle in China: The Leftist Criticism of the Reform and the Third Thought Emancipation«. *The China Quarterly* 158 (Juni 1999), S. 447–467.

Chen Feng. »Against the State: Labor Protests in China in the 1950s«. *Modern China*, Jg. 40, Nr. 5 (2014), S. 488–518.

Chen Feng und Yang Xuehui. »Movement-oriented Labour NGOs in South China: Exit with Voice and Displaced Unionism«. *China Information*, Jg. 31, Nr. 2 (2017), S. 155–175.

Chen Guidi and Wu Chuntao. *Zur Lage der chinesischen Bauern*. Frankfurt: Zweitausendeins, 2006.

Chen Ruoxi. *Democracy Wall and the Unofficial Journals*. Berkeley: University of California, 1982.

Chen Ziming. »Jian xi liang zhong Maopai: baohuangpai yu zaofanpai« (Eine kurze Analyse der beiden Typen von Maoist:innen: die Roya-

list:innen und die Rebell:innen), aisixiang.com, 6. Mai 2013. http://www.aisixiang.com/data/63649.html (Zugriff am 20. April 2022).
Cheng Yinghong. »Che Guevara: Dramatizing China's Divided Intelligentsia at the Turn of the Century«. *Modern Chinese Literature and Culture*, Jg. 15, Nr. 2 (Herbst 2003), S. 1–43.
Cheng Zhiming. »The Changing Pattern of State Workers' Labour Resistance in Shaanxi Province, China«. *Communication, Politics and Culture*, Jg. 45, Nr. 2 (2012), S. 197–216.
China Digital Space. »Sun Zhigang«, China Digital Space-Webseite, ohne Datum. https://tinyurl.com/2a95npra (Zugriff am 7. August 2022).
China Labour Bulletin. »Beijing Court Tells Employers to Resolve Labour Disputes through Negotiation«. China Labour Bulletin, 9. April 2018. https://tinyurl.com/ypr3afj9 (Zugriff am 20. April 2022).

China Labour Bulletin. »The Liaoyang Workers' Struggle: Portrait of a Movement«. China Labour Bulletin, Juli 2003. https://tinyurl.com/bdewzx9b (Zugriff am 20. April 2022).
China Labour Bulletin. »The Lide Shoe Factory Workers' Campaign for Relocation Compensation«. China Labour Bulletin, 22. Juni 2015. https://tinyurl.com/5c8a54ph (Zugriff am 20. April 2022).
China Labour Bulletin. »Tower Crane Operators across China Organise Labour Day Strike over Low Pay«. China Labour Bulletin, 2. Mai 2018. https://tinyurl.com/yxnep823 (Zugriff am 20. April 2022).
China Media Project (CMP). »The CMP Dictionary: Harmonious Society«. China Media Project, 14. Mai 2021. https://tinyurl.com/yckzhvrx (Zugriff am 20. April 2022).
Choonara, Joseph. »A New Cycle of Revolt«. *International Socialism*, Nr. 165 (Dezember 2019). https://tinyurl.com/yckztb8r (Zugriff am 31. Juli 2022).
Choudry, Aziz, und Dip Kapoor, Hrsg. *NGOization: Complicity, Contradictions and Prospects*. London/New York: Zed Books, 2013.
Christiansen, Flemming, Susanne Posborg und Anne Wedell-Wedellsborg. *Die demokratische Bewegung in China: Revolution im Sozialismus?* München: Verlag Simon and Magiera, 1981.
Chuang. »Picking Quarrels: Lu Yuyu, Li Tingyu and the Changing Cadence of Class Struggle in China«. *Chuang Journal*, Nr. 2 (2019),

S. 361–422. https://tinyurl.com/bddrmzd5 (Zugriff am 20. April 2022).

Chuang. »Seeing through Muddied Waters, Part 1: Jasic, Strikes and Unions«. Chuang-Webseite, 10. Juni 2019. https://tinyurl.com/5n6wdemc (Zugriff am 20. April 2022).

Chuang. »Seeing through Muddied Waters, Part 2: An Interview on Jasic and Maoist Labor Activism«. Chuang-Webseite, 2. Juli 2019. https://tinyurl.com/226ywhv6 (Zugriff am 20. April 2022).

Conceison, Claire. *Significant Other: Staging the American in China*. Honolulu: University of Hawai'i Press, 2004.

Connery, Christopher. »The Chinese Left: Contexts and Strategies«. theasiadialogue.com, 21. Oktober 2016. https://tinyurl.com/yckpypnf (Zugriff am 20. April 2022).

Croll, Elizabeth. »New Spaces, New Voices: Women Organizing in Twentiethcentury China«, in: *Chinese Women Organizing: Cadres, Feminists, Muslims, Queers*, herausgegeben von Hsiung Ping-Chun, Maria Jaschok und Cecilia Milwertz, S. 25–40. Oxford/New York: Berg, 2001.

Cui Zhiyuan. »The Chongqing Experiment: The Way Forward for China?«, in: *China 3.0*, herausgegeben von Mark Leonard, S. 26–31. London: European Council on Foreign Relations, 2012.

Davidson, Helen. »China's Birthrate Falls to 61-year Low Despite Moves to Stave Off Demographic Crisis«. *The Guardian*, 17. Januar 2022. https://tinyurl.com/4k674p75 (Zugriff am 20. April 2022).

Day, Alexander F. *The Peasant in Post-socialist China: History, Politics, and Capitalism*. Cambridge: Cambridge University Press, 2013.

Day, Alexander F., und Mindi Schneider. »The End of Alternatives? Capitalist Transformation, Rural Activism and the Politics of Possibility in China«. *Journal of Peasant Studies*, Jg. 45, Nr. 7 (November 2017), S. 1221–1246.

Dillon, Nara. *Radical Inequalities: China's Revolutionary Welfare State in Comparative Perspective*. Cambridge/London: Harvard University Press, 2015.

Dirlik, Arif. »Back to the Future: Contemporary China in the Perspective of Its Past, circa 1980«, in: *China and New Left Visions: Politi-*

cal and Cultural Interventions, herausgegeben von Wang Ban und Lu Jie, S. 33f. Lanham/Boulder: Lexington Books, 2012.

Dong Guoqiang und Andrew G. Walder. »Nanjing's ›Second Cultural Revolution‹ of 1974«. *The China Quarterly* 212 (Dezember 2012), S. 893–918.

Dong Limin. »Nuxingzhuyi: Bentuhua ji qi weidu (Feminismus: Indigenisierung und ihre Dimensionen)«. *Nankai Xuebao*, Nr. 2 (2005), S. 7–12.

Dong Yige. »Does China Have a Feminist Movement from the Left?« *Made in China Journal*, Jg. 4, Nr. 1 (2019), S. 58–63. https://tinyurl.com/y795fjf7 (Zugriff am 20. April 2022).

Dui Hua. »Leftist Subversion in China: 1980 to Present«. Dui Hua Reference Materials, 29. Oktober 2013. https://tinyurl.com/ytyjfpc6 (Zugriff am 20. April 2022).

Dui Hua. »Leftist Dissent under Xi: The Old Leftists, Part II«. *Dui Hua, Human Rights Journal*, 23. Oktober 2019. https://tinyurl.com/bdda455f (Zugriff am 20. April 2022).

Eichner, Carolyn J. *Surmounting the Barricades: Women in the Paris Commune*. Bloomington/Indianapolis: Indiana University Press, 2004.

Elfstrom, Manfred. *Workers and Change in China: Resistance, Repression, Responsiveness*. Cambridge/New York: Cambridge University Press, 2021.

Elfstrom, Manfred, und Sarosh Kuruvilla. »The Changing Nature of Labor Unrest in China«. *ILR Review*, Jg. 67, Nr. 2 (April 2014), S. 453–480.

Engels, Friedrich. »Der Ursprung der Familie, des Privateigentums und des Staats« [1884], in: *Marx-Engels-Werke (MEW), Band 21*, S. 25–173. Berlin: Dietz Verlag, 1962. https://tinyurl.com/2p8ce5u5 (Zugriff am 8. Dezember 2022).

Erbaugh, Mary S., und Richard C. Kraus. »The 1989 Democracy Movement in Fujian and its Aftermath«, in: *The Pro-democracy Protests in China: Reports from the Provinces*, herausgegeben von Jonathan Unger, S. 150–165. Armonk: M. E. Sharpe, 1991.

Esherick, Joseph W. »Xi'an Spring«. *Australian Journal of Chinese Affairs* 24 (Juli 1990), S. 209–235.

Eysenck, Hans Jürgen. *The Psychology of Politics*. London: Routledge and Kegan Paul, 1963.

Fang Kecheng und Maria Repnikova. »Demystifying ›Little Pink‹: The Creation and Evolution of a Gendered Label for Nationalistic Activists in China«. *New Media & Society*, Jg. 20, Nr. 6 (2018), S. 2062–2086.

Feng Jiayun. »China Contemplates Better Laws to Promote Gender Equality, but Remains Hostile to ›Radical‹ Feminist Campaigns«. SupChina, 22. Dezember 2021. https://tinyurl.com/36t2f35f (Zugriff am 20. April 2022).

Forster, Keith. »The Popular Protest in Hangzhou«, in: *The Pro-democracy Protests in China: Reports from the Provinces*, herausgegeben von Jonathan Unger, S. 166–186. Armonk: M. E. Sharpe, 1991.

Fraser, Nancy. »Feminism, Capitalism and the Cunning of History«. *New Left Review* 56 (2009), S. 97–117.

Friedman, Eli. »External Pressure and Local Mobilization: Transnational Activism and the Emergence of the Chinese Labor Movement«, *Mobilization*, Jg. 14, Nr. 2 (Juni 2009), S. 199–218.

Fu, Diana. »Disguised Collective Action in China«. *Comparative Political Studies*, Jg. 50, Nr. 4 (2017), S. 499–527.

Fu, Diana. *Mobilizing without the Masses: Control and Contention in China*. Cambridge/New York: Cambridge University Press, 2018.

Fuchs, Daniel. »Going West – Industrial Relocation and Migrant Labour Unrest in Chengdu and Chongqing«. PhD diss., Department of Development Studies, SOAS, University of London, 2019.

Gallagher, Mary E. »China's Older Workers: Between Law and Policy, Between Laid-off and Unemployed«, in: *Laid-off Workers in a Workers' State: Unemployment with Chinese Characteristics*, herausgegeben von Thomas B. Gold, William Hurst, Won Jaeyoun und Li Qiang, S. 135–158. New York: Palgrave Macmillan, 2009.

Gao Wangling. »A Study of Chinese Peasant ›Counter-action‹«. *Eating Bitterness: New Perspectives on China's Great Leap Forward and Famine*, herausgegeben von Kimberley Ens Manning und Felix Wemheuer, S. 272–294. Vancouver/Toronto: UBC Press, 2011.

Garnaut, Ross, Song Ligang und Yao Yang. »Impact and Significance of Stateowned Enterprise Restructuring in China«. *The China Journal* 55 (Januar 2006), S. 35–63.

Garside, Roger. *Coming Alive: China after Mao.* New York: McGraw-Hill, 1981.

Gilmartin, Christina. »Gender, Politics, and Patriarchy in China: The Experiences of Early Women Communists, 1920–27«, in: *Promissory Notes: Women in the Transition to Socialism*, herausgegeben von Sonia Kruks, Rayna Rapp und Marilyn B. Young, S. 82–105. New York: Monthly Review Press, 1989.

Gipouloux, Francois. *Les Cent Fleurs à l'usine: Agitation ouvrière et crise du modèle soviétique en China, 1956–1957.* Paris: Éditions de l'École des hautes études en sciences sociales, 1986.

Global Feminisms Project. »China Interviews«. Global Feminisms Project-Webseite (2021). https://tinyurl.com/3br6rz3n (Zugriff am 20. April 2022).

Gobel, Christian. »Social Unrest in China: A Bird's-eye View«, in: *Handbook of Protests and Resistance in China*, herausgegeben von Teresa Wright, S. 27–45. Cheltenham/Northampton: Edward Elgar, 2019.

Gold, Thomas B., William Hurst, Won Jaeyoun und Li Qiang, Hrsg. *Laid-off Workers in a Workers' State: Unemployment with Chinese Characteristics.* New York: Palgrave Macmillan, 2009.

Goldman, Merle. »China's Anti-Confucian Campaign, 1973–74«. *The China Quarterly* 63 (September 1975), S. 435–462.

Goldman, Merle. »The Potential for Instability among Alienated Intellectuals and Students in Post-Mao China«, in: *Is China Unstable? Assessing the Factors*, herausgegeben von David Shambaugh, S. 112–124. Armonk/London: M. E. Sharpe, 2000.

Gunn, Anne. »›Tell the World About Us‹: The Student Movement in Shenyang, 1989«, in: *The Pro-democracy Protests in China: Reports from the Provinces*, herausgegeben von Jonathan Unger, S. 64–78. Armonk: M. E. Sharpe, 1991.

Han Rongbin. »Defending the Authoritarian Regime Online: China's ›Voluntary Fifty-cent Army‹«. *The China Quarterly* 224 (2015), S. 1006–1025.

Han, Theodore, und John Li. *Tian'anmen Square Spring 1989: A Chronology of the Chinese Democracy Movement.* Berkeley: Institute of East Asian Studies, 1992.

Harper, Paul. »The Party and the Unions in Communist China«. *The China Quarterly* 37 (März 1969), S. 84–119.

Hartford, Kathleen. »The Political Economy Behind Beijing Spring«, in: *The Chinese People's Movement: Perspectives on Spring 1989*, herausgegeben von Tony Saich, S. 50–82. Armonk/New York: M. E. Sharpe, 1990.

Hassard, John, Jackie Sheehan, Zhou Meixiang, Jane Terpstra-Tong und Jonathan Morris. *China's State Enterprise Reform: From Marx to the Market*. London/New York: Routledge, 2007.

He Baogang. »Democracy as Viewed by Three Chinese Liberals: Wei Jingsheng, Hu Ping and Yan Jiaqi«. *China Information*, Jg. 6, Nr. 2 (Herbst 1991), S. 23–43.

He Xiaopei. »Chinese Queer (Tongzhi) Women Organizing in the 1990s«, in: *Chinese Women Organizing: Cadres, Feminists, Muslims, Queers*, herausgegeben von Hsiung Ping-Chun, Maria Jaschok und Cecilia Milwertz, S. 41–59. Oxford/New York: Berg, 2001.

Heilmann, Sebastian. *Nanking 1976: Spontane Massenbewegungen im Gefolge der Kulturrevolution. Eine Regionalstudie*. Bochum: Brockmeyer, 1990.

Heilmann, Sebastian. »The Social Context of Mobilization in China: Factions, Work Units and Activists during the 1976 April Fifth Movement«. *China Information*, Jg. VIII, Nr. 3 (Winter 1993), S. 1–19.

Heilmann, Sebastian. *Sozialer Protest in der VR China: Die Bewegung vom 5. April 1976 und die Gegen-Kulturrevolution der siebziger Jahre*. Hamburg: Institut für Asienkunde, 1994.

Heurlin, Christopher. »Land Protests in Rural China«, in *Handbook of Protests and Resistance in China*, herausgegeben von Teresa Wright, S. 184–202. Cheltenham/Northampton: Edward Elgar, 2019.

Hioe, Brian. »The Chinese New Left: Anti-capitalist within China, Imperialist outside of China?« New Bloom, 3. Dezember 2016. https://tinyurl.com/3ruccvmm (Zugriff am 20. April 2022).

Howard, Pat. »Rice Bowls and Job Security: The Urban Contract Labour System«. *Australian Journal of Chinese Affairs* 25 (Januar 1991), S. 93–114.

Huang Jisu. »Che Guevara: Notes on the Play, Its Production, and Reception«, in: *Debating the Socialist Legacy and Capitalist Globalization in China*, herausgegeben von Zhong Xueping und Wang Ban, S. 205–216. Basingstoke/New York: Palgrave Macmillan, 2014.

Human Rights Watch. *Paying the Price: Worker Unrest in Northeast China.* Refworld, UNHCR, 2. August 2002. https://tinyurl.com/f4kbrdnh (Zugriff am 20. April 2022).

Hurst, William. »The Power of the Past: Nostalgia and Popular Discontent in Contemporary China«, in: *Laid-off Workers in a Workers' State: Unemployment with Chinese Characteristics*, herausgegeben von Thomas B. Gold, William Hurst, Won Jaeyoun und Li Qiang, S. 115–132. New York: Palgrave Macmillan, 2009.

Hurst, William, and Kevin O'Brien. »China's Contentious Pensioners«. *The China Quarterly* 170 (Juni 2002), S. 345–360.

Jaschok, Maria, Cecilia Milwertz und Hsiung Ping-Chun. »Introduction«, in: *Chinese Women Organizing: Cadres, Feminists, Muslims, Queers*, herausgegeben von Hsiung Ping-Chun, Maria Jaschok und Cecilia Milwertz, S. 3–21. Oxford/New York: Berg, 2001.

Jin Yihong. »The All-China Women's Federation: Challenges and Trends«, in: *Chinese Women Organizing: Cadres, Feminists, Muslims, Queers*, herausgegeben von Hsiung Ping-Chun, Maria Jaschok und Cecilia Milwertz, S. 123–140. Oxford/New York: Berg, 2001.

Kernen, Antoine. »The Reemergence of Street Protests: State Workers Challenge the Chinese State«, in: *Laid-off Workers in a Workers' State: Unemployment with Chinese Characteristics*, herausgegeben von Thomas B. Gold, William Hurst, Won Jaeyoun und Li Qiang, S. 225–244. New York: Palgrave Macmillan, 2009.

Kommunistische Partei Chinas. »Beschluß des Zentralkomitees der Kommunistischen Partei Chinas über die große proletarische Kulturrevolution«. *China im Bild*, Nr. 9 (1966). https://tinyurl.com/48vrndze (Zugriff am 8. Dezember 2022).

Kommunistische Partei Chinas. *Resolution über einige Fragen zur Geschichte der Kommunistischen Partei Chinas seit 1949*. Beijing: Verlag für fremdsprachige Literatur, 1981. Die englischsprachige Fassung der Resolution ist verfügbar unter https://tinyurl.com/ym8mafjt (Zugriff am 8. Dezember 2022).

Korzec, Michael. *Labour and the Failure of Reform in China*. New York: St Martin's Press, 1992.

Korzec, Michael, und Martin K. Whyte. »Reading Notes: The Chinese Wage System«. *The China Quarterly* 86 (Juni 1981), S. 248–273.

Kumar, Nikhil. »War, Protest and Spiking Prices: How spiraling inflation is setting the world on fire. As the Ukraine rages on, driving up the cost of fuel and food, high prices have sparked unrest around the world«. *Grid*, 6. Juli 2022. https://tinyurl.com/24ynek9j (Zugriff am 31. Juli 2022).

Lagerkvist, Johan. »The Wukan Uprising and Chinese State-Society Relations: Toward ›Shadow Civil Society‹?« *International Journal of China Studies*, Jg. 3, Nr. 3. (Dezember 2012), S. 345–361.

Lee, Ching-Kwan. »Pathways of Labour Insurgency«, in: *Chinese Society: Change, Conflict and Resistance, Second Edition*, herausgegeben von Elizabeth J. Perry und Mark Selden, S. 71–92. London/New York: RoutledgeCurzon, 2003.

Lee, Ching-Kwan. »Pathways of Labor Activism«, in: *Chinese Society: Change, Conflict and Resistance, Third Edition*, herausgegeben von Elizabeth J. Perry und Mark Selden, S. 57–79. New York: Routledge, 2010.

Lee, Ching-Kwan, and Shen Yuan. »The Anti-Solidarity Machine? Labor Nongovernmental Organizations in China«, in: *From Iron Rice Bowl to Informalization: Markets, Workers, and the State in a Changing China*, herausgegeben von Sarosh Kuruvilla, Ching-Kwan Lee und Mary E. Gallagher, S. 173–187. Ithaca/London: ILR Press, 2011.

Lee, Shannon. »Preliminary Thoughts on the Shenzhen Jasic Events«. Shannon Lee's China Blog, 17. September 2018. https://tinyurl.com/mbkhad2c (Zugriff am 20. April 2022).

Lee, Shannon. »›Doing Worker Work‹: Activist Workers and the Jasic Affair«. Shannon Lee's China Blog, 27. Februar 2019. https://tinyurl.com/26zheydt (Zugriff am 20. April 2022).

Leijonhufvud, Goran. *Going Against the Tide: On Dissenter and Big-character Posters in China*. Copenhagen: Curzon Press, 1990.

Leung Wing-Yue. *Smashing the Iron Rice Pot: Workers and Unions in China's Market Socialism*. Hong Kong: Asia Monitor Resource Center, 1988.

Leung Wing-Yue. »The Politics of Labour Rebellions in China, 1989–1994«. PhD diss., University of Hong Kong, 1998.

Li Junpeng. »The Making of Liberal Intellectuals in Post-Tiananmen China«. PhD diss., Graduate School of Arts and Sciences, Columbia University, New York, 2017. https://tinyurl.com/2wuc8vrn (Zugriff am 20. April 2022).

Li Ju. »Fight Silently: Everyday Resistance in Surviving State-owned Enterprises in Contemporary China«. *Global Labour Journal*, Jg. 3, Nr. 2 (September 2012), S. 194–216.

Li Ju. »Victory and Defeat: The Contentious Politics of One Generation of State Workers in China since the 1960s«. *International Review of Social History*, Jg. 61, Nr. 2 (August 2016), S. 197–222.

Li Lianjiang und Kevin J. O'Brien. »Protest Leadership in Rural China«, in: *Chinese Politics: State, Society and the Market*, herausgegeben von Peter Hays Gries und Stanley Rosen, S. 85–108. London/New York: Routledge, 2010.

Lin, Jake. *Chinese Politics and Labor Movements*. Cham: Palgrave Macmillan, 2020.

Lin, Kevin. »Workers on the Move – the Lide Strike«. International Viewpoint, 14. Juli 2015. https://tinyurl.com/2n34ttec (Zugriff am 20. April 2022).

Lin, Kevin. »State Repression in the Jasic Aftermath: From Punishment to Preemption«. *Made in China Journal*, Jg. 4, Nr. 1 (Januar bis März 2019), S. 16–19. https://tinyurl.com/36zcc55c (Zugriff am 22. April 2022).

Lin Weiran. »An Abortive Chinese Enlightenment: The Revolution and Class Theory«. PhD diss., University of Wisconsin-Madison, 1996.

Lipinsky, Astrid. *Der Chinesische Frauenverband: Eine kommunistische Massenorganisation unter marktwirtschaftlichen Bedingungen*. Berlin: LIT Verlag, 2006.

Liu Guokai. *A Brief Analysis of the Cultural Revolution*. Armonk: M. E. Sharpe, 1987.

Liu Jieyu. *Gender and Work in Urban China: Women Workers of the Unlucky Generation*. London/New York: Routledge, 2007.

Lü Pin. »Finding a Voice: A Leading Chinese Feminist Tells Her Story«. *Logic*, Nr. 7 (2019). https://tinyurl.com/4b8ambdj (Zugriff am 20. April 2022).

Lu Ping, Hrsg. *A Moment of Truth: Workers' Participation in China's 1989 Democracy Movement and the Emergence of Independent Unions*. Hong Kong: Hong Kong Trade Union Education Center/Asia Monitor Resource Center, 1990.

Lu Ping. »A Brief History of the Workers' Autonomous Federation«, in: *A Moment of Truth: Workers' Participation in China's 1989 Democracy Movement and the Emergence of Independent Unions*, herausgegeben von Lu Ping, S. 13–20. Hong Kong: Hong Kong Trade Union Education Center/Asia Monitor Resource Center, 1990.

Mao Tse-Tung. »The Debate on the Co-operative Transformation of Agriculture and the Current Class Struggle (October 11, 1955)«, in: *Selected Works of Mao Tse-Tung, vol. 5*, S. 211–234. Oxford/New York: Pergamon Press, 1977.

Marquis, Chris. »The China Story Behind Apple's $3 trillion Valuation with Doug Guthrie«. SupChina, 7. Januar 2022. https://tinyurl.com/2utpe8bc (Zugriff am 20. April 2022).

McBride Stetson, Dorothy, und Amy Mazur, Hrsg. *Comparative State Feminism*. Thousand Oaks/London: Sage Publications, 1995.

Mehnert, Klaus. *Peking und die Neue Linke. In China und im Ausland*. Stuttgart: Deutsche Verlags-Anstalt, 1969.

Meisner, Maurice. »Marx, Mao and Deng on the Division of Labour in History«, in: *Marxism and the Chinese Experience*, herausgegeben von Arif Dirlik und Maurice Meisner, S. 79–116. Armonk: M. E. Sharpe, 1989.

Meisner, Maurice. *Mao's China and After: A History of the People's Republic, Third Edition*. New York: The Free Press, 1999.

Mimiyana. »Zhongguo qingnian nuquan yundong jianshi – shang (2012–2013)« (Kurze Geschichte der Bewegung junger Feministinnen in China, Teil 1, 2012–2013). chinesefeminism.org (5. April 2021). https://tinyurl.com/mv3upcrj (Zugriff am 20. April 2022).

Mimiyana. »Zhongguo qingnian nuquan yundong jianshi – xia (2014–2019)« (Kurze Geschichte der Bewegung junger Feministinnen in China, Teil 2, 2014–2019). chinesefeminism.org (5. April 2021). https://tinyurl.com/yc7tck5h (Zugriff am 20. April 2022).

Monthly Review. »On December 24, 2004, Maoists in China Get Three Year Prison Sentences for Leafleting«. MR online, 21. Januar 2005. https://tinyurl.com/5bc36zu6 (Zugriff am 20. April 2022).

Moody, Peter R. »The New Anti-Confucian Campaign in China: The First Round«. *Asian Survey*, Jg. 14, Nr. 4 (April 1974), S. 307–324.

Mulvad, Andreas Moller. »China's Ideological Spectrum: A Two-dimensional Model of Elite Intellectuals' Visions«. *Theory and Society*, Jg. 47 (2018), S. 635–661.

Murphy, Rachel, und Tao Ran. »No Wage and No Land: New Forms of Unemployment in Rural China«, in: *Unemployment in China: Economy, Human Resources and Labour Markets*, herausgegeben von Grace O. M. Lee und Malcolm Warner, S. 128–148. London/New York: Routledge, 2007.

Naughton, Barry. *The Chinese Economy: Adaptation and Growth, Second Edition*. Cambridge/London: MIT Press, 2018.

O'Brien, Kevin J., und Li Lianjiang. »Campaign Nostalgia in the Chinese Countryside«. *Asian Survey*, Jg. 39, Nr. 3 (Mai bis Juni 1999), S. 375–393.

O'Brien, Kevin J., und Li Lianjiang. *Rightful Resistance in Rural China*. Cambridge: Cambridge University Press, 2006.

Okudera, Atsushi, und Nozomu Hayashi. »Mao References in Anti-Japan Protests a Concern for Chinese Authorities«. *Asahi Shimbun*, 18. September 2012. https://tinyurl.com/ms2b7aru (Zugriff am 31. Juli 2022).

Opletal, Helmut. »Der ›Pekinger Fruhling‹ – Erinnerungen an die chinesische Demokratiebewegung 1978 bis 1981«. Webseite der Universität Wien, 2020. https://tinyurl.com/yckwn66z (Zugriff am 20. April 2022).

Paltemaa, Lauri. »The Democracy Wall Movement, Marxist Revisionism, and the Variations on Socialist Democracy«. *Journal of Contemporary China*, Jg. 16, Nr. 53 (2007), S. 601–625.

Perry, Elizabeth J. »Shanghai's Strike Wave of 1957«. *The China Quarterly* 137 (März 1994), S. 1–27.

Perry, Elizabeth J. »›To Rebel is Justified‹: Cultural Revolution Influences on Contemporary Chinese Protest«, in: *The Chinese Cultural Revolution Reconsidered: Beyond Purge and Holocaust*, herausgegeben von Law Kam-yee, S. 262–281. Basingstoke/New York: Palgrave Macmillan, 2003.

Perry, Elizabeth J. »Masters of the Country? Shanghai Workers in the Early People's Republic«, in: *Dilemmas of Victory: The Early Years of the People's Republic of China*, herausgegeben von Jeremy Brown und Paul G. Pickowicz, S. 59–79. Cambridge/London: Harvard University Press, 2007.

Pun Ngai. *Migrant Labor in China: Post-socialist Transformations*. Cambridge: Polity Press, 2016.

Pun Ngai und Chris Chan King-Chi. »The Subsumption of Class Discourse in China«. *boundary 2*, Jg. 35, Nr. 2 (2008), S. 75–91.

Pun Ngai und Li Wanwei. *Dagongmei: Arbeiterinnen aus Chinas Weltmarktfabriken erzählen*. Herausgegeben und übersetzt von Ralf Ruckus. Berlin/Hamburg: Assoziation A, 2008.

Pun Ngai und Chris Smith. »Putting Transnational Labour Process in Its Place: The Dormitory Labour Regime in Post-socialist China«. *Work, Employment and Society*, Jg. 21, Nr. 1 (2007), S. 27–45.

Pun Ngai, Lu Huilin, Guo Yuhua und Shen Yuan, Hrsg. *iSlaves: Ausbeutung und Widerstand in Chinas Weltmarktfabriken*. Herausgegeben und übersetzt von Ralf Ruckus. Wien: Mandelbaum, 2013.

Qian Benli. »Jasic Struggle: Debate among Chinese Maoists«. *Against the Current*, Nr. 200 (Mai bis Juni 2019). https://tinyurl.com/89d84e8t (Zugriff am 20. April 2022).

Qin, Amy. »Qiu Jin (1875–1907) – A Feminist Poet and Revolutionary Who Became a Martyr Known as China's ›Joan of Arc‹«. *The New York Times*, 8. März 2018. https://www.nytimes.com/interactive/2018/obituaries/overlooked-qiu-jin.html (Zugriff am 20. April 2022).

Qin Ling, »Zwanzig Jahre Arbeiterwiderstand in Privatunternehmen an Chinas Ostküste«, in: *Streiks im Perlflussdelta. ArbeiterInnenwider-*

stand in Chinas Weltmarktfabriken. Herausgegeben und übersetzt von Ralf Ruckus, Hao Ren u. a., S. 12–42. Wien: Mandelbaum, 2014.

Rho Sungmin. »The Workers' Dilemma: Collective Action and Factory Workers in China«. PhD diss., Department of Political Science of Stanford University, 2015. https://tinyurl.com/3dtx5t8f (Zugriff am 20. April 2022).

Riskin, Carl. *China's Political Economy: The Quest for Development since 1949*. Oxford: Oxford University Press, 1987.

Rosen, Stanley. »Guangzhou's Democracy Movement in Cultural Revolution Perspective«. *The China Quarterly* 101 (März 1985), S. 1–31.

Ruckus, Ralf. »Außer Kontrolle – Hongkongs aufständische Bewegung und die Linke«. nqch.org, 9. September 2019. https://tinyurl.com/yv9mvstc (Zugriff am 27. November 2022).

Ruckus, Ralf. »Critical Perspectives on the ›Jasic Movement‹ – Suitable Tactics of Intervention?« nqch.org, 18. Januar 2020. https://tinyurl.com/yeycuts3 (Zugriff am 20. April 2022).

Ruckus, Ralf. *The Communist Road to Capitalism: How Social Unrest and Containment Have Pushed China's (R)evolution since 1949*. Oakland: PM Press, 2021.

Ruckus, Ralf. »Leitplanken für den Kapitalismus«. *WOZ*, 9. September 2021. https://tinyurl.com/v3r7bupx (Zugriff am 20. April 2022).

Saich, Tony. »Workers in the Workers' State: Urban Workers in the PRC«, in: *Groups and Politics in the People's Republic of China*, herausgegeben von David S. G. Goodman, S. 152–175. Cardiff: University College Cardiff Press, 1984.

Saich, Tony, Hrsg. *The Chinese People's Movement: Perspectives on Spring 1989*. Armonk: M. E. Sharpe, 1990.

Sargeson, Sally. »Violence as Development: Land Expropriation and China's Urbanization«. *Journal of Peasant Studies*, Jg. 40, Nr. 6 (2013), S. 1063–1085.

Schling, Hannah. »Gender, Temporality, and the Reproduction of Labour Power: Women Migrant Workers in South China«. *Sozial.Geschichte Online* 14 (2014), S. 42–61. https://tinyurl.com/5n6bd4wh (Zugriff am 20. April 2022).

Schurmann, Franz. *Ideology and Organization in Communist China*. Berkeley: University of California Press, 1968.

Scott, James, C. *Weapons of the Weak: Everyday Forms of Peasant Resistance*. New Haven/London: Yale University Press, 1985.

Selden, Mark. »The Social Origins and Limits of the Democratic Movement«, in: *Chinese Democracy and the Crisis of 1989: Chinese and American Reflections*, herausgegeben von Roger V. Des Forges, Luo Ning und Wu Yen-Bo, S. 107–130. Albany: State University of New York Press, 1993.

Sheehan, Jackie. *Chinese Workers: A New History*. London: Routledge, 1998.

Shengwulian. »Wohin bewegt sich China?« [1968], in: *Peking und die Neue Linke. In China und im Ausland*, S. 80–96. Stuttgart: Deutsche Verlags-Anstalt, 1969.

Shenker, Jack. »This Wave of Global Protest Is Being Led by the Children of the Financial Crash«. *Guardian*, 29. Oktober 2019. https://tinyurl.com/yy76gfw8 (Zugriff am 31. Juli 2022).

Shi Anshu, Francois Lachapelle und Matthew Galway. »The Recasting of Chinese Socialism: The Chinese New Left since 2000«. *China Information*, Jg. 32, Nr. 1 (2018), S. 139–159.

Silver, Beverly J. *Forces of Labor. Arbeiterbewegungen und Globalisierung seit 1870*. Berlin: Assoziation A, 2005.

Silver, Beverly J., und Zhang Lu. »China als neuer Mittelpunkt der globalen Arbeiterunruhe«. *Prokla* 161, Jg. 40, Nr. 4 (2010), S. 605–618. https://tinyurl.com/bdz8844w (Zugriff am 8. Dezember 2022).

Solinger, Dorothy J. »Labour Market Reform and the Plight of the Laid-off Proletariat«. *The China Quarterly* 170 (Juni 2002), S. 304–326.

Spakowski, Nicola. »Socialist Feminism in Postsocialist China«. *positions*, Jg. 26, Nr. 4 (2018), S. 561–592.

Stacey, Judith. *Patriarchy and Socialist Revolution in China*. Berkeley/Los Angeles: University of California Press, 1983.

Statista. »Degree of Urbanization in China from 1980 to 2021«. statista.com, 2022. https://tinyurl.com/2p8c9rr7 (Zugriff am 20. April 2022).

Tan Jiangying. »Truckers on Strike and the Structural Contradictions of China's Logistics Industry«. China Change, 15. Juni 2018. https://tinyurl.com/mtpy37cz (Zugriff am 20. April 2022).

Teiwes, Frederick C., und Warren Sun. »China's New Economic Policy under Hua Guofeng: Party Consensus and Party Myths«. *The China Journal* 66 (2011), S. 1–23.

That Faint Light. »A People's History of the Cultural Revolution«. That Faint Light Blog, 14. Juli 2012. https://tinyurl.com/37dx4cts (Zugriff am 20. April 2022).

Tian Liujia, Ian. »Socialism from the Grassroots: New Directions of Leftist Organizing in Post-socialist China«. *Upping the Anti*, Nr. 22 (30. Januar 2022). https://tinyurl.com/2p9uvha8 (Zugriff am 20. April 2022).

Unger, Jonathan, Hrsg. *The Pro-democracy Protests in China: Reports from the Provinces*. Armonk: M. E. Sharpe, 1991.

Walder, Andrew G. *Chang Ch'un-Ch'iao and Shanghai's January Revolution*. Ann Arbor: Center for Chinese Studies. The University of Michigan, 1978.

Walder, Andrew G. »Workers, Managers and the State: The Reform Era and the Political Crisis of 1989«. *The China Quarterly* 127 (September 1991), S. 467–492.

Walder, Andrew G., und Gong Xiaoxia. »Workers in the Tian'anmen Protests: The Politics of the Beijing Workers' Autonomous Federation«. *Australian Journal of Chinese Affairs*, 29 (Januar 1993), S. 1–29.

Walker, Kathy L. »›Gangster Capitalism‹ and Peasant Protest in China: The Last Twenty Years«. *Journal of Peasant Studies*, Jg. 33, Nr. 1 (Januar 2006), S. 1–33.

Walker, Kathy L. »From Covert to Overt: Everyday Peasant Politics in China and the Implications for Transnational Agrarian Movements«. *Journal of Agrarian Change*, Jg. 8, Nr. 2 und 3 (April und July 2008), S. 462–488.

Wang Feng. *Boundaries and Categories: Rising Inequality in Post-socialist Urban China*. Stanford: Stanford University Press, 2008.

Wang Hui. »The Rumour Machine: Wang Hui on the Dismissal of Bo Xilai«. *London Review of Books*, Jg. 34, Nr. 9 (2012), S. 13f.

Wang Jiangsong. »The Significance of Crane Operators across China Going on Strike«. China Change, 7. Mai 2018. https://tinyurl.com/s5fntx5a (Zugriff am 20. April 2022).

Wang Shaoguang. »Deng Xiaoping's Reforms and the Chinese Workers' Participation in the Protest Movement of 1989«, in: *Research in Political Economy, Volume 13*, herausgegeben von Paul Zarembka, S. 163–197. London: JAI Press, 1992.

Wang Shaoguang. »From a Pillar of Continuity to a Force for Change: Chinese Workers in the Movement«, in: *Chinese Democracy and the Crisis of 1989: Chinese and American Reflections*, herausgegeben von Roger V. Des Forges, Luo Ning und Wu Yen-Bo, S. 177–190. Albany: State University of New York Press, 1993.

Wang Yingyi, Stephanie. »Unfinished Revolution: An Overview of Three Decades of LGBT Activism in China«. *Made in China Journal*, Jg. 6, Nr. 1 (2021), S. 90–95. https://tinyurl.com/56ej7u3d (Zugriff am 20. April 2022).

Wang Zheng. »›State Feminism‹? Gender and Socialist State Formation in Maoist China«. *Feminist Studies*, Jg. 31, Nr. 3 (2005), S. 519–551.

Wang Zheng. »Detention of the Feminist Five in China«. *Feminist Studies*, Jg. 41, Nr. 2 (2015), S. 476–482.

Wasserstrom, Jeffrey N. »Student Protests and the Chinese Tradition, 1919–1989«, in: *The Chinese People's Movement: Perspectives on Spring 1989*, herausgegeben von Tony Saich, S. 3–24. Armonk: M. E. Sharpe, 1990.

Weber, Isabella. *How China Escaped Shock Therapy: The Market Reform Debate*. London/New York: Routledge, 2021.

Wedeman, Andrew. »Stealing from the Farmers: Institutional Corruption and the 1992 IOU Crisis«. *The China Quarterly* 152 (Dezember 1997), S. 805–831.

Weil, Robert. »Conditions of the Working Classes in China«. *Monthly Review*, Jg. 58, Nr. 2 (Juni 2006). https://tinyurl.com/4xdtuv6b (Zugriff am 20. April 2022).

Wen Dale. *China Copes with Globalization: A Mixed Review*. San Francisco: International Forum on Globalization, 2006. https://www.yumpu.com/en/document/read/26201346/china-report-with-cover-international-forum-onglobalization (Zugriff am 20. April 2022).

Wesoky, Sharon R. »Bringing the Jia Back into Guojia: Engendering Chinese Intellectual Politics«. *Signs: Journal of Women in Culture and Society*, Jg. 40, Nr. 3 (2015), S. 647–666.

Widor, Claude, Hrsg. *Documents on the Chinese Democratic Movement, 1978–1980: Unofficial Magazines and Wall Posters, Volume 2*. Paris: Éditions de l'École des hautes études en sciences sociales, 1984.

Williams, Philip S. »Some Provincial Precursors of Popular Dissent Movements in Beijing«. *China Information*, Jg. 6, Nr. 1 (Juni 1991), S. 1–9.

Wilson, Jeanne L. »›The Polish Lesson‹: China and Poland 1980–1990«. *Studies in Comparative Communism*, Jg. XXIII, Nr. 3–4 (Herbst/Winter 1990), S. 259–279.

Wong Sue-Lin. »Chinese Students Assaulted at Pro-Marxist Society Protest«. Reuters, 2. November 2018. https://tinyurl.com/2k2vew9z (Zugriff am 20. April 2022).

Wu Yiching, *Die andere Kulturrevolution. 1966–1969: Der Anfang vom Ende des chinesischen Sozialismus*. Herausgegeben und übersetzt von Ralf Ruckus. Wien: Mandelbaum, 2019.

Wu Yiching. »The Great Retreat and its Discontents: Re-examining the Shengwulian Episode in the Cultural Revolution«. *The China Journal* 72 (Juli 2014), S. 1–28.

Wu, Jason Y. »Categorical Confusion: Ideological Labels in China«. SSRN, 9. September 2020. https://tinyurl.com/yskye96d (Zugriff am 20. April 2022).

Wu Xiao, Angela, und Dong Yige. »What is Made-in-China Feminism(s)? Gender Discontent and Class Friction in Post-socialist China«. *Critical Asian Studies*, Jg. 51, Nr. 4 (2019), S. 1–22.

Xiao Suowei. »Women's Work: How ›Ernai‹ Mistresses Bolster Fragile Masculinity (Part 1)«. *Sixth Tone*, 15. Mai 2019. https://tinyurl.com/5c5xh8rd (Zugriff am 20. April 2022).

Xiao Suowei. »For Love or Money: What Drives China's Migrant Mistresses? (Part 2)«. *Sixth Tone*, 21 Mai 2019. https://tinyurl.com/6y96ph62 (Zugriff am 20. April 2022).

Xiong Jing und Dušica Ristivojević. »#MeToo in China: How Do the Voiceless Rise Up in an Authoritarian State?« *Politics & Gender*, Jg. 17, Nr. 3 (2021), S. 490–499.

Xu Zhun und Chen Ying. »Spatial Shift in China's Labor Struggles: Evidence and Implication«. *Journal of Labor and Society*, Jg. 22, Nr. 1 (März 2019), S. 129–138.

Yan Hairong. *New Masters, New Servants: Migration, Development, and Women Workers in China*. Durham/London: Duke University Press, 2008.

Yang Guobin. »The Liminal Effects of Social Movements: Red Guards and the Transformation of Identity«. *Sociological Forum*, Jg. 15, Nr. 3 (September 2000), S. 379–406.

Yang Guobin. »China's Zhiqing Generation: Nostalgia, Identity, and Cultural Resistance in the 1990s«. *Modern China*, Jg. 29, Nr. 3 (Juli 2003), S. 267–296.

Yang Guobin. *The Red Guard Generation and Political Activism in China*. New York: Columbia University Press, 2016.

Yang Yuan. »Inside China's Crackdown on Young Marxists: Why is the Communist Power Arresting and Detaining Leftist Students?« *Financial Times*, 14. Februar 2019. https://tinyurl.com/bdhwxrxd (Zugriff am 20. April 2022).

Yi Xi. »New Foundations for Struggle and Solidarity: The Culmination of Development and Privatization on a Guangzhou Island«. libcom.org, 7. Oktober 2014. https://tinyurl.com/e5frz8jx (Zugriff am 20. April 2022).

Young, Marilyn B. »Chicken Little in China: Women after the Cultural Revolution«, in: *Promissory Notes: Women in the Transition to Socialism*, herausgegeben von Sonia Kruks, Rayna Rapp und Marilyn B. Young, S. 233–247. New York: Monthly Review Press, 1989.

Yu Luoke. »On Family Background«. *Contemporary Chinese Thought*, Jg. 32, Nr. 4 (Sommer 2001), S. 17–36.

Zarrow, Peter. »He Zhen and Anarcho-feminism in China«. *Journal of Asian Studies*, Jg. 47, Nr. 4 (November 1988), S. 796–813.

Zeng Jinyan. »Chinese Feminism under (Self-)Censorship: Practice and Knowledge Production«. *Made in China Journal*, Jg. 6, Nr. 2 (2021), S. 166–169. https://tinyurl.com/2p8y75kc (Zugriff am 20. April 2022).

Zhang Qin. »Negotiating Change: The Emergence and Development of the Women's Movement in Contemporary China«. PhD diss., Rutgers, State University of New Jersey, New Brunswick, 2008.

Zhang Taisu. »What it Means to Be ›Liberal‹ or ›Conservative‹ in China: Putting the Country's Most Significant Political Divide in Context«. China File, 24. April 2015. https://tinyurl.com/yv34sfn5 (Zugriff am 20. April 2022).

Zhang Weihong. »A Typology of the Mao Craze«, in: *Shades of Mao: The Posthumous Cult of the Great Leader*, herausgegeben von Geremie R. Barme, S. 158–161. New York/London: M. E. Sharpe, 1996.

Zhang Yiqi. »Sheng wa shi jiashi yeshi guoshi« (Die Geburt eines Kindes geht nicht nur die Familie was an, sie ist auch eine Angelegenheit des Staats). *Renmin Ribao (Volkszeitung)*, 6. August 2018. http://politics.people.com.cn/n1/2018/0806/c1001-30210179.html (Zugriff am 13. April 2022).

Zhang Yueran. »The Jasic Struggle and the Future of the Chinese Labour Movement«. *Made in China Journal*, Jg. 3, Nr. 3 (Juli bis September 2018), S. 12–17. https://tinyurl.com/mvwbvpzz (Zugriff am 20. April 2022).

Zhang Yueran. »Leninists in a Chinese Factory: Reflections on the Jasic Labour Organising Strategy«. *Made in China Journal*, Jg. 5, Nr. 2 (Mai bis August 2020), S. 82–88. https://tinyurl.com/2s49czxy (Zugriff am 20. April 2022).

Zhang Yueran. »Workers on Tian'anmen Square«, in: *Proletarian China: A Century of Chinese Labour*, herausgegeben von Ivan Franceschini und Christian Sorace, S. 151–159, London/New York: Verso, 2022.

Zhao Suisheng. »Xi Jinping's Maoist Revival«. *Journal of Democracy*, Jg. 27, Nr. 3 (Juli 2016), S. 83–97.

Zheng Tiantian. *Red Lights: The Lives of Sex Workers in Postsocialist China*. Minneapolis/London: University of Minnesota Press, 2009.

Zheng Yongnian. *Globalization and State Transformation in China*. Cambridge: Cambridge University Press, 2004.

Zhuang Wenjia and Chen Feng. »›Mediate First‹: The Revival of Mediation in Labour Dispute Resolution in China«. *The China Quarterly* 222 (2015), S. 380–402.

Register